はじめての

いちばんやさしい Google広告 の教本

人気講師が教える
運用型広告の基礎と実践

JN208069

インプレス

著者プロフィール

杓谷 匠（しゃくや・たくみ）

株式会社杓谷技術研究所 代表取締役
2008年に営業職の新卒一期生としてグーグル株式会社
（現グーグル合同会社）に入社。以降、広告主、代理店、
広告プラットフォームなど様々な立場で15年以上
Google広告の営業、運用、コンサルティング業務に携
わる。2019年にGoogleからの紹介を受けて英国の広告
代理店Jellyfishの日本法人立ち上げに参画した後、2023
年より現職。

田中広樹（たなか・ひろき）

Yuwai 株式会社 代表取締役
2010 年よりインターネット専業の広告代理店での勤務
を経て、2012 年よりアナグラム株式会社にて第一号社
員として参画。運用型広告の運用やコンサルティング
のほか、周辺領域の技術支援などの多岐にわたった業
務に従事。2023 年 9 月に独立し Yuwai 株式会社を設立。
Google Merchant Center、Google タグマネージャー、
Google アナリティクスなどマーケティング関連プラッ
トフォームの活用にも強みをもつ。セミナー登壇やメ
ディアへの露出多数。

宮里茉莉奈（みやざと・まりな）

アユダンテ株式会社 デジタル広告コンサルタント
Google アナリティクスやサーチコンソールを利用した
マーケティング戦略の策定を担当。データ分析をもと
にしたマーケティング戦略策定や、デザインのスキル
を生かしたランディングページやバナーの最適化を得
意とする。コンテンツを広告視点で活用するセミナー
にも登壇。

はじめに。
Google広告の全体像を
俯瞰的にわかりやすく

杓谷 匠

本書の位置づけ

本書は、2014年、2018年に出版された『いちばんやさしいリスティング広告の教本』の後継本として企画されました。前作、前々作の書籍は、広告代理店の新卒、中途入社の方や、広告主のマーケティング担当者、中小企業の経営者を中心に、入門書的な存在としてとても多くの方に読んでいただきました。この場を借りて深くお礼を申し上げます。

「リスティング」という単語は主に検索連動型広告のことを指すため、当時から現在にかけて最も多く利用されている「Google AdWords」（現「Google広告」）の検索連動型広告を中心に解説をしてきました。そういった意味で前作、前々作の書籍からすでにGoogle広告の解説をしてきた本である、と言うこともできるでしょう。

インターネット広告の中で最も市場規模の大きいGoogle広告

一方で、最初の書籍が刊行されてから10年が経ち、インターネットを取り巻く環境は大きく変化しました。人々がインターネットを利用するデバイスの中心がパソコンからスマートフォンに移行し、近年ではテレビにまで広がっています。

毎年電通が発表する調査レポート『日本の広告費』によれば、2021年にインターネット広告費はテレビ・ラジオ・新聞・雑誌などのいわゆる「マス4媒体」の広告費を追い越すまでに至りました。正確な数値は公表されていないものの、Google広告は最も市場規模の大きい広告プラットフォームであることが確実視されています。

複雑化・多様化するGoogle広告

こうしたインターネット自体の成長に合わせてGoogle広告も進化し、ディスプレイ広告、動画広告、アプリ広告など、配信手法も多様化し、Google広告はもはや「リスティング」＝検索連動型広告だけにとどまらない広告プラットフォームに成長しました。

Google広告が、企業のマーケティング活動に欠かせない存在にまで成長したことで、Google広告への興味関心は大企業、中小企業を問わず、これまでになく強くなっていると言っても過言ではないでしょう。「リスティング広告」自体を知りたいというニーズは依然として強くありつ

つも、YouTubeへの広告出稿や、アプリ広告の配信、機械学習を活用した広告配信など、幅広い領域に興味関心が高まっていることを日々の業務を通じてひしひしと感じてきました。

その一方で、Google広告自体の進化のスピードが早く、AIや機械学習など、Google広告を支える技術自体の複雑性も増したことで、「勉強したいと思ってもどこから手をつけて良いかわからない」「専門用語がわからず先に進めない」などといった悩みを抱えている方も多いのではないでしょうか。

リニューアルの経緯

こうした状況の中で、著者陣で『いちばんやさしいリスティング広告の教本』を見つめ直した際に、今求められている書籍は「リスティング広告」だけを扱う書籍ではないだろう、という結論に至りました。

これまで通り「リスティング広告」＝検索連動型広告だけを解説するのではなく、「リスティング広告」を含むGoogle広告の全体像を俯瞰できるようにわかりやすく解説した本が、読者の、時代のニーズに合致しているのではないかと考え、『いちばんやさしいはじめてのGoogle広告の教本』として生まれ変わることになりました。

Google広告の全体像を解説する類書は少ない

意外なことに、検索連動型広告など、Google広告の一部分を取り扱う書籍はすでに世の中に多く出版されているものの、Google広告全体をテーマとして扱ってい

る類書が少なかったことも本書を出版する決め手の1つとなりました。

"はじめての" Google広告

タイトルに「はじめての」という単語をつけた通り、Google広告をはじめて勉強する方にもわかりやすいように、専門用語を使用する際には事前に必ず解説を加えています。また、できるだけアルファベットの略称は使用せず、日本語で代替できる単語は日本語で記載をするように心がけていますので、そのまま読み進めていただくだけで基本的な用語は理解しやすい構成になっています。

Google広告のディレクションをスムーズに

本書の読者には、 中小企業の経営者や、マーケティング部門の責任者など、Google広告の運用自体は広告代理店や社内の運用担当者に任せる、といった方も多いのではないかと想定しています。本書を通じて、広告代理店や運用担当者との共通の言語を獲得し、ディレクションの解像度を高め、狙い通りの広告配信が実施できるようになることを願っています。

運用のチェックポイントの確認として

また、広告の運用担当者にとっては前作、前々作でご好評いただいていた、基本的な運用の考え方や、広告のパフォーマンスを向上させるための運用ノウハウについて、最新の状況にアップデートしつつ、紙面の許す限り記載しています。「リステ

ィング広告」自体の解説ボリュームは前作、前々作と比べて少なくなりますが、運用のコツなどの重要なポイントは引き続き記載し、今回追加された「リスティング広告」以外のメニューでの運用ノウハウも拡充していますので、運用の際のチェックポイントの確認としても十分にご参考いただけるものになっていると考えております。

以前にも増して情報密度の高い書籍に仕上がったのではないかと自負しておりますので、ぜひGoogle広告を使いこなすための一助としてご活用いただければ幸いです。

2024年7月　杓谷 匠

いちばん やさしい
はじめての **Google広告**
の教本 人気講師が教える
運用型広告の基礎と実践

Contents
目次

Chapter 1 Google広告を使いこなすための基礎知識　page 15

Chapter **2** Google広告のアカウント を作ってみよう page **63**

Chapter 3 [検索広告]運用型広告の基礎を学ぼう

page 89

Chapter 4 ［ショッピング広告］ECサイト運営者は必ず実施しよう

page 119

Chapter 6 [動画広告]YouTubeに広告を配信しよう

page 189

Chapter **7**

［デマンドジェネレーション］Googleのサービスに配信できるのが魅力

Chapter 8 [アプリ広告]Google Play に広告が配信できる page 273

Chapter 9 [P-MAX]Googleの技術を結集した究極の自動化

page 287

Chapter 1

Google広告を
使いこなすための
基礎知識

本章では、Google広告が表示される場所や、掲載の仕組み、広告を配信するまでの流れなどの基礎知識を学んでいきます。Google広告の全体像を確認していきましょう

01 ［Google広告の歴史と現在の立ち位置］
インターネット広告の中で大きな位置を占めるGoogle広告

このレッスンの
ポイント

Google広告は、2002年に検索連動型広告のプラットフォームとしてスタートしました。インターネット広告の基礎を築き、今なお進化を続けるGoogle広告のこれまでを振り返り、現在地を確認します。

○ インターネットの成長と共に進化を続ける「Google広告」

Google広告は、2002年に「Google AdWords」（以下AdWords）という名称でスタートしました。サービス開始当初はGoogleの検索結果の右側に検索語句に連動したテキスト広告を表示する「検索連動型広告」を提供するサービスでした。その後、2004年にWebサイト上に広告枠を設置して広告収入を得ることができる「AdSense」を開始すると、AdWordsの配信面はニュースサイトなどの大手サイトから個人ブログまで幅広く広がっていきました。2004年8月にGoogleが上場を果たすと投資のスピードを加速し、2005年にAndroid、2006年にYouTubeを買収します。その結果、2008年にはiPhoneとほぼ同時期にAndroidスマートフォンを発表し、AdWordsの広告配信デバイスもスマートフォンやタブレットに拡大しました。加えて、YouTube上での違法アップロード動画への対策や、インフラの強化を進め、広告主が安心して動画広告を配信できる環境を整備しました。2018年に、広告の配信手法やフォーマットが多様化したことに伴いサービス名称を「Google広告」に改称します。近年では「コネクテッドテレビ」と呼ばれるインターネットに接続できるテレビに配信デバイスを拡大し、今なお進化を続けています（図表01-1）。

▶ **Google広告の進化** 図表01-1

			現　在
広告フォーマットの進化	検索連動型広告 ▶	ディスプレイ広告 ▶	動画広告
配信デバイスの進化	パソコン ▶	スマートフォン&タブレット ▶	コネクテッドテレビ

○「Google広告」を学べば他の広告プラットフォームにも応用が効く

Google広告のように、広告主自らが広告の配信設定を行う広告のことを「運用型広告」と呼びます。GoogleがAdWordsを通じて運用型広告の手法を確立させて爆発的な成長を遂げると、「Facebook（現Meta）」や「Twitter（現X）」が続々と自社の運用型広告サービスを開始しました。日本においてもYahoo! JAPANの検索エンジンと検索連動型広告にはGoogleのシステムが採用されており、管理画面こそ違うものの、基本的な仕組みは共通しています。そういった意味で、既存の運用型広告サービスのほとんどがGoogle広告の影響を受けていると言っても過言ではないでしょう（図表01-2、図表01-3）。

▶ 運用型広告を提供しているサービス 図表01-2

▶ インターネット広告における運用型広告の割合 図表01-3

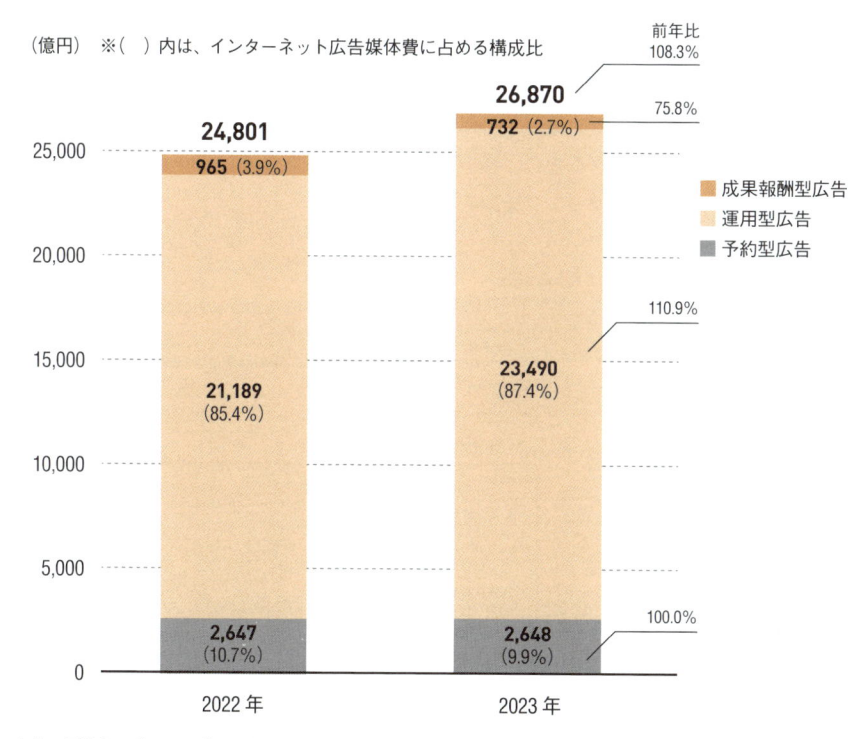

（億円） ※（　）内は、インターネット広告媒体費に占める構成比

- 成果報酬型広告
- 運用型広告
- 予約型広告

2022年: 24,801
- 965 (3.9%)
- 21,189 (85.4%)
- 2,647 (10.7%)

2023年: 26,870　前年比 108.3%
- 732 (2.7%)　75.8%
- 23,490 (87.4%)　110.9%
- 2,648 (9.9%)　100.0%

出典：電通ウェブサイト「2023年 日本の広告費 インターネット広告媒体費 詳細分析」

Lesson

02

[広告が掲載される場所を知ろう]

Google広告が表示される場所はこんなにある

このレッスンの
ポイント

Google広告の代表的な配信面を、実際の広告の実例を見ながら確認していきます。パソコンとスマートフォンで表示形式に違いがあり、広告の専有面積が大きく異なる点もポイントです。

⭕ Google検索：検索広告

検索広告はGoogle広告の中で最も歴史が古く、Google広告を代表する配信面です。インターネットの玄関とも言えるGoogleの検索結果にテキスト形式の広告を配信することができます（図表02-1）。ユーザーが能動的に情報を探しているところに広告を配信することができるため、高い広告効果を誇ります。スマートフォンの ような画面サイズの小さなデバイスでは、上位表示された際の画面占有率が大きく、クリック（タップ）されやすいことも特長です。Googleの検索数は、パソコンよりスマートフォンの方が多いため、スマートフォンで広告がどう表示されるかを考えて広告を作成していきましょう。

▶ **Google検索の検索広告** 図表02-1

Google検索：ショッピング広告

ショッピング広告は、検索広告と同じくGoogleの検索結果に表示される広告ですが、商品画像を表示させることができるのが大きな特長です（図表02-2）。この広告では、商品名や商品の説明文、商品画像、価格などを「Google Merchant Center」に登録することで広告が掲載されるように

なります。Eコマース関連の検索語句では、画像が表示できる分、広告の効果は検索広告よりも高いので、Eコマースサイトを運営している方は必ず実施しましょう。ショッピング広告は、Googleの画像検索やショッピングタブにも表示されます。

▶ **Google検索のショッピング広告** 図表02-2

Googleディスプレイネットワーク

Googleディスプレイネットワークは、「AdSense」と呼ばれる広告枠を設置している世界中の何百万ものWebサイトやアプリの総称です。大手ニュースサイトから個人ブログまで大小さまざまな規模のWebサイトに広告を配信することができるため、多くのユーザーに広告を見せる

ことができます（図表02-3）。広告枠が設置してある「Webサイトの内容（コンテンツ）」を指定して広告を配信する手法と、特定のWebサイトを「訪問している人（オーディエンス）」を指定して広告を配信する手法の2種類があります。

▶ Googleディスプレイネットワークの掲載面 図表02-3

◯ YouTube

言わずと知れた世界最大の動画共有サイトYouTubeに動画広告を配信することができます（図表02-4）。広告を表示させたい動画やチャンネルなどを指定することができるので、自社のビジネスに関連するコンテンツを投稿しているYouTuberのチャンネルを指定することもできます。

スマートフォン上での動画の視聴時間は比較的短く、パソコンやテレビでは視聴時間が長いことから、短尺長尺両方の動画を用意しておくと良いでしょう。近年では、テレビでのYouTubeの視聴も急速に増えつつあります。

▶ YouTubeの掲載面 図表02-4

○ Googleマップ

Google広告に住所を登録したり、「Google ビジネスプロフィール」(旧称：Googleマイビジネス) と連携したりすると、企業や店舗などの情報をGoogleマップ上に広告として表示させることができるようになります (**図表02-5**)。Googleマップ上で の検索語句に応じて広告を表示させることができるため、店舗への来店数や電話による問い合わせ数などの増加が見込めます。店舗をお持ちの方はぜひ活用を検討してみましょう。

▶ Googleマップの掲載面 **図表02-5**

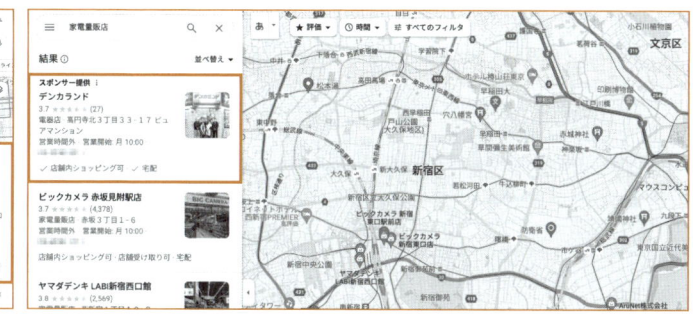

○ Gmail

Gmailのプロモーションタブや、ソーシャルタブもGoogle広告の配信面の1つです。圧倒的なユーザー数を誇るGmailのメールボックスに広告を表示できることが大きな特長です (**図表02-6**)。通常のメールと同じ形式で広告が表示されるため、ユーザーが自分に関連する情報だと受け入れ やすいこともメリットのひとつです。Google広告では、広告をクリックしてページ遷移する際に課金されるのが一般的ですが、Gmail上で表示される広告は、クリックして広告が拡大表示された時に課金されます。

▶ Gmailの掲載面 **図表02-6**

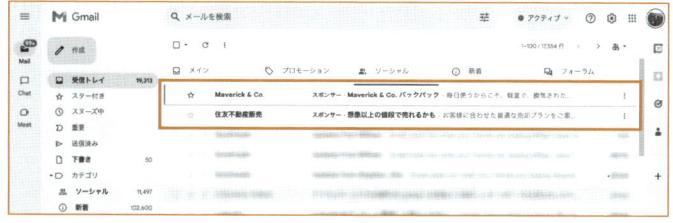

NEXT PAGE →

⭕ Google DiscoverとGoogle Play

スマートフォンに特化した配信面として、Google DiscoverとGoogle Playが挙げられます（図表02-7）。Google Discoverは、ユーザーの検索意図や、Webサイト、アプリ上での行動に基づいてコンテンツを表示する機能です。iOSでは、Google検索アプリ内に表示され、Androidではホーム画面を右にスワイプすると表示されます。Google Playは、アプリ、ゲーム、音楽、書籍などの購入ができるサービスで、アプリを探しているユーザーに対して自社のアプリのインストールを促す広告を配信することができるのが特長です。

▶ **Google DiscoverとGoogle Playの掲載面** 図表02-7

Google Discover	Google Play

Lesson 03

Google広告を配信するまでの流れを理解しよう

このレッスンの
ポイント

Google広告で広告を配信するまでの大まかな流れを見ていきます。「Google広告アカウント」の中で広告配信に必要な設定を行います。広告を配信してからも細かなチューニングができるのがGoogle広告の醍醐味です。

○ Google広告で広告を配信するまでの流れ

Google広告で広告を配信するまでの流れは 図表03-1 のとおりです。基本的な広告の配信設定は、「Google広告アカウント」の中で設定します。括弧書きの用語に関しては、Google広告アカウント内に登場する固有名詞です。新しい単語がたくさん出てきましたが、次のレッスン以降で全体の流れの詳細とそれぞれの用語について解説をしていきます。

▶ **Google広告配信までの流れ** 図表03-1

①Google アカウントの作成 ←── Google 広告アカウントの開設に必要

②「Google 広告アカウント」の作成 ←── Google 広告アカウントで配信の設定を行う

③お支払い方法の設定

④「コンバージョン計測タグ」の発行と設置

⑤「キャンペーン」の作成

⑥「広告グループ」の作成

⑦「ターゲティング」の設定

⑧「広告」の設定

⑨広告の配信開始

⑩配信レポートの確認

⑪最適化

広告の配信結果をもとに、配信設定をチューニングし、パフォーマンスを高める

○ 広告を配信してから「最適化」できるのがGoogle広告の醍醐味

テレビや雑誌などの広告では、一度広告が掲載されてしまったら、後から広告文の変更や掲載面の変更などはできませんが、Google広告では広告の配信後も広告文や掲載面を細かくチューニングしていくことができます。このように、広告の配信結果に基づいて配信設定をチューニングしていく作業のことを「最適化」（英

語では「Optimize」）と呼びます（図表03-2）。テレビや雑誌と違って、インターネット広告の掲載面や広告の表示回数はユーザーの動きによって常に変化します。このような変化をうまく捉えて「最適化」していくのがGoogle広告の醍醐味で、むしろ広告を配信してからが本番と言っても良いでしょう。

▶ 最適化のサイクル 図表03-2

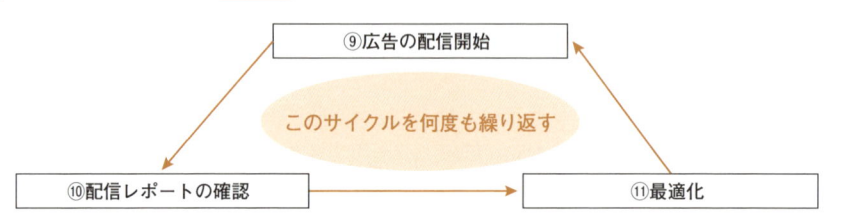

○ 第3章以降で各キャンペーンタイプの特徴を把握しよう

Google広告では、検索連動型広告やディスプレイ広告、動画広告など、配信したい広告の種類を「キャンペーンタイプ」で選択します。それぞれの「キャンペーンタイプ」によって設定できる内容や、特徴が大きく異なるため、第1章、第2章では、Google広告全体で共通する基礎知

識とアカウントの開設方法などを紹介し、第3章以降で各「キャンペーンタイプ」ごとの個別の解説をしていきます。第1章、第2章を読んだ後は、第3章以降のどの章から読んでいただいても問題ない構成になっていますので、興味のある章からお読みいただければ幸いです。

▶ 本書の構成 図表03-3

Lesson ［アカウント構造の把握］

04 Google 広告は「アカウント」を作って配信する

**このレッスンの
ポイント**

前レッスンで触れた②Google広告アカウントの全体像を確認します。「アカウント」内の構成要素である「キャンペーン」「広告グループ」「ターゲティング」「広告」がどんな役割をしているのか見ていきましょう。

⭕ Google広告アカウントは3階層

Google広告アカウントの中身は「アカウント」→「キャンペーン」→「広告グループ」の3階層で構成されていて、「広告グループ」の中に、具体的にどこに広告を配信するかを指定する「ターゲティング」と、広告文や画像、リンク先のURLなどを設定する「広告」を設定します。1つのアカウントの中に「キャンペーン」「広告グループ」は複数作成することができ、「キャンペーン」の中で選択する「キャンペーンタイプ」によって、配信する広告のフォーマットが大きく変化します。

▶ **アカウントの階層構造** 図表04-1

```
                    アカウント
┌──────────────────────────────────────────────────┐
│ 「目標」：コンバージョンの設定   「ツール」：各種プランニングツール │
│ 「料金」：お支払い情報の設定    「管理者」：アクセス権限などの設定 │
│  ┌─── キャンペーン ───┐      ┌─── キャンペーン ───┐      │
│  │ タイプ：検索 / 1日の「予算」│  │ タイプ：ディスプレイ / 1日の「予算」│  │
│  │ 地域・言語 / 入札戦略    │  │ 地域・言語 / 入札戦略    │  │
│  │ ┌広告グループ┐┌広告グループ┐│  │┌広告グループ┐┌広告グループ┐│  │
│  │ │ターゲティング①││ターゲティング①││  ││ターゲティング①││ターゲティング①││  │
│  │ │ターゲティング②││ターゲティング②││  ││ターゲティング②││ターゲティング②││  │
│  │ │ 広告①  ││ 広告①  ││  ││ 広告①  ││ 広告①  ││  │
│  │ │ 広告②  ││ 広告②  ││  ││ 広告②  ││ 広告②  ││  │
│  │ └─────┘└─────┘│  │└─────┘└─────┘│  │
│  └──────────────┘      └──────────────┘      │
└──────────────────────────────────────────────────┘
```

○ 「アカウント」階層で「コンバージョン」と「お支払い方法」を設定する

「アカウント」の階層では、管理画面の左のメニューの「目標」から「コンバージョン」を設定します。「コンバージョン」とは広告を通じて促したいユーザーの行動のことを指し、資料請求や購入などが「コンバージョンアクション」に該当します。「コンバージョン」を設定しなくても広告の配信をすることはできますが、一部の入札戦略が使えなかったり、広告の費用対効果を測定するためにとても重要

なので、必ず設定しておきましょう。具体的なコンバージョンの設定方法に関してはレッスン9で紹介します。また、「料金」のメニューから「お支払い方法」を設定します。広告の配信設定を済ませても、「お支払い方法」が設定されていないと広告が配信できないため、アカウントを作成したら早めに「お支払い方法」の設定を済ませておきましょう。

▶ アカウント階層でできること 図表04-2

```
┌──────────── アカウント ────────────┐
│                                          │
│   ┌─── 目　標 ───┐      ┌─── ツール ───┐  │
│   ●「コンバージョンアクション」の作成    ●キーワードプランナー      │
│   ・「コンバージョンID」の発行          ●リーチプランナー         │
│   ・「コンバージョンラベル」の発行      ●オーディエンスマネージャー、など │
│                                          │
│   ┌─── 料　金 ───┐      ┌─── 管理者 ───┐  │
│   ●「お支払い方法」の設定              ●アクセス権の管理          │
│   ・クレジットカードまたはデビットカード  ●表示言語やタイムゾーンの設定  │
│   ・コンビニまたはPay-easy（ペイジー）  ●他ツールとのリンク、など    │
│   ・銀行振込                             │
│                                          │
└──────────────────────────┘
```

○ 「キャンペーン」で「キャンペーンタイプ」と「予算」を設定する

「キャンペーン」の階層では、広告配信の戦略・方針に関する項目を設定していきます（図表04-3）。「キャンペーンタイプ」で検索、ショッピング、ディスプレイなど配信したい広告の形式や掲載先を選択した後、広告を配信する地域・言語など

を設定します。また、キャンペーン全体を通じて1日に使用する広告費の上限を決める「予算」の設定や、クリックや表示回数に応じてどのように自動入札のシステムが上限入札単価を設定するかを決める「入札戦略」を設定します。

▶「キャンペーン」で設定すること 図表04-3

キャンペーン

キャンペーンタイプ
- ●検索、ショッピング、ディスプレイなどのキャンペーンタイプを選択する

地域・言語
- ●広告を配信する地域を設定する
- ●配信対象とするブラウザの言語を設定する

1日の「予算」
- ●キャンペーン全体で1日に平均でどのくらい広告費を使用するかを設定する

入札戦略
- ●どのような戦略で自動入札のシステムが上限入札単価を設定するかを決める

○「キャンペーンタイプ」で掲載先や広告フォーマットが決まる

Google広告では、検索、ディスプレイ、動画など、さまざまな広告の掲載先とフォーマットがあります。この掲載先やフォーマットを決めるのが「キャンペーンタイプ」です（図表04-4）。キャンペーンタイプには「検索」「ショッピング」「ディスプレイ」「動画」「デマンドジェネレーション」「アプリ」「P-MAX」などがあります。「キャンペーンタイプ」によって設定できるターゲティングや広告のフォーマットが変わります。本書の第3章以降で具体的な違いについて解説していきます。

▶ キャンペーンタイプ一覧 図表04-4

P-MAX
Google 検索、YouTube、ディスプレイなどで、広告をブラウジング中の適切なユーザーにリーチします
仕組みを確認

検索
テキスト広告で Google 検索での行動を促します

ディスプレイ
クリエイティブを使用して、300万のサイトとアプリで見込み顧客にリーチします

ショッピング
Google Merchant Center のデータを使用して商品を Google 検索で宣伝します

動画
動画広告で YouTube でのユーザー行動を促します

デマンド ジェネレーション
イメージ広告と動画広告を使用して、YouTube、Discover、Gmail での需要とコンバージョンを促進します

アプリ
アプリ広告を使用して、Google 検索、Google Play、YouTube、パートナー サイトで Android アプリまたは iOS アプリを宣伝します

スマート
テキスト広告を使用して、Google 検索、YouTube、マップなどで小規模ビジネスを宣伝します

> ユーザーが能動的に情報や商品を求めている場所に広告が出稿できる「検索」「ショッピング」は広告の効果が高く、少額からも開始できるので、予算が限られている場合は「検索」「ショッピング」から始めることをおすすめします

○「広告グループ」は「ターゲティング」と「広告」をまとめる箱

「広告グループ」は、「ターゲティング」と「広告」をまとめる箱で、誰にどんな広告を見せるかを設定します。広告グループの中で、具体的な広告の配信先を指定する「ターゲティング」と、ユーザーに表示される広告文、画像、クリックされた時の遷移先のページを設定する「広告」を設定します。また、キャンペーンの階層で設定できた入札戦略は広告グループの階層でも設定でき、両方に設定した場合は広告グループ階層で設定した内容が採用されます。もちろん、無理に広告グループに設定しなくても問題ありません。

▶「広告グループ」で設定すること 図表04-5

広告グループ

ターゲティング	広　告
●「キーワード」「プレースメント」「ユーザーリスト」など、具体的な広告の配信先を指定する	●「ターゲティング」に対して、どのような広告文、画像を表示させ、クリックされた時にどのページに遷移するかを設定する

入札戦略（Optional）

●どのような戦略で自動入札のシステムが上限入札単価を設定するかを決める。広告グループレベルでも設定できる

○「ターゲティング」で具体的な配信先を指定する

「ターゲティング」では、検索語句や、広告枠の位置など、具体的な配信先を指定することができます。設定できる「ターゲティング」はキャンペーン作成時に選択したキャンペーンタイプに応じて異なります。各キャンペーンタイプで具体的にどのようなターゲティングが設定できるかについては、第3章以降で解説していきます。

▶各キャンペーンタイプごとに設定できるターゲティングの例 図表04-6

検　索	ディスプレイ	動　画	ショッピング
広告グループ	広告グループ	広告グループ	広告グループ
キーワード	ユーザーリスト	YouTube チャンネル	商品カテゴリ
動的広告ターゲット	プレースメント	YouTube 動画	ブランド

○「広告」で実際にユーザーに表示される広告を作成する

実際にユーザーの目に触れるテキストや画像などを設定するのが「広告」の役割です。「広告見出し」や「説明文」などのテキストや、画像、動画など、広告表現に使用する素材のことを「アセット」と呼びます。「アセット」は英語の「Asset」のことで「資産」という意味です。英語圏では、実際にユーザーの目に表示される広告表現のことを「Creative（クリエイティブ）」と呼び、画像や動画などの素材のことを「Creative Asset（クリエイティブ資産）」と呼んだりすることから、Google広告の管理画面でも「アセット」という表現が使用されています。また、広告がクリックされた際の遷移先のページのことを「ランディングページ」（英語で「Landing Page」。直訳すると「着地するページ」の意）と呼びます。「広告」では、Google広告の管理画面にアップロードした「アセット」を組み合わせ、「ランディングページ」のURLを設定し、ユーザーが目にする広告を作成していきます。「広告」もキャンペーンタイプに応じて設定できる内容が異なるので、第3章以降で詳細について解説していきます。

▶ アセットとランディングページ　図表04-7

「広告」の構成要素		
アセット		ランディングページ
広告見出し	画　像	URL
説明文	YouTube の動画	

これらを組み合わせてユーザーが目にする広告を作る

[表示される広告が決定するまでの仕組みを理解する]
広告の表示は「広告ランク」による
オークションで決まる

**このレッスンの
ポイント**

実際にユーザーの目に触れる広告がどのように選ばれているかを学んでいきます。「広告ランク」と、その構成要素の「広告の品質」を正しく理解することが、広告の効果を最大化するための秘訣です。

○ 広告の表示は「広告ランク」によるオークションで決まる

Google広告では、広告枠に表示される広告は「広告ランク」によるオークションによって決められています。「広告ランク」は「上限入札単価」と「広告の品質」の掛け算で算出される数値で、1つの広告枠に対して最も高い「広告ランク」の広告が表示されます。このオークションは、広告枠がブラウザに表示される度に行われています。「上限入札単価」は、広告がクリック、または1000回表示された時にいくらまで支払うかの限度額を設定する項目です。「広告の品質」は広告の品質を表すGoogle独自の指標で、その広告がユーザーの求めている情報にどれだけ合致しているかを非公開の独自の計算式で算出しています。仮に、図表05-1のように、「上限入札単価」が120円で「広告の品質」が7だった場合、「広告ランク」は840となります。この図表では、説明しやすいように、管理画面で表示される参考値の「品質スコア」と同様に10段階の整数で表していますが、実際の広告の品質は何桁になるかを含めて非公開で、オークション毎に計算されます。

▶ **広告ランクの計算方法** 図表05-1

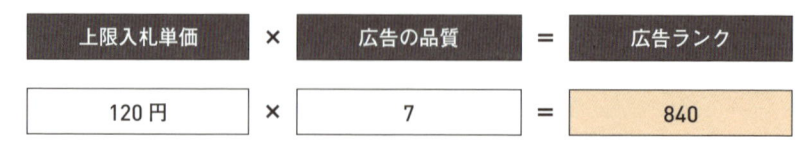

上限入札単価	×	広告の品質	=	広告ランク
120 円	×	7	=	840

⬤「広告の品質」を決める3つの要素

実際の「広告の品質」の数値は非公開ですが、Googleは「広告の品質」を決める要素を公表しており、「推定クリック率」「広告の関連性」「ランディングページの利便性」の3つを挙げています（**図表05-2**）。Googleは、広告もユーザーにとって有益な情報源の1つと考えているため、ユーザーがその時その瞬間に求めている情報に関連する広告を表示しようとしています。そのため、ユーザーの求めている情報と、広告に記載されている内容がどの程度関連しているか、広告をクリックした後に遷移するランディングページの内容がどれだけ近しいかを基に「広告の品質」を算出しています。

▶ **広告の品質を決める要素** 図表05-2

広告の品質		
推定クリック率	広告の関連性	ランディングページの利便性
広告が表示された場合にクリックされる可能性の高さを表す。過去の実績値も参照される	広告がユーザーの求めている情報と一致する度合いを示す	広告をクリックして遷移したページの内容が、ユーザーの求めている情報とどれだけ関連があるかを表す

⬤ 必ずしも入札価格が高い広告が表示されるわけではない

Webサイト上で広告枠が読み込まれると、Google広告に登録された膨大な数の広告の中から配信する広告を選出するシステムが動き出します。その中から、一定の品質を満たした広告がオークションに参加し、それぞれの「上限入札単価」と「広告の品質」に基づいて「広告ランク」を算出し、最も「広告ランク」の高い広告が表示されます（**図表05-3**）。

▶ **広告ランクによるオークションの概念図** 図表05-3

	上限入札単価	広告の品質	広告ランク	
広告 A	80 円	10	800	◀── 表示される広告
広告 B	100 円	6	600	必ずしも上限入札単価が高い広告が表示されるわけではない
広告 C	120 円	4	480	
広告 D	40 円	1	40	一定の閾値を越えないとオークションに参加できない

［課金額が決まる仕組みを理解しよう］

実際に課金される金額を計算してみよう

このレッスンの
ポイント

通常のオークションと違い、「広告の品質」という概念が加わる場合、実際の課金金額はどのように計算されるのでしょうか。Google広告の課金方法と、実際に課金される金額が決まるロジックを見ていきましょう。

Google広告の課金方法は大きく分けて3種類

Google広告の課金方法は、広告がクリックされるごとに課金する「クリック単価（CPC）」と、広告が1000回（＝「mill」）表示されるごとに課金する「インプレッション単価（CPM）」、広告動画が視聴されるごとに課金する「広告視聴単価（CPV）」の3種類があります（図表06-1）。利用で

きる課金方法は、キャンペーンタイプによって異なります。Google広告の管理画面では、これらの課金方法に基づいて「上限入札単価」を設定しますが、これはあくまで上限を設定するもので、実際に課金される金額はオークションごとに算出されます。

▶ **課金方法の種類** 図表06-1

課金方法の種類		
クリック単価（CPC） Cost Per Click	**インプレッション単価（CPM）** Cost Per Mill	**広告視聴単価（CPV）** Cost Per View
1回のクリックに対して課金	広告が1000回表示されるごとに課金	1回の広告動画の視聴に対して課金

👍 **ワンポイント** 表示回数を「インプレッション」と呼ぶのはなぜ？

「インプレッション」は、英語の「Impression」のことで、日本語では「印象」「感銘」などの意味があります。つまり、広告の表示によってユーザーに何

回「印象」を与えたかをカウントしていることになります。商品を購入するのはユーザーですから、広告の表示をユーザー視点に置き換えているわけですね。

● 実際の課金金額は「セカンドプライスオークション」で決まる

通常のオークションであれば、最も高い金額を入札した人が商品を購入することができますが、「広告ランク」のように「上限入札単価」と「広告の品質」の2つの変数がある場合は算出方法が異なります。Google広告では、実際の課金金額は「『自分の1つ下の順位の広告の広告ランク』÷『広告の品質』＋1円」で算出されます。このように、自分の1つ下の順位の入札状況によって支払う金額が決められるオークション方式のことを「セカンドプライスオークション」と言います。

▶ **実際に課金される金額の計算式** 図表06-2

$$\frac{\text{自分の1つ下の順位の広告の広告ランク}}{\text{自分の広告の品質}} + \boxed{1円} = \boxed{\text{実際に課金される金額}}$$

● 広告費を安く抑えるには「広告の品質」を高めることが重要

仮に、オークションの入札状況が 図表06-3 のような場合、広告Aの実際の課金金額を計算してみましょう。広告Aの1つ下の順位の広告Bの広告ランクは「600」です。広告Aの広告の品質は「10」です。したがって、広告Aの実際の課金金額は「600」÷「10」＋「1円」で、「61円」となります。同様の計算方法で、広告Bの課金金額を計算すると「81円」となっています。この例からもわかるように、広告ランクによるオークションでは、通常のオークションとは違い、必ずしも課金金額が最も高い広告が一位になるわけではありません。広告の品質を高くすることができれば、課金される金額も安くなっていきます。したがって、Google広告では、ユーザーの求めている情報に合致する広告、ランディングページを用意して広告の品質を高めていくことが、広告費を安く抑えるためにとても重要なのです。

▶ **実際に課金される金額の計算式** 図表06-3

	上限入札単価	広告の品質	広告ランク	実際に課金される金額
広告 A	80 円	10	800	61 円
広告 B	100 円	6	600	81 円
広告 C	120 円	4	480	—

$$\boxed{\text{広告 A の課金金額}} = \frac{600\,(\text{広告 B の広告ランク})}{10\,(\text{広告 A の広告の品質})} + \boxed{1円} = \boxed{61\ 円}$$

Lesson 07

[入札戦略の把握]

自動入札の種類と仕組みを理解しよう

**このレッスンの
ポイント**

現在では、自動入札機能を使って上限入札価格を設定するのが一般的です。どのような自動入札機能の種類があり、どんな情報を基にして入札価格を調整しているのかを確認しておきましょう。

○ 上限入札単価は自動入札を活用する

Google広告が始まった当初は、それぞれのターゲティングに手動で上限入札価格を設定する「個別クリック単価制」が中心でした。しかしながら、スマートフォンの普及をはじめとするデバイスの多様化や、ターゲティングの種類の多様化によって、現在では自動入札を使って上限入札価格を設定することが一般的になっています。自動入札には、コンバージョンデータを利用せず、統計情報のみを利用して入札価格を調整する「通常の自動入札」と、コンバージョンデータに基づいて入札価格を調整する「スマート自動入札」の2種類があります（図表07-1）。

▶ **通常の自動入札とスマート自動入札** 図表07-1

自動入札の種類	
通常の自動入札	**スマート自動入札**
統計情報に基づいて入札価格を決める	コンバージョンに基づいて入札価格を決める

「通常の自動入札」の正式名称は「自動入札」なのですが、一般的な機能としての自動入札と見分けがつきにくいため、「通常の自動入札」という名称で説明します

⭕ 入札戦略は全部で6種類

自動入札の上限入札単価の調整方法の方針のことを「入札戦略」と呼びます。通常の自動入札には、決められた予算内でクリック数を最大化する「クリック数の最大化」と、検索広告で広告を表示させたい位置を指定する「目標インプレッションシェア」の2種類があります（**図表07-2**）。

▶ 通常の自動入札で使用できる入札戦略 **図表07-2**

通常の自動入札	
クリック数の最大化	**目標インプレッションシェア**
キャンペーンに設定された予算内でなるべく多くのクリック数を獲得できるように上限入札単価が設定される	Google 検索結果ページの最上部、上部、または任意の場所に広告が表示されるように、上限入札単価が設定される

スマート自動入札では、1回のコンバージョンあたりの広告費を指定する「目標コンバージョン単価（CPA）」、売上などに対する広告費の割合を指定する「目標広告費用対効果（ROAS）」、決められた予算内でコンバージョン数を最大化する「コンバージョン数の最大化」、売上金額などを最大化する「コンバージョン値の最大化」の4種類があります（**図表07-3**）。

▶ スマート自動入札で使用できる入札戦略 **図表07-3**

スマート自動入札	
目標コンバージョン単価（CPA）	**目標広告費用対効果（ROAS）**
指定したコンバージョン単価（CPA）でコンバージョンを最大限に獲得できるように入札単価が設定される	指定した目標広告費用対効果（ROAS）でコンバージョン値（売上金額など）を最大化するよう入札単価が設定される
コンバージョン数の最大化	**コンバージョン値の最大化**
予算内で、できるだけ多くのコンバージョンを獲得するために予算が消化されるようになる	予算を過不足なく消化しつつ、最大限のコンバージョン値（売上金額など）を得られるよう入札単価が設定される

◉ 自動入札は「シグナル」に基づいて入札価格を調整する

自動入札が上限入札価格を調整するために参照しているデータのことを「シグナル」と呼びます。「シグナル」は、個々のユーザーやオークション時のコンテキストを特定できる属性のことで、デバイスや地域などをはじめ、さまざまな種類の情報を参照しています。キャンペーンタイプによって使用される「シグナル」は異なりますが、代表的な「シグナル」は 図表07-4 のとおりです。これらの「シグナル」はあくまでも代表的な例にすぎず、実際にはさらに多くの「シグナル」が利用されています。

▶ 自動入札で使用される「シグナル」の代表例 図表07-4

自動入札が利用する「シグナル」		
デバイス	広告のフォーマット	Webサイトのプレースメント
所在地	表示言語	Webサイトでの行動
地域に関する意図	ブラウザ	商品属性(ショッピングのみ)
曜　日	OS	価格競争力(ショッピングのみ)
時間帯	実際の検索語句(検索のみ)	季節性(ショッピングのみ)
リマーケティングリスト	検索パートナーか否か(検索のみ)	モバイルアプリの評価

◉ 上限入札単価はコンバージョン率で決まる

自動入札がたくさんの「シグナル」を利用するのはなぜでしょうか? それは、コンバージョン率を予測するためです。コンバージョン単価(CPA)は「広告費」を「コンバージョン数」で割った数値です。「広告費」は「クリック数」×「クリック単価」の合計値で、「コンバージョン数」は「クリック数」に「コンバージョン率」を掛けると求められます。分母と分子の両方に「クリック数」があるので整理すると、「コンバージョン単価(CPA)」は「クリック単価」÷「コンバージョン率」となり、「クリック単価」を左辺にすると「クリック単価」は「コンバージョン単価(CPA)」×「コンバージョン率」で決まります(図表07-5)。自動入札において、「コンバージョン単価(CPA)」は目標値として設定する固定値なので、上限入札単価を実施的に決めているのは「コンバージョン率」ということになります。Google広告は、目標値に合わせて可能な限り正しい入札価格を算出するために、あらゆる「シグナル」を総動員して「コンバージョン率」を予測しているわけです。

▶ **コンバージョン率から入札単価が算出される** 図表07-5

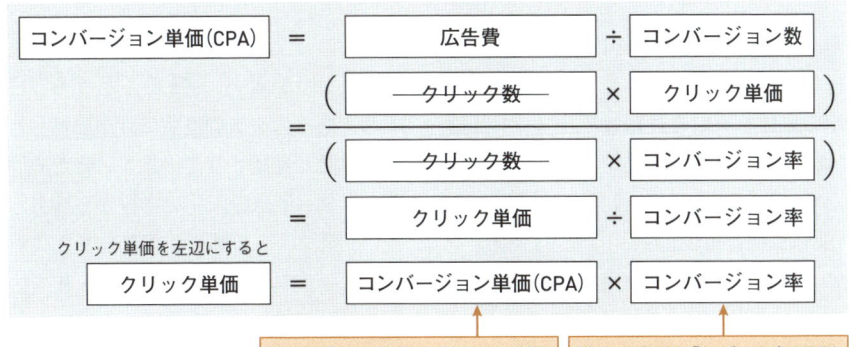

- コンバージョン単価(CPA) = 広告費 ÷ コンバージョン数
- = (~~クリック数~~ × クリック単価) / (~~クリック数~~ × コンバージョン率)
- = クリック単価 ÷ コンバージョン率

クリック単価を左辺にすると
- クリック単価 = コンバージョン単価(CPA) × コンバージョン率

広告主が目標として入力する金額　　過去の実績と「シグナル」で予測

⭕ セールなどの急激なコンバージョン率の変化に弱い自動入札

コンバージョンに基づいて入札価格を調整するスマート自動入札では、コンバージョン率が入札単価に大きな影響を及ぼします。そのため、クリスマスセールなどのようなセール期間は割引などの効果でコンバージョン率が急上昇し、セール期間終了後は急激に下落します。スマー

ト自動入札は、コンバージョン率の上昇には比較的すぐに対応できるのですが、急激な下落に関しては、セール時の高いコンバージョン率を参照してしまうため、セール終了後も入札単価が実際よりも高くなりがちになってしまうことに注意が必要です（図表07-6）。

▶ **セール時のコンバージョン率の推移と入札価格** 図表07-6

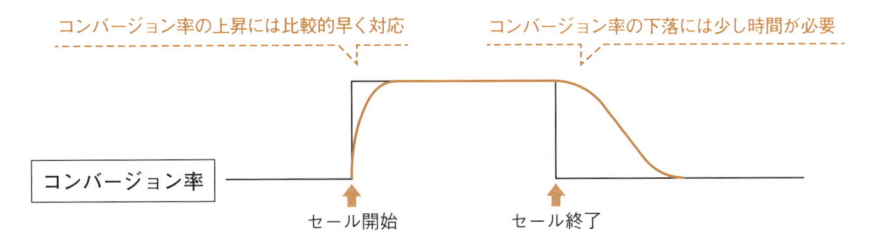

コンバージョン率の上昇には比較的早く対応　　コンバージョン率の下落には少し時間が必要

コンバージョン率

セール開始　　セール終了

オレンジ色の線が、スマート自動入札による入札価格の調整のイメージです。連休や、セールなど、コンバージョン率が急激に変化することが予想される際には注意が必要です

○「季節性の調整」で急激なコンバージョン率の変化に備えよう

前ページのように、プロモーションやセールによって見込まれるコンバージョン率の変化を事前に登録してスマート自動入札の入札単価を調整するために生まれたのが「季節性の調整」（英語では「Seasonality Adjustments」）という機能です。「季節性」と言う単語は少し耳慣れない感じがしますが、欧米の「Thanksgiving」や、日本のお正月やお盆などのような季節性のユーザーの動きの変化のことを英語で「Seasonality」と呼ぶことから、日本語でもそのままの直訳で「季節性」という単語が使用されています。特定の期間をスマート自動入札の学習から除外したい、スマート自動入札が算出した入札単価に＋50%などと上乗せして入札を強化したりするなどの設定ができます。

▶ 季節性の調整 図表07-7

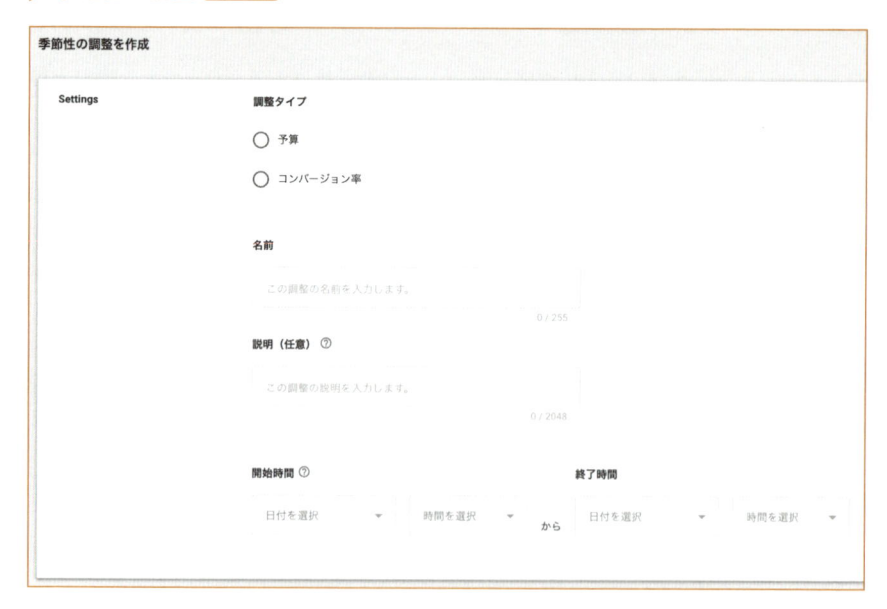

08

損益分岐ラインに基づいて
入札戦略の目標値を算出しよう

**このレッスンの
ポイント**

キャンペーンを作成していくと、入札戦略の目標値を設定
する項目が出てきます。適当に数値を入力するのではなく、
損益分岐ラインに基づいた目標値が入力できるように基本
的な考え方を学んでいきましょう。

○「目標コンバージョン単価(CPA)」は「ROI」から考える

自動入札の中で最も基本的な入札戦略が
「目標コンバージョン単価（CPA）」です。
目標値として設定する値は、「ROI」
（Return On Investment）から考えます。
「ROI」は「利益÷広告費×100」の計算
式で算出される指標で、ROIの数値が
100%の時が損益分岐ラインとなります。
仮に、販売価格が10,000円で原価が6,000
円の商品Aがあったとします。商品Aの粗

利は4,000円なので、1回のコンバージョン
で広告費が4,000円を上回ると赤字、下回
ると黒字となります。つまり、1回のコン
バージョンにかけられる広告費は4,000円
が上限となります（**図表08-1**）。この4,000
円を「目標コンバージョン単価（CPA）」
の目標値として入力すれば、入札戦略が
自動的に赤字にならないように上限入札
単価を調整してくれるというわけです。

▶「ROI」の計算式と商品Aの「ROI」 **図表08-1**

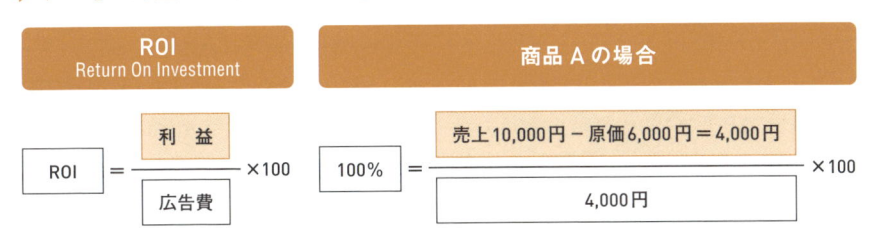

複数商品がある場合は「目標広告費用対効果(ROAS)」を利用

ECサイトなどのように、利益率の異なる商品を複数販売している場合、一律に4,000円などのコンバージョン単価を設定してしまうと、ペットボトルの飲料や、文房具などの消耗品など元々の販売価格が低く、利益の少額な商品ばかりが購入されてしまった場合、1コンバージョンあたりの利益が赤字になってしまう可能性が高くなります。このような場合を想定されて作られた入札戦略が「目標広告費用対効果(ROAS)」です。

「目標広告費用対効果(ROAS)」は「売上÷広告費×100」の計算式で算出される指標で、投資した広告費に対してどれくらいの売上を目標とするかをベースに上限入札単価を調整します。「ROAS」とは、「Return On Advertising Spend」の略で、「ロアス」と読むのが一般的です。先程の例と同様に、広告費に4,000円をかけて商品Aが購入された場合、ROASの値は250%になります(図表08-2)。

▶「ROAS」の計算式と商品Aの「ROAS」 図表08-2

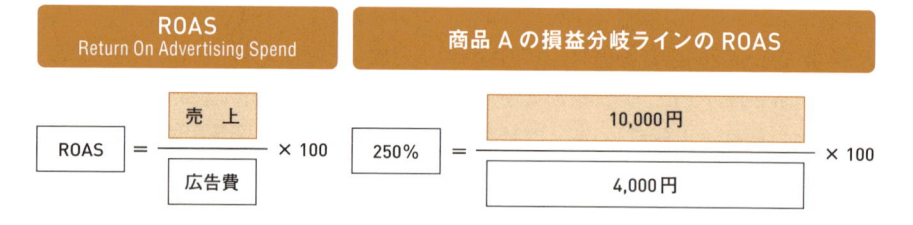

損益分岐ラインの「ROAS」の数値を把握しておこう

目標値とするROASを算出するには、それぞれの商品のROIが100%の時のROASをあらかじめ把握しておきましょう。商品A・B・Cの粗利が 図表08-3 のとおりであった場合のROIが100%の時のROASは250%となります。仮に、100回のクリックでそれぞれの商品が1つ購入されると

した場合、「広告費」÷「100」で1クリックあたりの上限入札単価が算出できます。この計算式に当てはめると、商品A・B・Cの上限入札単価はそれぞれ「40円」「8円」「4円」となり、商品の粗利に応じて入札価格が調整されていることがわかります。

▶ 商品A・B・Cの1クリックあたりの入札価格 図表08-3

	価 格	原 価	粗 利	広告費	ROI	ROAS	入札価格
広告 A	10,000 円	6,000 円	4,000 円	4,000 円	100%	250%	40 円
広告 B	2,000 円	1,200 円	800 円	800 円	100%	250%	8 円
広告 C	1,000 円	600 円	400 円	400 円	100%	250%	4 円

クリック100回でコンバージョンすると仮定した場合、「広告費」÷100で上限入札単価が決まる

▶ 利益率が異なる商品がある場合は1回の購入あたりの平均売上と平均利益を把握しよう

前述の例では、商品A・B・Cの粗利率は一律で40%でしたが、このようなケースは実際には稀で、商品ごとに利益率が異なることが一般的だと思います。そのよ うな場合は、月間の売上総額、利益総額を購入回数で割り、1コンバージョンあたりの平均売上、利益を算出して「ROAS」の目標値を算出しましょう（図表08-4）。

▶ ROASの目標値の計算式 図表08-4

$$
\text{ROAS の目標値} = \frac{\text{1コンバージョンあたりの平均売上 = 月間の売上総額 ÷ 購入回数}}{\text{1コンバージョンあたりの平均利益 = 月間の利益総額 ÷ 購入回数}}
$$

ROI が 100% の時、利益と広告費は同額になるため、分母が広告費ではなく利益に

業務上の会話の中で「目標広告費用対効果」という単語を利用することはほぼありません。ほとんどの場合「ROAS」（読み方：「ロアス」）と呼ぶことが一般的です。入札戦略に使用する目標値のROASのことを「目標ロアス」、広告を配信した結果の実際のROASを単純に「ロアス」と呼んで使い分けています

Lesson [広告の効果の計測]

09 配信の準備ができたら "コンバージョン" を設定しておこう

このレッスンの
ポイント

「コンバージョン」とは、広告を使って促したいユーザーの行動のことを指します。コンバージョンを設定しなくても広告の配信自体はできますが、広告の投資対効果を見極めるために必ず設定しましょう。

○ 3つの「タグ」をWebサイトに設置して「コンバージョン」を計測する

Google広告でコンバージョンを計測するには「①Googleタグ」「②コンバージョンリンカータグ」「③コンバージョントラッキングタグ」の3つの「タグ」を設置する必要があります。「タグ」とはWebサイトに設置する小さなコードのことで、このコードがWebページの表示と同時に読み込まれることで、Cookieの付与やコンバージョンの計測を行います。「①Googleタグ」は、コンバージョンの計測とリマーケティング用の2つを兼ねたCookieを発行します。しかしながら、欧州のデータ保護法「GDPR」の施行に伴いCookieの利用が一部制限されたことから、補完の目的を兼ねて「②コンバージョンリンカータグ」を導入しています。このタグでは、広告をクリックした時のURLに紐づくパラメータをファーストパーティーCookieとして保存する役割をしています。「③コンバージョントラッキングタグ」が発火された時に、「①Googleタグ」「②コンバージョンリンカータグ」両方から発行されるCookieを参照して、どの広告から来てコンバージョンしたかを計測しています。

▶ コンバージョンの計測に必要な3つのタグ 　図表09-1

	①Google タグ	②コンバージョンリンカータグ	③コンバージョントラッキングタグ
役　割	コンバージョンの計測と、リマーケティング用にブラウザに Cookie を発行	広告クリック時のパラメータの値をCookieとして保存	コンバージョンイベントの計測 Google タグとセットで作動
設置場所	自社の Web サイトのすべてのページ	自社の Web サイトのすべてのページ	コンバージョン完了ページ（サンクスページなど）

○「コンバージョン」の計測の仕組み

Google広告の広告をクリックすると、Google広告のシステムがランディングページのURLにURLパラメータを付与します。このパラメータにはどの広告で広告がクリックされたかの情報が格納されています。そのパラメータをコンバージョンリンカータグがファーストパーティーCookieとして保存します。続いてコンバージョンが発生すると、コンバージョントラッキングタグが発火し、ブラウザに保存された先程のCookie情報を読み取り、コンバージョンイベントと共にGoogle広告のシステムに送ります。Google広告のシステムに送られたCookieのIDは、元々URLパラメータとしてGoogle広告のシステムから発番されたものですから、どの広告でコンバージョンが発生したかを判別できるわけです（図表09-2）。

▶ **コンバージョン計測の仕組み** 図表09-2

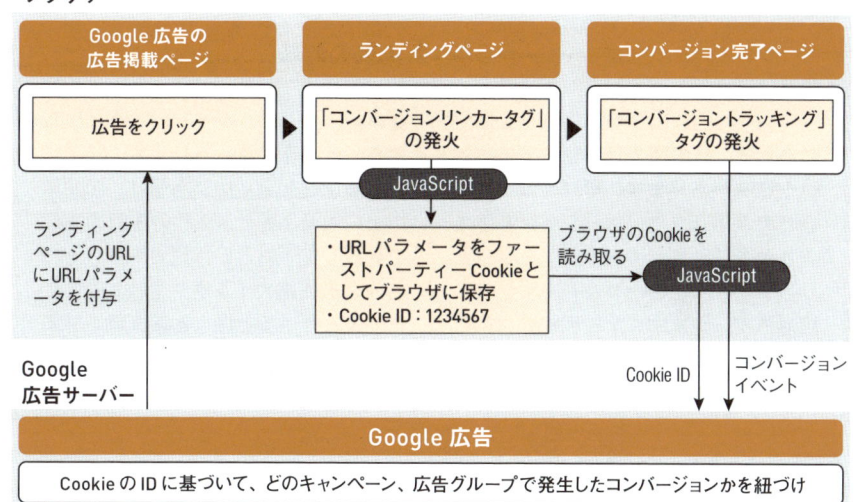

○「Googleタグマネージャー」を使ってタグを設置する

本来であれば、Google広告の管理画面で発行されたタグをWebサイトのソースコードに設置していくのですが、管理が煩雑になってしまうことから、現在ではGoogleタグマネージャー（以下GTM）を使って設置するのが一般的になっています。各タグ自体はGTM内にテンプレートが用意されているため、Google広告アカウントの管理画面から、アカウントや、コンバージョンアクションごとの固有の値を入力して設置します（図表09-3）。

▶ GTMでの各タグの実装方法 図表09-3

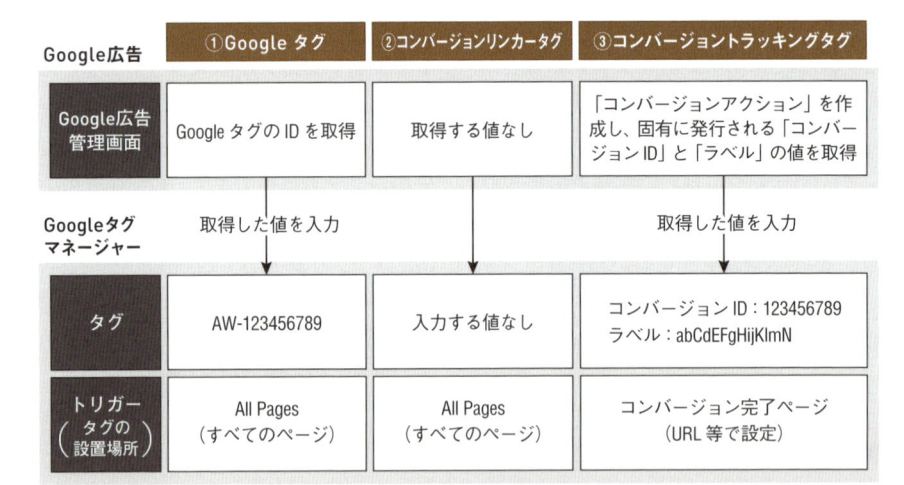

Google広告	①Google タグ	②コンバージョンリンカータグ	③コンバージョントラッキングタグ
Google広告 管理画面	Google タグの ID を取得	取得する値なし	「コンバージョンアクション」を作成し、固有に発行される「コンバージョン ID」と「ラベル」の値を取得

Googleタグ マネージャー

取得した値を入力 　　　　　　　　　　　　取得した値を入力

タグ	AW-123456789	入力する値なし	コンバージョン ID：123456789 ラベル：abCdEFgHijKlmN
トリガー （タグの 設置場所）	All Pages （すべてのページ）	All Pages （すべてのページ）	コンバージョン完了ページ （URL 等で設定）

👆 ワンポイント 「コンバージョン」の本来の意味

　「コンバージョン」は、英語の「Conversion」のことで、日本語では「転化する」という意味があります。野球やサッカーなどのスポーツで、ポジションを替えることを「コンバートする」と言ったりしますが、その「コンバート」の名詞形です。つまり、ユーザーが"顧客"に転化した数を「コンバージョン」としてカウントしているわけですね。ち

なみに、「コンバージョン」には、「改宗する」という意味もあります。欧米におけるマーケティング用語は、2000年以上にも及ぶキリスト教の布教の過程で発展してきたという説があり、その名残が最先端のインターネット広告にまで及んでいると思うと感慨深いですね。

10

[広告の審査の把握]

広告の審査のプロセスと
広告掲載ポリシーを確認しよう

**このレッスンの
ポイント**

広告の配信を開始すると、Google広告のシステムが自動的に入稿された広告を審査します。Google広告の広告掲載ガイドラインに違反した場合は広告の掲載が停止されますので、事前にガイドラインをチェックしておきましょう。

⭕ 広告の承認プロセス

「広告」を作成すると、自動的に審査プロセスが開始されます。見出しや説明文、画像、動画、ランディングページの内容など、「広告」に設定されたあらゆるコンテンツがGoogleの広告掲載ポリシーに従って審査されます。審査は、審査担当者の判断をベースにモデル化された Google AI と、人の目によるチェックを経て行われます。判断が難しい場合や、重大なケースなどの場合は最終的に人の目で審査の可否を判断しています。審査のステータスは管理画面上に表示され、審査の実施中は「審査中」、審査を経過した広告

は「有効」に変わり広告の掲載が開始されます。一部のポリシー要件を満たしていなかった場合、「有効（制限付き）」といったステータスで、広告の配信自体は行われるものの、配信が一部制限される場合もあります。審査によってポリシー違反が見つかった広告はステータスが「不承認」に変更され、掲載ができなくなります。「不承認」の場合、不承認の理由と、対応方法についてのメールが送付されます（**図表10-1**）。ほとんどの場合、審査自体は数時間から1営業日以内に終了します。

▶ 広告審査のステータス **図表10-1**

審査ステータス	意味
審査中	広告は審査中で、ポリシーに準拠していることが確認されると配信可能になる
有効	広告は Google 広告ポリシーに準拠しているため、すべてのユーザーに表示される
有効（制限付き）	広告は掲載可能な状態だが、商標の使用やギャンブル関連コンテンツなどについてのポリシーによって、掲載が制限される
有効（地域制限付き）	広告は指定の対象地域では掲載できない。ポリシー上の制限やターゲット設定が原因
不承認	広告は、内容またはリンク先が Google 広告ポリシーに違反しているため掲載できない

◎ 広告掲載ポリシーの主な項目

Google広告の広告掲載ポリシーは、ユーザーの安全性や法律遵守の目的ではもちろんのこと、技術やトレンドの進化に合わせて継続的にアップデートされています。自社のビジネスに関わる要件はよく把握しておくことが重要です。Google広告の広告掲載ポリシーは、大きく分けて「禁止コンテンツ」「禁止されている行為」「制限付きのコンテンツと機能」「編集基準と技術要件」の4つのカテゴリに分類されます（図表10-2）。広告内で言及がなくても、ランディングページでアルコール飲料が販売されている場合や、ワシントン条約で販売禁止されているサメ由来成分が含まれた美容品の販売なども「不承認」となる可能性があります。ランディングページの内容も含めてしっかり確認しておきましょう。

▶ 広告掲載ポリシーの4つの分類 図表10-2

分類	内容
禁止コンテンツ	偽造品／危険な商品やサービス／不正行為を助長する商品やサービス／不適切なコンテンツ
禁止されている行為	広告ネットワークの不正利用／データの収集および使用／不実表示
制限付きの コンテンツと機能	性的なコンテンツ／アルコール／著作権に関わるコンテンツ／ギャンブル、ゲーム／ヘルスケア、医薬品／政治に関するコンテンツ／金融サービス／商標／法的要件／そのほかの制限付きビジネス
編集基準と技術要件	編集／リンク先の要件／技術要件／広告フォーマットの要件

◎ 広告掲載ポリシーの主な項目

Google広告の広告掲載ポリシーは「Google広告のポリシー ヘルプ」ページにて最新情報を入手することができます。世界情勢の変化に伴ってできる新しく導入される要件もあるので、一度は必ず目を通しておきましょう。

▶ 広告掲載ポリシーの主な項目

Google広告ポリシーヘルプ：
https://support.google.com/adspolicy/answer/6008942

Lesson ［配信レポートの指標の理解］

11 広告配信レポートの指標を正しく理解して最適化をしよう

**このレッスンの
ポイント**

広告を配信したら、配信レポートを必ず確認しましょう。各キャンペーンの良し悪しを判断できるように、基本となる指標の意味を確認していきましょう。レポートには最適化のヒントがたくさん詰まっています。

⬤ Google広告は出稿してからが本番

Google広告はテレビや雑誌などの広告と違い、広告を配信してからも細かな修正を行って広告の効果を「最適化」できることが醍醐味です。実際に広告が出始めたら、どのキャンペーンのどの広告がどれだけ表示され、売上につながったのかを確認しましょう。Google広告の管理画面では、「キャンペーン」「広告グループ」「ターゲティング」「広告」の各階層で、

図表11-1 の項目の統計情報を見ることができます。「インタラクション」は少し耳慣れない単語ですが、クリックや、動画視聴など、キャンペーンタイプごとに異なるユーザーのアクションを複数のキャンペーンで横並びに比較するために作られた指標です。ほとんどの場合はクリック数のことを指すと理解しておいて問題ないでしょう。

▶ **管理画面で確認できる基本的な統計情報** 図表11-1

表示回数	インタラクション	インタラクション率
広告が表示された回数。「インプレッション」とも呼ぶ	キャンペーンタイプごとの固有のユーザーのアクション回数。検索やディスプレイではクリック数を指し、動画では視聴回数がカウントされる	「表示回数」に対して「インタラクション」が起こった回数の割合

※図表の続きは次ページを参照

NEXT PAGE ➡

平均費用	費用	コンバージョン
1回の「インタラクション」に対して支払った金額の平均値	指定した期間中に使用された費用の総額	広告を経由して発生したコンバージョンの数。スマート自動入札が参照する

コンバージョン率	コンバージョン単価	コンバージョン値
インタラクションに対して発生したコンバージョンの割合	1コンバージョンあたりの平均費用で、費用 ÷ コンバージョンで算出	1コンバージョンあたりの価値を入力する項目で、売上などの数値を入れるのが一般的。ROAS を把握するために必要な項目

●「分類」で統計情報をさらに細かく見る

「表示回数」「インタラクション」などの基本的な統計情報は、「分類」を使用することでさらに細分化して見ることができます。特定のキャンペーンタイプでしか利用できないものもありますが、「時間」は日別や月別のデータを見るために利用頻度が高く、「デバイス」も業種によってコンバージョン率などに大きな偏りが出たりするため、「分類」を使って確認しておくと良いでしょう。

▶「分類」で設定できる項目一覧 図表11-2

時間	クリックタイプ	コンバージョン
時間、日、月、四半期、年、曜日に応じて統計情報を分類	ユーザーがクリックした広告内の場所に応じて統計情報を分類。(例:見出し、サイトリンクなど)	コンバージョンアクションの種類や、コンバージョンにかかった日数などに応じて分類

ネットワーク	デバイス	上部 vs その他
Google 検索や Google ディスプレイネットワークなど、広告が配信されたネットワークを指定して分類	「パソコン」「モバイル」「タブレット」の3種類を指定できる	検索広告が表示された場所に応じて統計情報を表示できる

※図表の続きは次ページを参照

広告のリンク先	広告フォーマット
ユーザーがクリックした広告内のリンク先が Web サイトなのかアプリストアなのかに応じて統計情報を表示	動画とデマンドジェネレーションキャンペーンの動画広告フォーマットに応じて分類

◯ 管理画面上で配信結果を確認しよう

広告の配信が開始されると、キャンペーンに広告の表示回数やクリック数などの基本的な統計情報が表示されます。キャンペーン→広告グループ→キーワードなどのターゲティング、といったように上位階層から順番に配信結果を確認していきましょう。ある程度の期間が経っても

コンバージョンが獲得できておらず、いたずらに広告費を浪費してしまっている広告グループやターゲティングは配信を停止するか、除外設定にするなどの対策を行い、できるだけ予算をパフォーマンスの良い場所に集中させていきましょう。

▶ **キャンペーンの配信結果レポート** 図表11-3

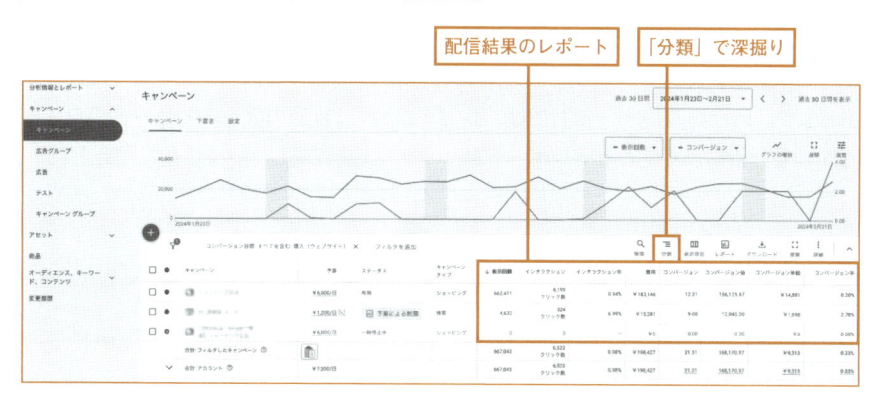

◯ コンバージョンの計測日は「広告がクリックされた日」

広告の効果を正確に知るためには、コンバージョンが計測される日付の仕組みも知っておきましょう。Google広告のレポートでは、コンバージョンの計上は、コンバージョンが発生した日ではなく、コンバージョンが発生した際の「広告がク

リックされた日」に計上されます。この点が、Googleアナリティクスなどのアクセス解析ツールでの計上の仕方と大きく違うところです。また、Google広告では、コンバージョンが発生する際に複数の広告がクリックされていると、クリック数

に応じてコンバージョンを按分してレポートに計上します。コンバージョン数が小数点になるのはこの按分によるもので、過去のコンバージョン実績に基づいて機械学習によって按分比率が決められます（**図表11-4**）。

▶ **コンバージョンが計上される日** 図表11-4

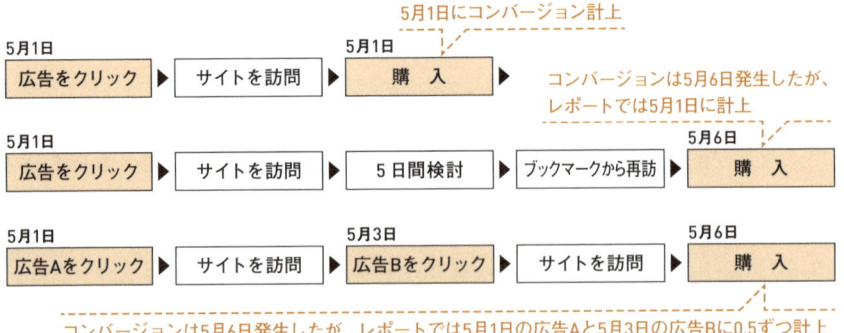

⭕ 「レポートエディタ」でさまざまな切り口でレポートを見てみよう

管理画面の左メニューの「分析情報とレポート」配下に「レポートエディタ」があります。「レポートエディタ」では、あらかじめ分析によく使われるレポートが

テンプレートとして用意されているので、気になるものを選んで見ておくと良いでしょう。自分の好みのレポートのフォーマットを作成していくことも可能です。

▶ **キャンペーンの配信結果レポート** 図表11-5

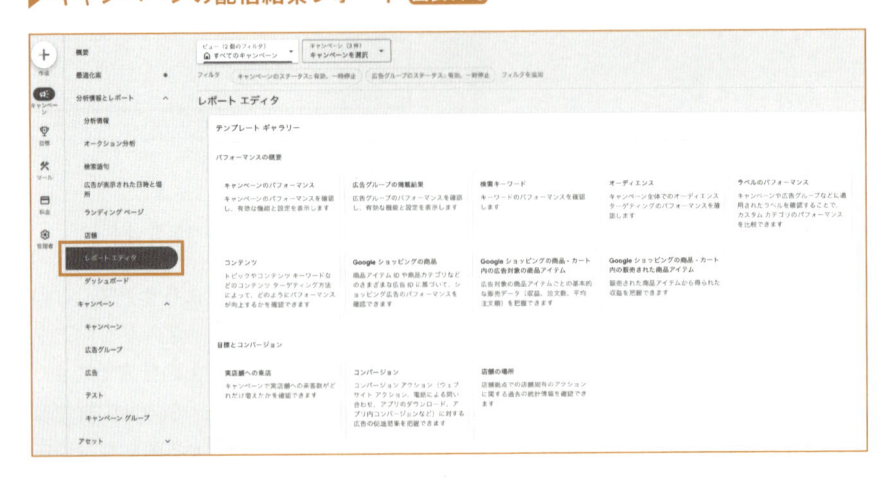

Lesson 12

[Google広告配信前に準備しておくこと①]

自社の強みを理解して広告の作成に活かそう

このレッスンのポイント

Google広告にはさまざまなターゲティングの種類があります。それらをうまく使いこなせるように、事前に自社のユーザーがどんな人かを明確にしておきましょう。競合と比較した時の自社の強みを考えておくのも重要です。

◯ 自社サイトのお客様はどんな人かを明確にする

Google広告では、検索語句や性別・年齢、趣味・嗜好など、さまざまな切り口で「ターゲティング」を選択し、広告を出稿することができます。そのため、事前に自社の商品・サービスを購入するお客様はどんな人たちなのかを具体的に想像しておくとスムーズに「ターゲティング」を設定できます。まずは **図表12-1** の5つのポイントで、お客様像を具体化しておきましょう。

▶ **お客様像を具体化するための5つのポイント** 図表12-1

①お客様のライフステージは？	②年齢・性別	③住んでいる地域や言語は？
大学卒業、引っ越し、新しいペットを飼った、結婚、マイホームの購入、自宅のリフォーム、起業、転職定年退職	男性・女性などの性別や、「18～24歳」「25～34歳」などのおおよその年齢の括り	都道府県・市町村区レベルの住んでいる地域。都市部か郊外か。使用する言語は日本語か、英語か、など

④よく見るWebサイトは？	⑤どんな環境でサイトを見てる？	
スポーツ、料理、旅行、音楽、ファッション、映画、園芸、投資などのジャンルや、具体的なWebサイトの名前など	パソコンやスマートフォン、タブレットなどのデバイスや、インターネットに接続できるテレビの有無など	

◯ 競合の取り組みを分析するための5つのポイント

広告を見るユーザー（お客様）の目線に立った時、自社の広告はどのように見えるでしょうか？ 自社の強みがユーザーにとってどう受け止められるかは、競合の状況によっても変わってきます。自社の強みを整理するために、図表12-2 の5つのポイントを中心に競合の取り組みをまとめて整理し、「自社だからできること」を考えていきましょう。

▶ お客様像を具体化するための5つのポイント 図表12-2

①企業の規模・認知度	②商品やサービスの形態	③商品・サービスの訴求ポイント
大企業、中小企業などの企業の規模や、会社名や商品名が広く一般に認知されている企業なのかどうか、など	単品なのか、セット販売なのか、サブスクなのか、などの販売方法の違いや、価格の中に修理などのサービス料も含まれているかどうか、など	「価格」「質」「時間」「コミュニケーション」のうちどれを重要視しているか

④広告やキャンペーン情報	⑤YouTubeやSNSでのニュース発信
期間限定のポイント◯倍キャンペーンや、定期購入による割引など	YouTube や SNS、ブログなどでどんな情報を発信しているか。フォロワーの数や動画の視聴回数など

> インターネット広告は、大企業も中小企業も同じ土俵で平等に戦えるのが大きな利点です。中小企業ならではの強みも必ずあるはずなので、自社の強みを見つめ直してみましょう

◯ 自社の強みを活かした訴求ポイントを広告に盛り込む

図表12-3 は、ECサイトで自社ブランドの紳士物の既製服を販売する広告主を想定して、競合との訴求ポイントを比較した例です。自社の商品に関連する検索語句をGoogleに入力し、表示された広告の中から競合の情報を調査していますが、競合するのは必ずしも紳士物の既製服を販売している企業だけではないことがわか

りPます。それぞれのサービスの形態ならではの訴求ポイントがあることが見えてきますので、自社の強みを活かして他社に勝てる訴求ポイントを検討しておきましょう。

▶ 自社とライバルを比較した表の例 図表12-3

	自社	A社	B社	C社
企業規模	小規模	小規模・無名	大手・有名	大手・有名
商品・サービスの形態	スーツやジャケットなどの紳士服を中心とした既製服を販売。セミオーダーや、サイズの調整なども注文できるECサイト	紳士服を販売しているが、システム手帳、スーツケースなど、ビジネス関連グッズなどがメインのECサイト	小規模店舗が集まる巨大ECサイト	カジュアルからフォーマルまでメンズ・レディース両方取り扱う衣料量販店
商品・サービスのポイント	検討していく	・まとめ買いでお得	・送料無料 ・ポイントが貯まる	・即日配送対応 ・会員限定特典付き
広告やキャンペーン情報	検討していく	・定期購入で割引	・ポイント○倍セール	・期間限定タイムセールクーポン
YouTubeやSNSでのニュース発信	検討していく	ファッションに関する読み物コンテンツを中心に配信	顧客向けの内容	季節やトレンドに合わせて買い物を促す内容

他社に勝てる要素を盛り込む

他社の取り組みをまとめて自社と比較できるようにする

👍 ワンポイント 評価は他人が決めるもの

自社の強みは、自分の商品やサービスだけを見ていると気づきにくい傾向にあります。なぜなら、強みや弱みとは、他者との比較の中でユーザーが決めるものだからです。顧客にインタビューして、なぜその商品を購入するに至ったのかを深く聞いていくと、自分たちが気づかなかった強みが見えてきます。

[Google広告配信前に準備しておくこと②]

13 広告配信の目的と予算を考えよう

**このレッスンの
ポイント**

予算の考え方にはさまざまな方法がありますが、基本的には粗利から逆算して考えるのが一般的です。コンバージョンの定義によって、考え方も変わってきますので、代表的な考え方をいくつか紹介していきます。

○ 基本は売上総利益(粗利)から逆算して予算を決める

Google広告では、さまざまな要素がオークションごとに変化するため、雑誌などの広告のようにあらかじめ決まった金額を見積もることは困難です。最初にざっくりと予算を決めて、配信してから調整していきましょう。予算の決め方についてはさまざまな考え方がありますが、ここでは最も一般的な損益分岐ラインから逆算する方法を紹介します。

○ 1. 販売している商品やサービスが1つの場合

販売価格1万円で、売上総利益（粗利）が4,000円の商品Aの購入をコンバージョンとしている場合、1回のコンバージョンにかけられる広告費は4,000円が上限です。4,000円以上広告費を使ってしまうと赤字になってしまいます。したがって、「売上総利益（粗利）」=「広告予算の上限」ということになります。この売上総利益（粗利）4,000円に、月間目標販売個数をかけて、おおよその予算を算出すると良いでしょう（**図表13-1**）。もちろん、ターゲティングを無闇に広げすぎるとコンバージョン率が悪化して4,000円以内でコンバージョンできないケースもあるので、実際のパフォーマンスを見ながら調整していく必要があります。戦略的に赤字覚悟で上限金額を上げる、という判断もあるでしょう。

▶ 売上総利益（粗利）をベースにした場合 図表13-1

┝──── 売上総利益（粗利）を算出 ────┥

(売 上 − 原 価) × 目標販売個数 = 予 算

(10,000円 − 6,000円) × 250個 = 100万円

○ 2. 利益率の異なる商品が複数ある場合

ECサイトのように、複数の商品を販売している場合、商品によって利益率が異なるため、コンバージョンごとの粗利が変動し、先程のように粗利を単純に計算することができません。そのため、月間の粗利を月間の購入回数で割り、1回の購入あたりの平均粗利金額を算出して予算を見積もると良いでしょう。

▶ 商品やサービスが複数ある場合 図表13-2

┝── 1回の購入あたりの平均利益を算出 ──┥

(月間の総粗利金額 ÷ 月間購入回数) × 目標購入回数 = 予 算

┝── 1回の購入あたりの平均利益：8,000円 ──┥

(60万円 ÷ 75回) × 100回 = 80万円

○ 3. コンバージョンはオンラインの資料請求で、実際の売上はオフラインで発生する場合

自動車や不動産の販売や、学習塾や専門学校の入塾など、広告のコンバージョン自体はオンライン上の資料請求で、実際の売上は面談などを経て対面で契約後に発生する場合があります。コンバージョンそのものでは売上が発生しない場合はどのように予算を考えていけば良いかを見てみましょう。

▶ コンバージョンが資料請求の場合 図表13-3

┝── オンライン ──┥ ┝──── オフライン ────┥

資料請求（コンバージョン） 〉 面 談 〉 契 約 〉 入 金

このような場合は、1回の契約で発生する粗利を、1契約あたりの平均資料請求回数で割り、1回の資料請求あたりの平均利益を算出して、予算を見積もりましょう。

─── 1回の資料請求ごとの平均粗利を算出 ───
(1回の契約あたりの粗利金額 − 1契約あたりの平均資料請求回数) × 目標契約数 = 予算

─── 1回の資料請求ごとの平均利益：40,000円 ───
(40万円 ÷ 10回) × 30件 = 120万円

4. ユーザーの「Life Time Value」から算出する

商品やサービスの購入に、Webサイト上での会員登録を必須にしている場合、Life Time Value（以下LTV）という考え方を用いることがあります。会員1人あたりの1年間の平均売上と平均原価から1回の新規会員登録ごとの年間の粗利を予測し、その年間の粗利をベースに予算を算出します。

▶ シミュレーション方法 図表13-5

─── 会員1人あたりの年間利益を算出 ───
(会員1人あたりの年間の平均売上 − 会員1人あたりの年間の平均原価) × 目標会員登録者数 = 予算

─── 新規会員の予測年間粗利：6,000円 ───
(12,000円 − 6,000円) × 200件 = 120万円

仮の値を入れてシミュレーションしてみよう

おおよその予算が決まったら、エクセルなどの表計算ソフトでシミュレーションをしてみましょう。コンバージョン単価に1コンバージョンあたりの粗利、コンバージョン数に月間の目標値を入力し、広告費に予算を入力しましょう。あとはクリック単価やクリック率などを仮の値として入れていけば、どのくらいの表示回数、クリック率、コンバージョン率を実現できれば目標を達成できるかが見えてきます（図表13-6）。

▶ 表計算ソフトによるシミュレーション方法 図表13-6

> - コンバージョン単価に粗利を入力
> - コンバージョン数に目標値を入力
> - 広告費に予算を入力

表示回数	
クリック率	
クリック数	
クリック単価	
広告費	¥1,000,000
コンバージョン率	
コンバージョン数	25
コンバージョン単価	¥4,000

→

> クリック単価に仮の値を入れるとクリック数と推定のコンバージョン率が算出できる

表示回数	
クリック率	
クリック数	15,385
クリック単価	¥65
広告費	¥1,000,000
コンバージョン率	0.16%
コンバージョン数	25
コンバージョン単価	¥4,000

→

クリック数＝広告費÷クリック単価
コンバージョン率＝コンバージョン数÷クリック数

> クリック率に仮の値を入れると表示回数が算出できる

表示回数	219,786
クリック率	7%
クリック数	15,385
クリック単価	¥65
広告費	¥1,000,000
コンバージョン率	0.16%
コンバージョン数	25
コンバージョン単価	¥4,000

→

表示回数＝クリック数÷クリック率

クリック率、コンバージョン率はユーザーの意志が大きく関わる数値です。また、クリック単価は競合の状況にも大きく影響します。そのため、広告配信前に精確なシミュレーションをすること自体はとても困難です。あくまでも予算取りなどのための目安として考えましょう。

> 「クリック数＝広告費÷クリック単価」などといったように、それぞれの指標が他のどの指標によって成り立っているかを把握しておきましょう

○「キーワードプランナー」を使っておおよその数値を調べる

キャンペーンタイプが「検索」であれば、「キーワードプランナー」を使うことで特定の検索語句のおおよその月間検索数と、クリック単価の予測値を調べることができます。月間平均検索ボリュームを、月間表示回数としてシミュレーションに利用すると、見積もりがより確からしくなります。「キーワードプランナー」はGoogle広告の管理画面の左側のメニューの「ツール」から利用することができます。「キーワードプランナー」の詳しい利用方法については第3章で解説します。

▶ キーワードプランナー　図表13-7

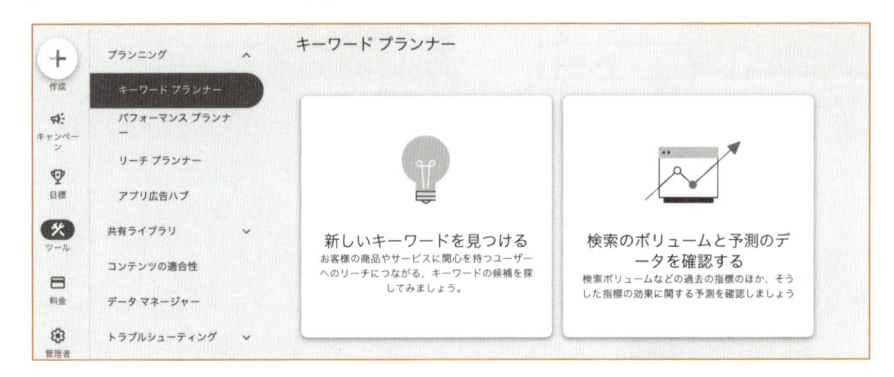

▶ キーワードプランナーの調査結果　図表13-8

☐ キーワード	↓ 月間平均検索ボリューム	3か月の推移	前年比の推移	競合性	広告インプレッションシェア	ページ上部に掲載された広告の入札単価（低額帯）	ページ上部に掲載された広告の入札単価（高額帯）
指定されたキーワード							
☐ 沖縄 旅行	246,000	0%	0%	中	–	¥28	¥135
キーワード候補							
☐ 旅行 沖縄	246,000	0%	0%	中	–	¥28	¥135
☐ 沖縄 ツアー	22,200	-18%	-18%	中	–	¥39	¥166
☐ 沖縄 旅行 費用	18,100	0%	+83%	低	–	¥14	¥55
☐ 沖縄 旅行 格安 フリー プラン	14,800	-33%	-46%	中	–	¥27	¥97
☐ 沖縄 格安 ツアー	14,800	0%	+22%	中	–	¥42	¥166
☐ 沖縄 ツアー 格安	14,800	0%	+22%	中	–	¥42	¥166
☐ 格安 沖縄 ツアー	14,800	0%	+22%	中	–	¥42	¥166
☐ 格安 ツアー 沖縄	14,800	0%	+22%	中	–	¥42	¥166

損益分岐ラインをベースに広告費を考えることができれば、他の事業で利益が出た時に広告を強化したり、逆にどれだけ抑えるべきかなどの判断基準ができたりするようになります。自社のサービスに合わせて最適な予算の考え方を見つけましょう

Lesson 14

[Google広告配信前に準備しておくこと③]

パートナーを探しておこう

**このレッスンの
ポイント**

Google広告の運用は、成果を最大限に発揮しようと思うと
細かなメンテナンスが必要になります。広告代理店、Web
制作会社、デザイナーなど、外部のリソースの確保もあら
かじめ検討しておくと良いでしょう。

● 広告代理店はGoogle認定パートナーから選ぼう

Google広告は、アカウントを作れば誰で
も自由に広告を配信することができます。
しかしながら、配信の規模が大きくなれ
ばなるほど、パフォーマンスを最大化さ
せるための細かな設定が必要になります。
そのような場合には、広告代理店に運用
をお願いすることも検討に入れておきま
しょう。広告代理店ごとの営業戦略によ
って細かな差異はありますが、広告代理
店に支払う運用費は、広告費の総額の
20%が1つの基準となっています。広告代
理店を利用するメリットとしては、
Google広告以外の複数の媒体を一括で依
頼することができる点や、支払いを請求
書払いにすることができる点など、さま
ざまなものが挙げられます。

Google広告には、広告代理店の認定パー
トナー制度があり、クライアントの成長
実績、広告費の取扱高、認定資格の保有
者数など、さまざまな基準をクリアした
広告代理店を「パートナー」「プレミアム
パートナー」として認定しています。認
定されたパートナーは、「Google Partners
ディレクトリ」に掲載されているので、
気になった広告代理店を選ぶと良いでし
ょう（図表14-1、図表14-2）。

大手だから、という理由だけで広告代理店を
選んでしまうと予算規模が小さい場合に思う
ように時間を割いてくれない、といった問題
が出てくることもあります。予算の規模など
に応じてお取引する広告代理店を決める、と
いうのも1つの考え方です

▶ Google広告認定パートナーの種類 図表14-1

パートナー

クライアントの成長を促進させた実績、運用している広告費総額、認定資格の保有者数などの観点で、Google が Google 広告のスキルと専門知識を有していることを認定した広告代理店

プレミアムパートナー

「パートナー」の中でクライアントの成長率、維持率、広告費総額などの観点で上位 3% の広告代理店に付与される Google Partners プログラムで最上位のステータス

▶ 認定パートナー一覧 図表14-2

Google Partners ディレクトリ：https://partnersdirectory.withgoogle.com/intl/ja/

Web制作会社やデザイナーのリソースを確保しておこう

Google広告では、コンバージョン計測タグやGoogleタグマネージャー自体のタグの埋め込みや、広告用のランディングページの作成など、Webページや、Webサイトのソースコードを編集する機会が発生します。Web制作会社にWebサイトの開発を依頼している場合は、あらかじめ広告の運用を視野に入れていることをお伝えし、各種計測タグの実装を依頼して

おくと良いでしょう。また、Google広告で、ディスプレイ広告を配信する場合、同じ画像の広告ばかりがユーザーに表示されるとユーザーが飽きてしまい、広告がクリックされにくくなります。そのため、たくさんの画像素材を用意できるように、バナーを制作するデザイナーのリソースも確保しておくと良いでしょう。

▶ 計測タグとレスポンシブディスプレイ広告の画像のガイドライン 図表14-3

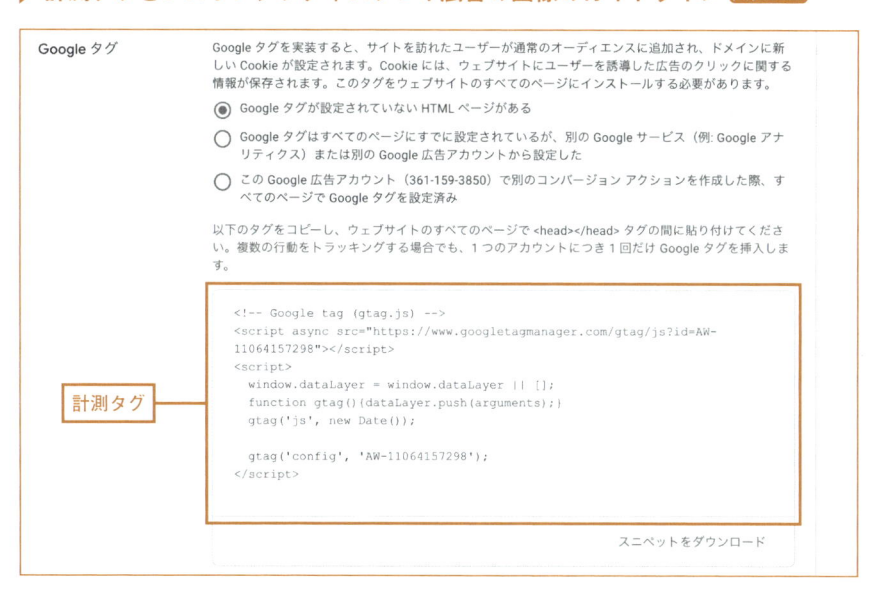

横長の画像（1.91:1）	スクエア（1:1）
推奨サイズ：1200 × 628 最小サイズ：600 × 314	推奨サイズ：1200 × 1200 最小サイズ：300 × 300

縦向き（9:16）

推奨サイズ：900 × 1600
最小サイズ：600 × 1067

・最大 15 個の画像
・ファイルサイズ上限 5,120KB

> レスポンシブディスプレイ広告の画像のガイドライン

⏻ COLUMN

Google広告を象徴する「広告の品質」が生まれた理由

OvertureとGoogleのオークションの違い

2002年、GoTo.comを前身とするOverture社とGoogle AdWords（以下AdWords。現Google広告）が日本市場に参入し、検索連動型広告のサービスを開始しました。検索連動型広告の基本的な仕組み自体はOverture社がGoogleに先駆けて確立していたと言われています。Overture社の検索連動型広告は、純粋なオークション形式で、最も高い金額で入札した広告主が検索結果の最上部に表示されるという仕組みでした。一方でGoogleは、レッスン5、6で見てきたように、オークションの仕組みの中に「広告の品質」の概念を導入し、「上限入札価格」×「広告の品質」の掛け算で決まる「広告ランク」によって掲載の順位が決まる仕組みでした。

「広告の品質」が圧倒的なクリック率の違いを生み出した

2002年当時は、インターネット≒Yahoo! JAPANと言っても良いほどYahoo! JAPANのトラフィックが圧倒的でした。そのため、Overture、Google両社がYahoo! JAPANに自社の検索連動型広告のシステムを導入してもらうように猛烈な営業をかけた結果、Yahoo! JAPANの検索エンジンの中で、OvertureとAdWordsを50：50の割合でA/Bテストすることになりました。そのA/Bテストの結果、AdWordsはOvertureと比較して2倍近くクリック率が高く、収益の面ではAdWordsが圧倒的な勝利を収める結果となりました。その2倍近くのクリック率の差をもたらしたのが「広告の品質」でした。

「広告の品質」は最もクリックされやすい広告を上位に表示させる仕組み

「広告ランク」は「上限入札単価」×「広告の品質」の掛け算により算出されますが、当時の広告の品質の実態は広告の予測クリック率でした。したがって、広告ランクを因数分解していくと、下記のように「上限インプレッション単価」に行き着きます。つまり、「広告の品質」とは、最も収益が高くなり得る広告を一番上に表示させるための仕組みでもあったわけです。

「広告の品質」を導入したことで、ユーザーには検索意図に沿った広告が表示されて利便性が上がり、クリック数が増えれば広告主のコンバージョンも増える可能性が高まります。そういった意味で、広告の品質はユーザー、広告主、検索エンジンの3者の利益を最大化する仕組みであると言えます。

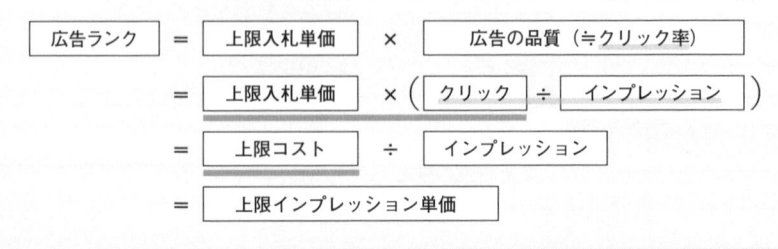

Chapter 2

Google広告のアカウントを作ってみよう

第2章では、実際の画面を見ながらアカウントの開設や、お支払い情報の設定、コンバージョンの設定方法を見ていきましょう。Google広告とGoogleタグマネージャーの2つのツールを使って解説をしていきます

[管理画面を見ながら設定してみよう①]

15 Google広告アカウントを作ってみよう

**このレッスンの
ポイント**

Google広告のWebサイトでアカウントの開設を申し込み、管理画面のホームにたどり着くまでの流れを見ていきます。開設時にそのまま進めるとP-MAXキャンペーンの作成に誘導されるので、開設時のキャンペーンの作成はスキップします。

◯ Google広告アカウントを開設する

▶ **アカウントの開設** 図表15-1

1 Google広告の申し込み画面を表示する

1 https://ads.google.com/intl/ja_jp/home/ にアクセスします。

2 [今すぐ開始] をクリックします。

2 アカウント開設時のキャンペーンの作成をスキップする

この段階では詳細な設定ができないため、キャンペーンは後から作成します。

1 [キャンペーンの作成をスキップ] をクリックします。

3 アカウント開設時のキャンペーンの作成をスキップする

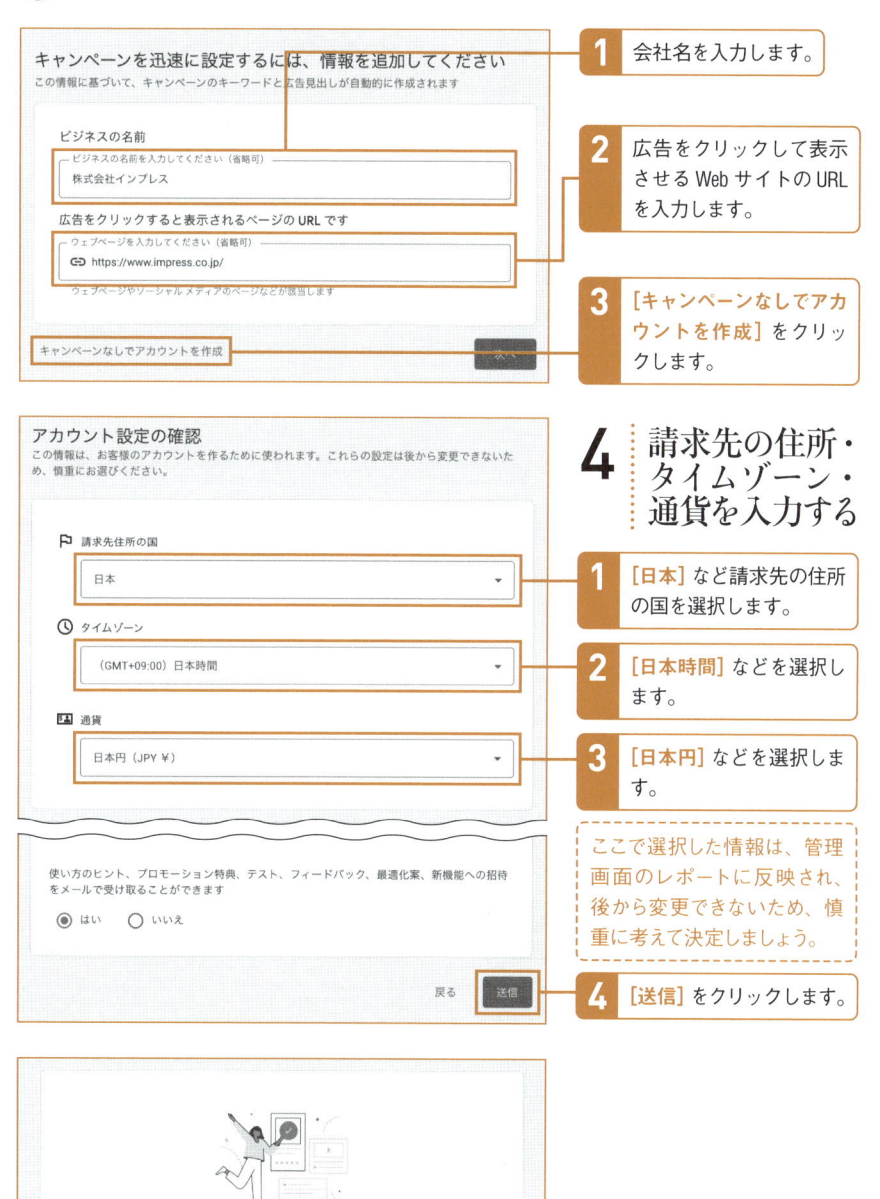

キャンペーンを迅速に設定するには、情報を追加してください
この情報に基づいて、キャンペーンのキーワードと広告見出しが自動的に作成されます

ビジネスの名前
┌ ビジネスの名前を入力してください（省略可）
│ 株式会社インプレス

広告をクリックすると表示されるページの URL です
┌ ウェブページを入力してください（省略可）
│ ⊕ https://www.impress.co.jp/
ウェブページやソーシャル メディアのページなどが該当します

[キャンペーンなしでアカウントを作成]　　　　　　　　　次へ

1 会社名を入力します。

2 広告をクリックして表示させる Web サイトの URL を入力します。

3 [キャンペーンなしでアカウントを作成]をクリックします。

アカウント設定の確認
この情報は、お客様のアカウントを作るために使われます。これらの設定は後から変更できないため、慎重にお選びください。

⚑ 請求先住所の国
　日本　　　　　　　　　　　　　　　　　　　▼

🕐 タイムゾーン
　(GMT+09:00) 日本時間　　　　　　　　　　　▼

🔢 通貨
　日本円（JPY ¥）　　　　　　　　　　　　　　▼

4 請求先の住所・タイムゾーン・通貨を入力する

1 [日本]など請求先の住所の国を選択します。

2 [日本時間]などを選択します。

3 [日本円]などを選択します。

> ここで選択した情報は、管理画面のレポートに反映され、後から変更できないため、慎重に考えて決定しましょう。

使い方のヒント、プロモーション特典、テスト、フィードバック、最適化案、新機能への招待をメールで受け取ることができます
　◉ はい　　◯ いいえ

戻る　　　送信

4 [送信]をクリックします。

完了
次のページで最初のキャンペーンを作成できます

[アカウントへのログインを続行]

5 [アカウントへのログインを続行]をクリックします。

16

[管理画面を見ながら設定してみよう②]

アカウントに「お支払い情報」を追加しよう

**このレッスンの
ポイント**

Google広告の支払い方法は、基本的にはクレジットカード払いでスタートします。その後、ご利用金額などの一定の条件をクリアすると、銀行振込や請求書払いを利用できます。ここではクレジットカードの設定方法で解説を進めます。

○ 管理画面トップページでアカウントレベルの設定を済ませておこう

レッスン15のとおりにアカウント開設の手順を進めると、図表16-1 のようなページが表示されます。これが、Google広告アカウントの管理画面のトップページで

す。キャンペーンを作成する前に、まずはアカウント階層で行う、「お支払い情報の設定」と「コンバージョン計測タグ」の発行について見ていきましょう。

▶ Google広告の管理画面ホーム 図表16-1

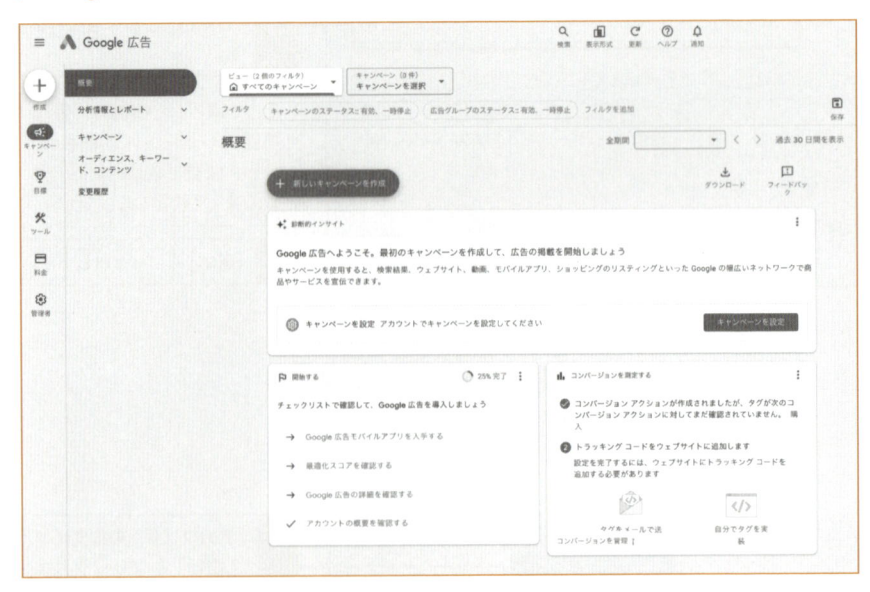

⭕ 最初はクレジットカード払いから

Google広告の支払い方法は、クレジットカード、銀行振込、請求書払いの3つの方法があります。ただし、アカウント開設時に選択できるのはクレジットカードのみとなり、銀行振込、請求書払いは、基本的には広告代理店を想定した支払い方法となります。そのため、本書ではクレジットカードでの支払いを前提に解説をしていきます（**図表16-2**）。どうしても請求書払いにしたい場合は、広告代理店経由でアカウントを開設してもらいましょう。

▶ お支払い情報の追加 **図表16-2**

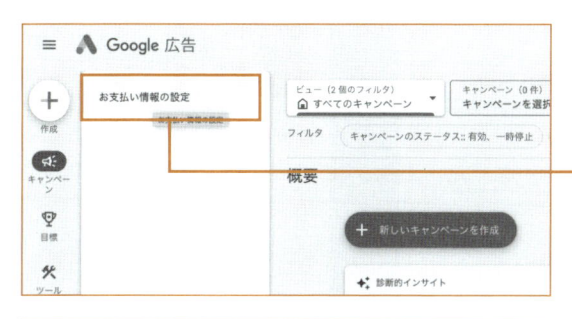

1 お支払い情報を設定する

1 ［料金］メニューから［お支払い情報の設定］をクリックします。

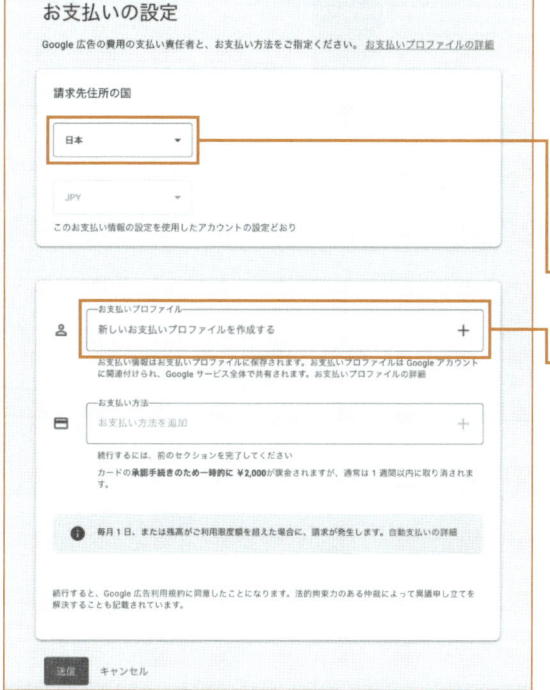

2 お支払いプロファイルを設定する

お支払いプロファイルとは、Google アカウントに紐づく支払い情報で、Google のサービス全体で共有されます。

1 請求先の住所の国が正しいことを確認します。

2 ［新しいお支払いプロファイルを作成する］をクリックします。

3 プロファイルの種類は[組織]か[個人]を選択し、住所などの必要な情報を入力します。

4 [作成]をクリックします。

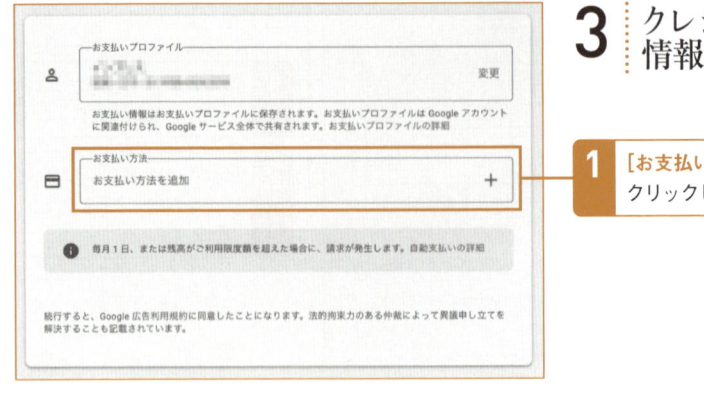

3 クレジットカード情報を登録する

1 [お支払い方法を追加]をクリックします。

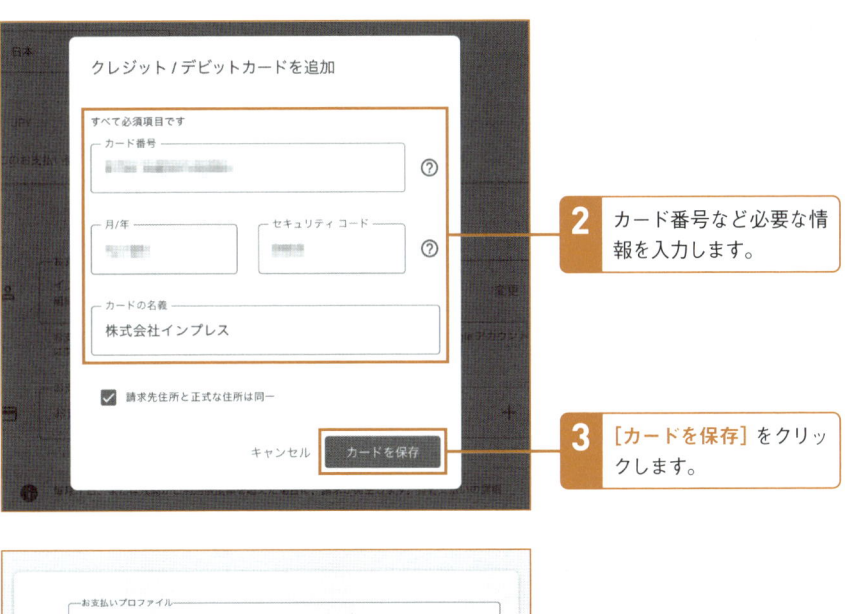

2 カード番号など必要な情報を入力します。

3 [カードを保存] をクリックします。

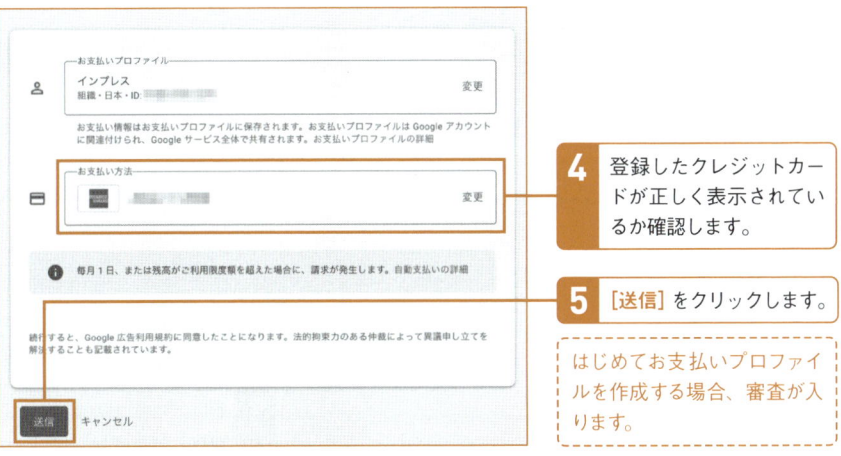

4 登録したクレジットカードが正しく表示されているか確認します。

5 [送信] をクリックします。

はじめてお支払いプロファイルを作成する場合、審査が入ります。

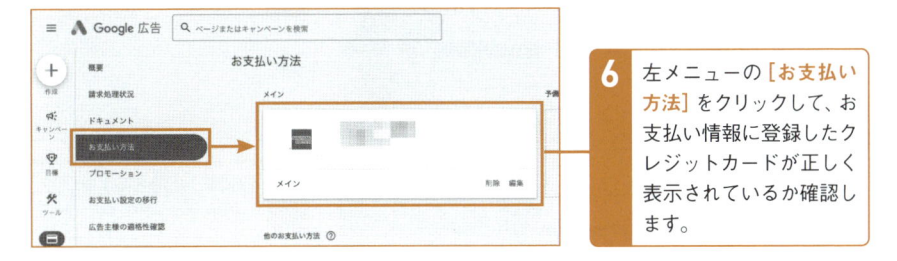

6 左メニューの [お支払い方法] をクリックして、お支払い情報に登録したクレジットカードが正しく表示されているか確認します。

[管理画面を見ながら設定してみよう③]

17 Google タグマネージャーを インストールしよう

このレッスンの ポイント

コンバージョンを計測するためのタグは、**一昔前はWebサイトに直に設置していましたが、現在ではGoogleタグマネージャーを利用するのが一般的です。Googleタグマネージャーのインストール方法を見ていきましょう。**

○ GoogleタグマネージャーをWebサイトにインストールしよう

Googleタグマネージャー（以下GTM）は、Webサイトやアプリのソースコードにトラッキングコードを追加する作業を簡素化するためのツールです。GTMを使用すると、Google広告のコンバージョン計測タグなどを、ソースコードを直接編集することなく設定できるようになります。まずは、GTMアカウントを開設してみましょう。

▶ **お支払い情報の追加** 図表17-1

1 ┆ GoogleタグマネージャーのWebサイトを表示する

1 https://marketingplatform.google.com/intl/ja/about/tag-manager/ にアクセスします。

2 [無料で利用する] をクリックします。

2 アカウントを作成する

1 [アカウントを作成] をクリックします。

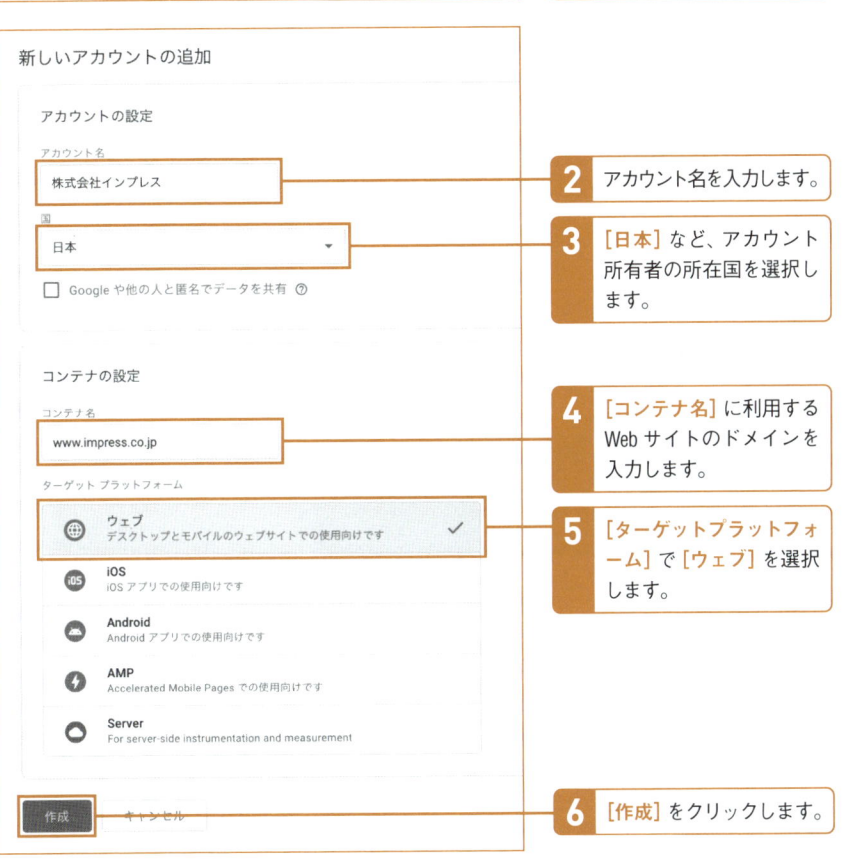

2 アカウント名を入力します。

3 [日本] など、アカウント所有者の所在国を選択します。

4 [コンテナ名] に利用するWeb サイトのドメインを入力します。

5 [ターゲットプラットフォーム] で [ウェブ] を選択します。

6 [作成] をクリックします。

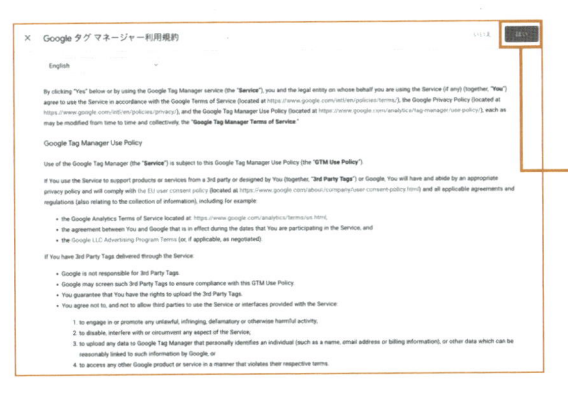

3 利用規約の内容を確認して同意する

1 [はい] をクリックします。

このページの表示言語は英語ですが、リンク先ではそれぞれ日本語の利用規約などを確認することができます。

Chapter 2

Google 広告のアカウントを作ってみよう

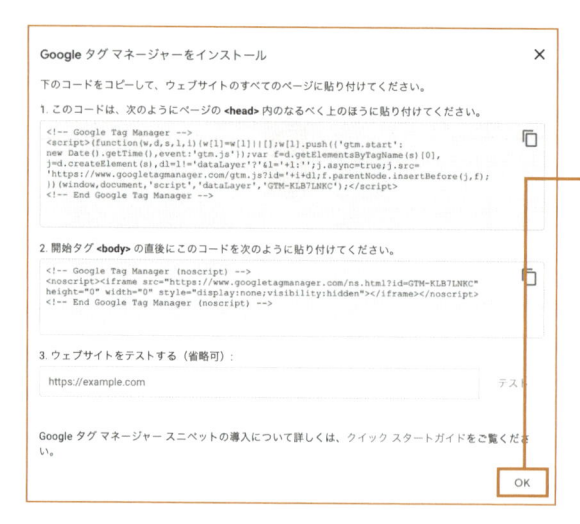

4 利用規約の内容を確認して同意する

1 [OK] をクリックします。

通常であれば、表示された 2 つのコードを Web サイトのソースコードに埋め込みますが、Wordpress や Shopify などの CMS ツール使って Web サイトを作成している場合、Google タグマネージャーの「コンテナ ID」の入力だけで設置が完了します。

5 GTMのコンテナIDを確認する

このページが GTM の管理画面ホームページです。「GTM-○○○○」で始まる文字列が、コンテナ ID です。

1 コンテナ ID を確認します。

6 各プラットフォームが提供するプラグインをインストールする

「Wordpress」などのCMS（Content Management System）やECサイト構築ツールの「Shopify」などでは、GTMをインストールするためのプラグインやアプリを提供しており、これらのプラグインやアプリを利用することで、Webサイトのソースコードを直接編集することなくGTMを実装できます。ここでは「Wordpress」を例に実装方法を解説します。

7 ┊ Wordpressの管理画面から[Site Kit by Google]を選択

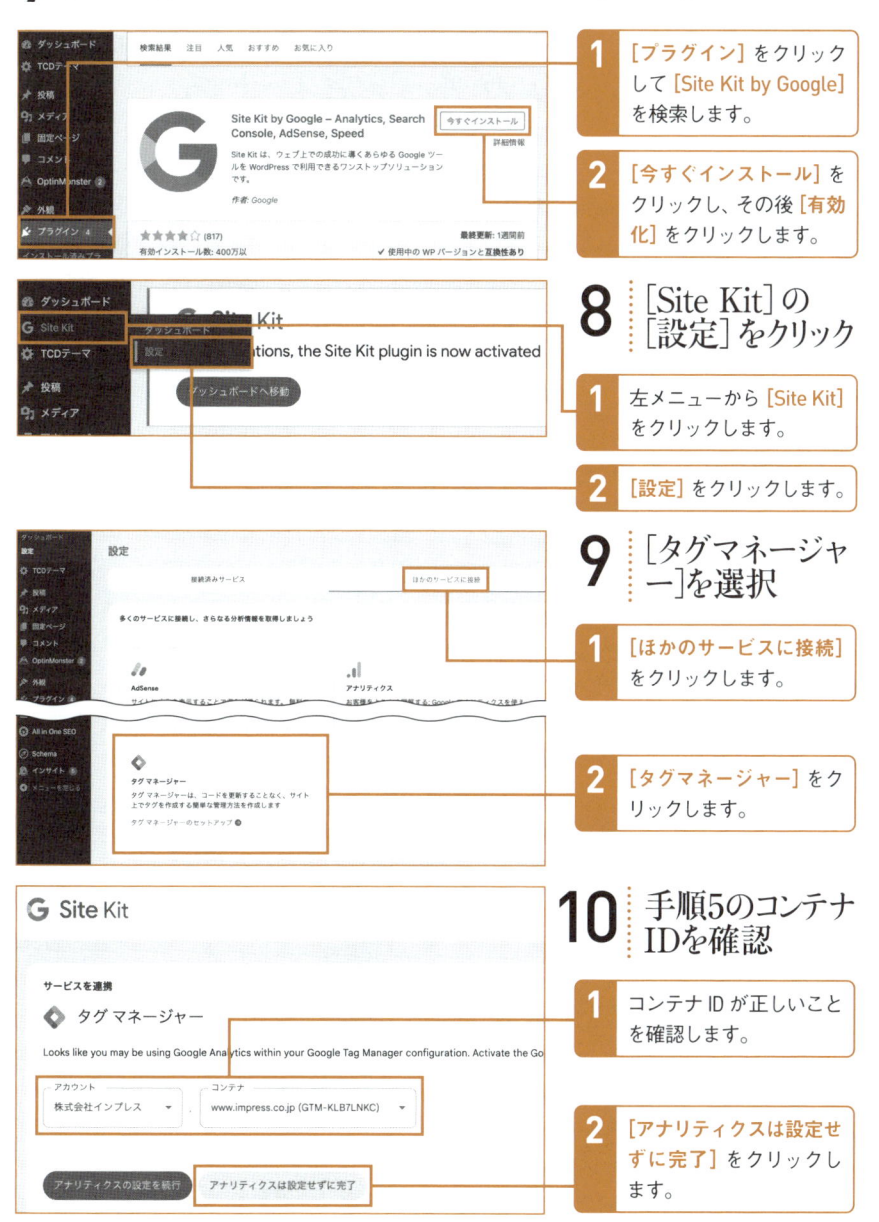

1 [プラグイン] をクリックして [Site Kit by Google] を検索します。

2 [今すぐインストール] をクリックし、その後 [有効化] をクリックします。

8 ┊ [Site Kit] の [設定] をクリック

1 左メニューから [Site Kit] をクリックします。

2 [設定] をクリックします。

9 ┊ [タグマネージャー]を選択

1 [ほかのサービスに接続] をクリックします。

2 [タグマネージャー] をクリックします。

10 ┊ 手順5のコンテナ IDを確認

1 コンテナ ID が正しいことを確認します。

2 [アナリティクスは設定せずに完了] をクリックします。

これでWebサイトへのGTMの実装が完了しました。「Site Kit」では、GoogleアナリティクスやAdSenseなどのタグの実装もできますので、必要な方は他のツールも実装しておきましょう。

[管理画面を見ながら設定してみよう④]

18 コンバージョン計測に必要な 3つのタグを設定しよう

このレッスンの
ポイント

Google広告の管理画面でアカウント、コンバージョンアクションごとに発行される各タグ固有のIDなどの値を取得し、Googleタグマネージャーに入力します。固有の値の取得方法と、Googleタグマネージャー上での設定方法を見ていきましょう。

○ 3つのタグを設定する

GTMをインストールしたら、GTM内で「Googleタグ」「コンバージョンリンカータグ」「Google広告のコンバージョントラッキングタグ」の3つを設定していきます。GTMの管理画面でタグを作成し、必要な

情報をGoogle広告の管理画面から取得し、入力して設定していきます。タグを作成したら、それぞれのタグを発火させる（読み込ませる）ページを［トリガー］で設定し、［公開］します。

▶ 1. Googleタグの実装 図表18-1

1 GTMの管理画面を表示する

1 ［タグ］をクリックします。

2 タグの作成画面に移動する

1 ［新規］をクリックします。

3 タグの選択画面に移動する

1 [タグの設定] エリアをクリックします。

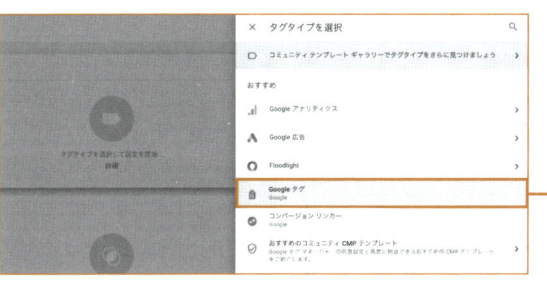

4 タグタイプからGoogleタグを選択する

1 [Google タグ] をクリックします。

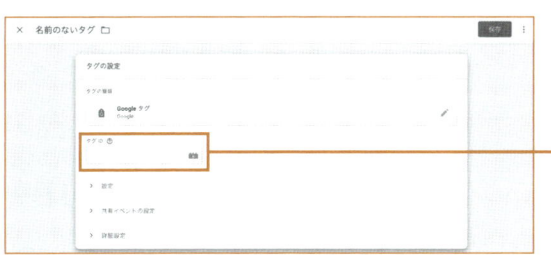

5 タグIDの入力エリアを確認

1 [タグ ID] に入力するデータを Google 広告の管理画面から取得します（後述の手順を参照）。

6 Google広告管理画面でGoogleタグメニューに移動する

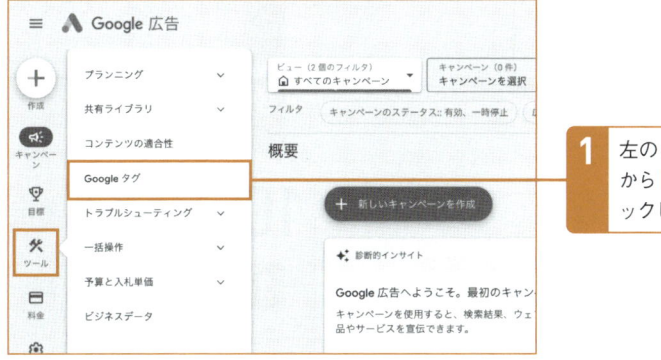

1 左のメニューの [ツール] から [Googleタグ] をクリックします。

7 Googleタグの管理ページに移動する

1 [Google タグ] をクリックします。

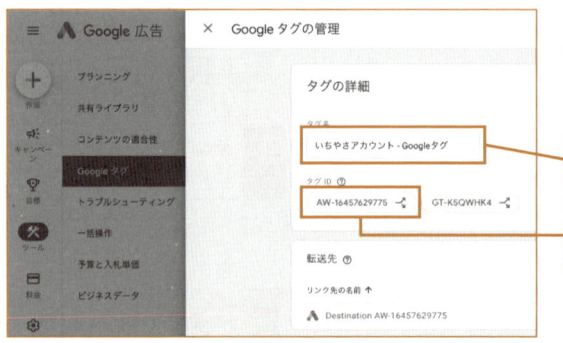

8 タグの名前の入力とタグIDを取得する

1 [タグ名] を入力します。

2 [AW] で始まる [タグ ID] をコピーします。

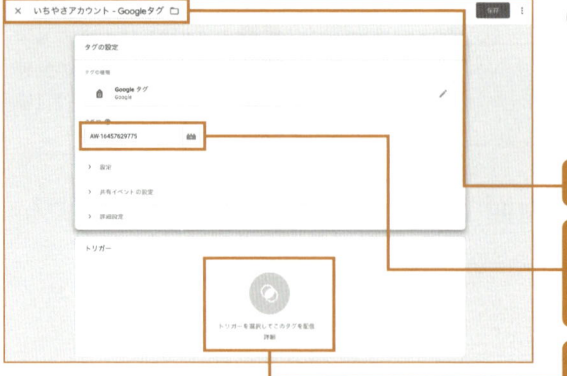

9 Google広告の管理画面で取得したタグIDを入力

1 タグの名前を入力します。

2 手順 8 の Google 広告で取得した Google タグのタグ ID を入力します。

3 [トリガー] エリアをクリックします。

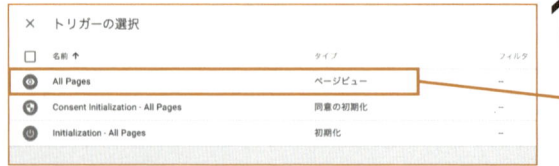

10 トリガーを設定

1 [All Pages] を選択します。

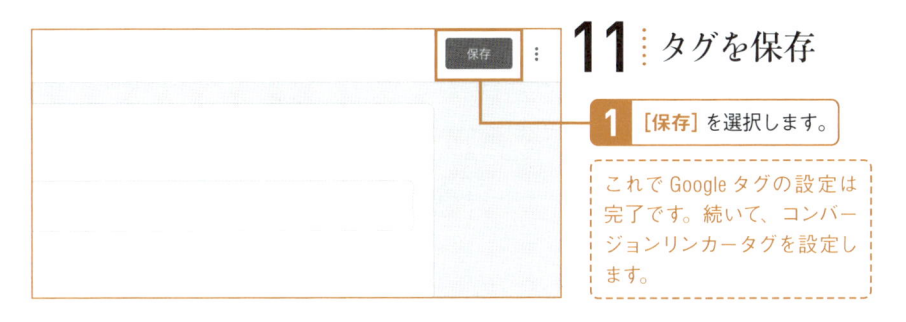

11 タグを保存

1 [保存] を選択します。

これで Google タグの設定は完了です。続いて、コンバージョンリンカータグを設定します。

▶ 2. コンバージョンリンカータグの実装 図表18-2

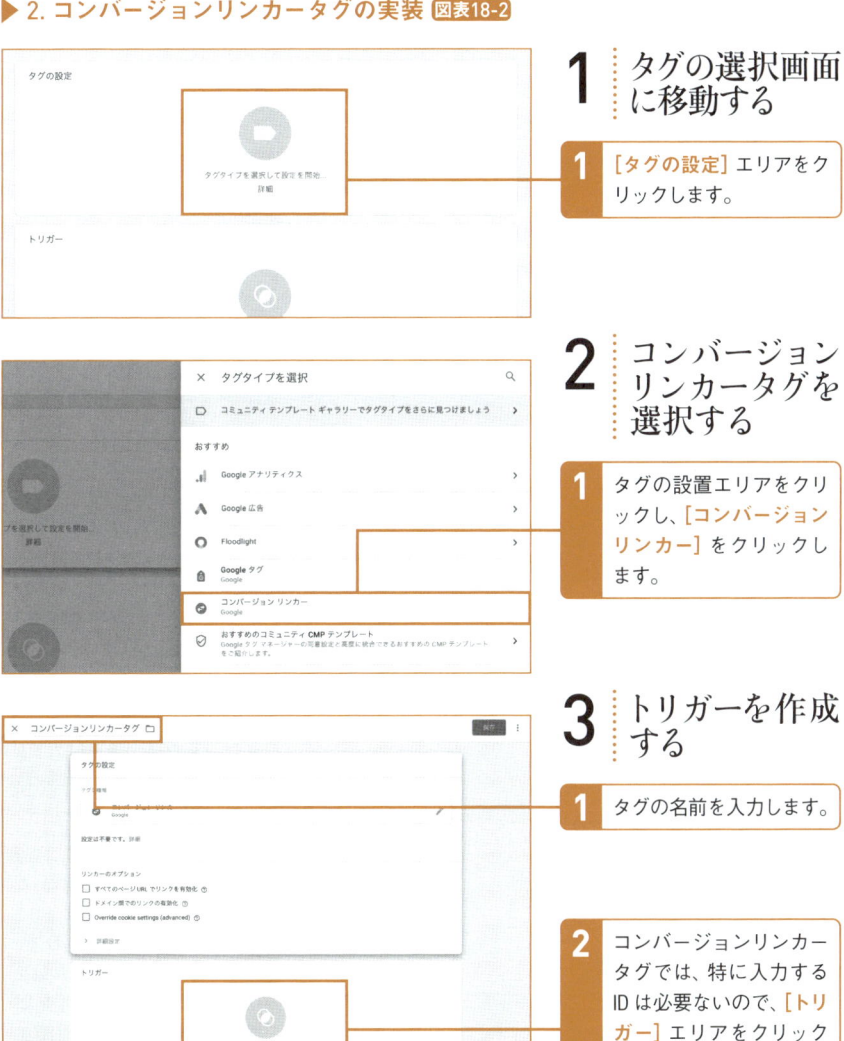

1 タグの選択画面に移動する

1 [タグの設定] エリアをクリックします。

2 コンバージョンリンカータグを選択する

1 タグの設置エリアをクリックし、[コンバージョンリンカー] をクリックします。

3 トリガーを作成する

1 タグの名前を入力します。

2 コンバージョンリンカータグでは、特に入力する ID は必要ないので、[トリガー] エリアをクリックします。

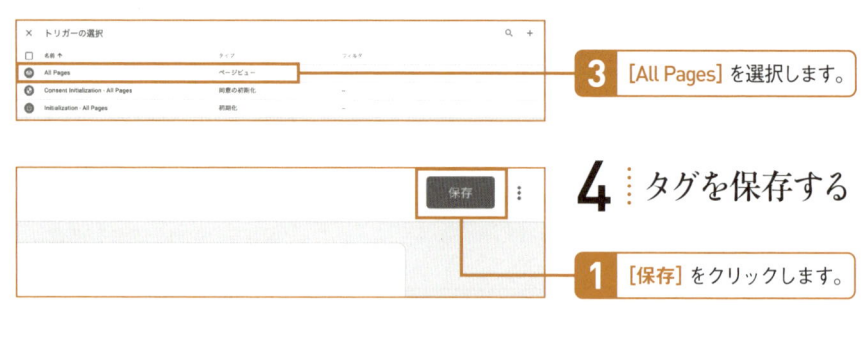

3 [All Pages] を選択します。

4 タグを保存する

1 [保存] をクリックします。

▶ 3. Google広告のコンバージョントラッキングタグを実装する 図表18-3

1 タグの選択画面に移動する

1 [タグの設定] エリアをクリックします。

2 コンバージョントラッキングを選択する

1 [Google 広告のコンバージョントラッキング] をクリックします。

3 タグに入力が必要なエリアを確認する

1 [コンバージョン ID] と [コンバージョンラベル] の入力が必須なので、Google 広告の管理画面から、この2つの情報を取得します（後述の手順を参照）。

4 Google広告の管理画面でコンバージョンの設定ページへ移動する

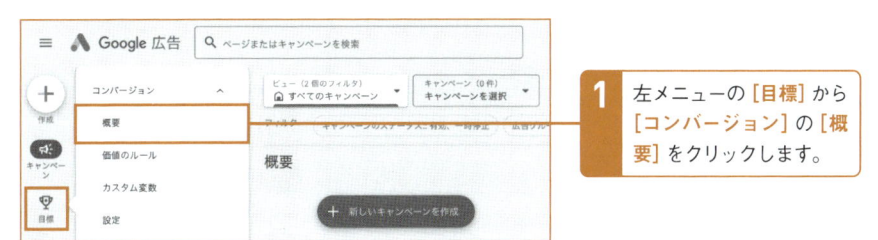

1 左メニューの[目標]から[コンバージョン]の[概要]をクリックします。

5 コンバージョンアクションの作成ページへ移動する

1 [新しいコンバージョンアクション]をクリックします。

6 コンバージョンの種類を選択する

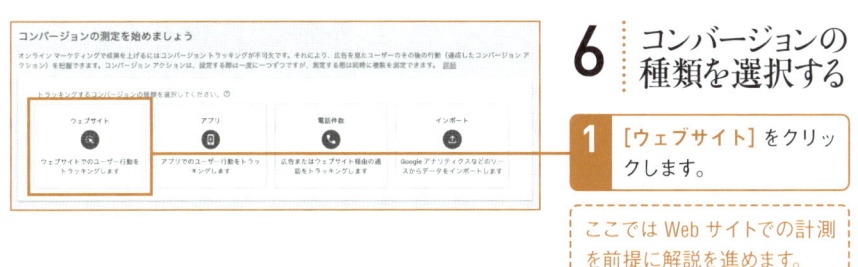

1 [ウェブサイト]をクリックします。

ここでは Web サイトでの計測を前提に解説を進めます。

7 計測対象のサイトのドメインを入力する

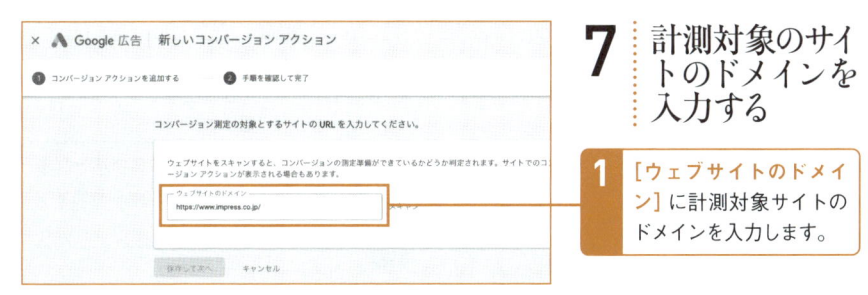

1 [ウェブサイトのドメイン]に計測対象サイトのドメインを入力します。

8 GTMを使用するため手動でコンバージョンアクションを作成する

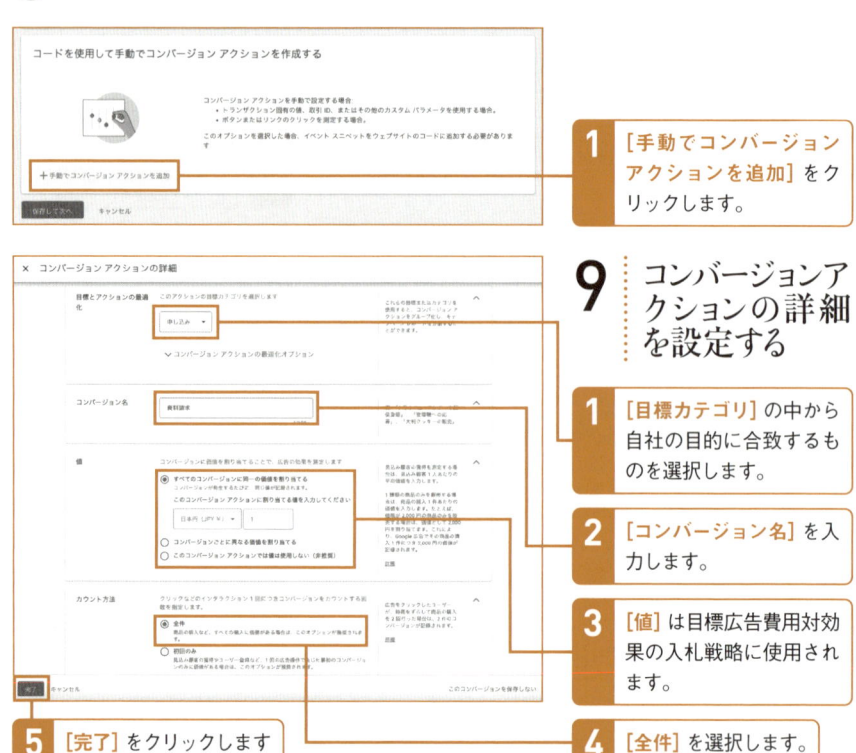

1 [手動でコンバージョンアクションを追加]をクリックします。

9 コンバージョンアクションの詳細を設定する

1 [目標カテゴリ]の中から自社の目的に合致するものを選択します。

2 [コンバージョン名]を入力します。

3 [値]は目標広告費用対効果の入札戦略に使用されます。

4 [全件]を選択します。

5 [完了]をクリックします

10 完成したコンバージョンアクションを確認して保存する

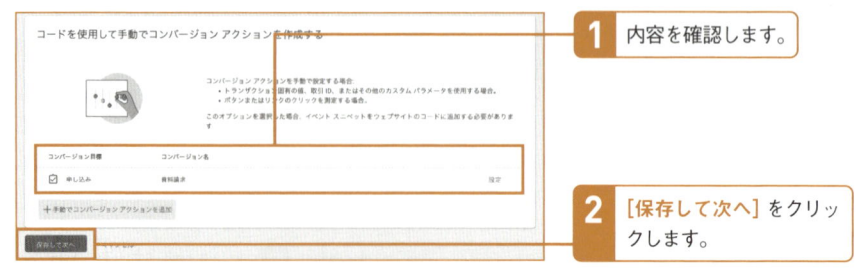

1 内容を確認します。

2 [保存して次へ]をクリックします。

11 [Googleタグマネージャーを使用する]を選択する

1 [Google タグマネージャーを使用する]をクリックします。

12 コンバージョンIDとコンバージョンラベルの値をコピーする

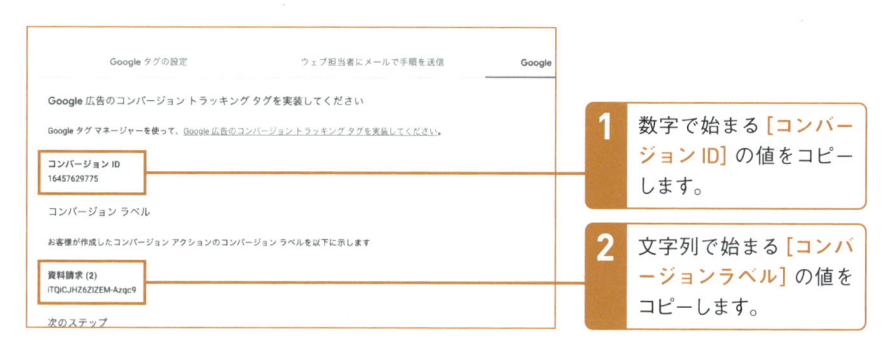

1 数字で始まる[コンバージョンID]の値をコピーします。

2 文字列で始まる[コンバージョンラベル]の値をコピーします。

13 GTMのコンバージョントラッキングタグの中に取得した値を入力する

1 タグの名前を入力します。

2 [コンバージョンID]にコピーした値を入力します。

3 [コンバージョンラベル]にコピーした値を入力します。

14 トリガーの設定ページへ移動する

1 [トリガー]エリアをクリックします。

15 新しいトリガーを作成する

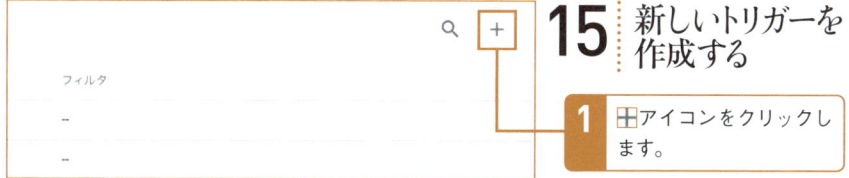

1 アイコンをクリックします。

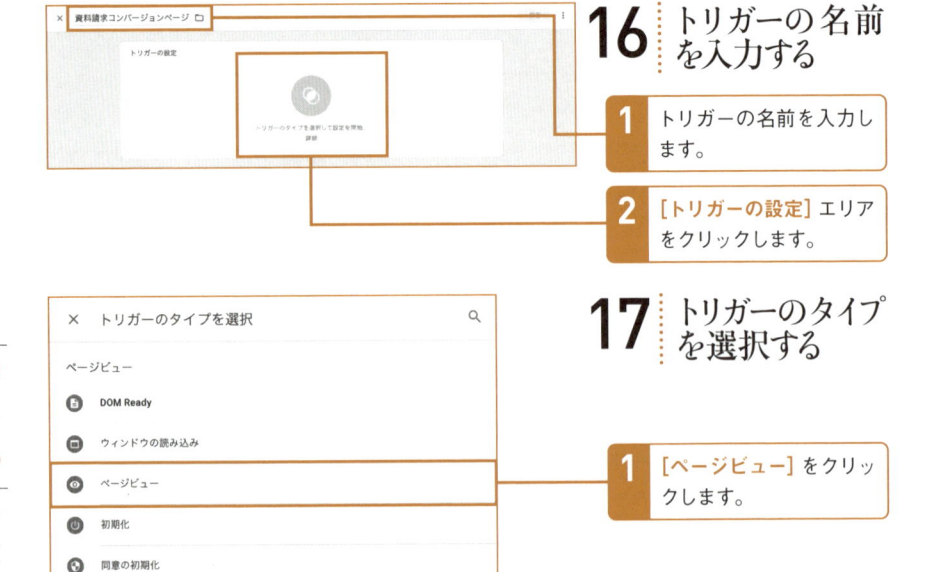

16 トリガーの名前を入力する

1 トリガーの名前を入力します。

2 [トリガーの設定] エリアをクリックします。

17 トリガーのタイプを選択する

1 [ページビュー] をクリックします。

18 コンバージョンページのURLをトリガーに設定する

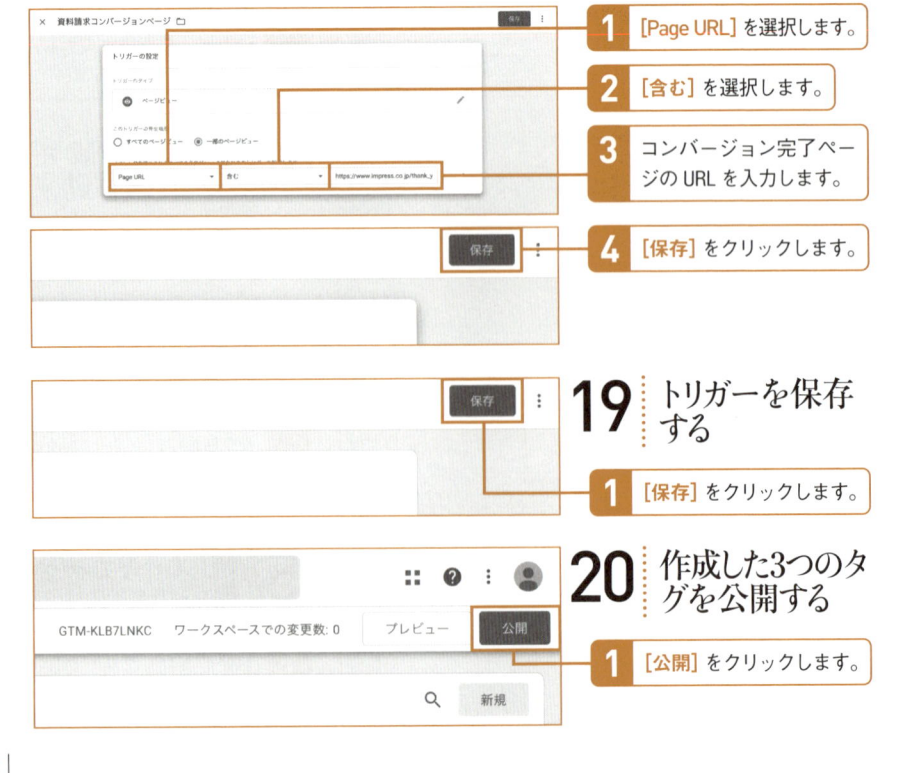

1 [Page URL] を選択します。

2 [含む] を選択します。

3 コンバージョン完了ページの URL を入力します。

4 [保存] をクリックします。

19 トリガーを保存する

1 [保存] をクリックします。

20 作成した3つのタグを公開する

1 [公開] をクリックします。

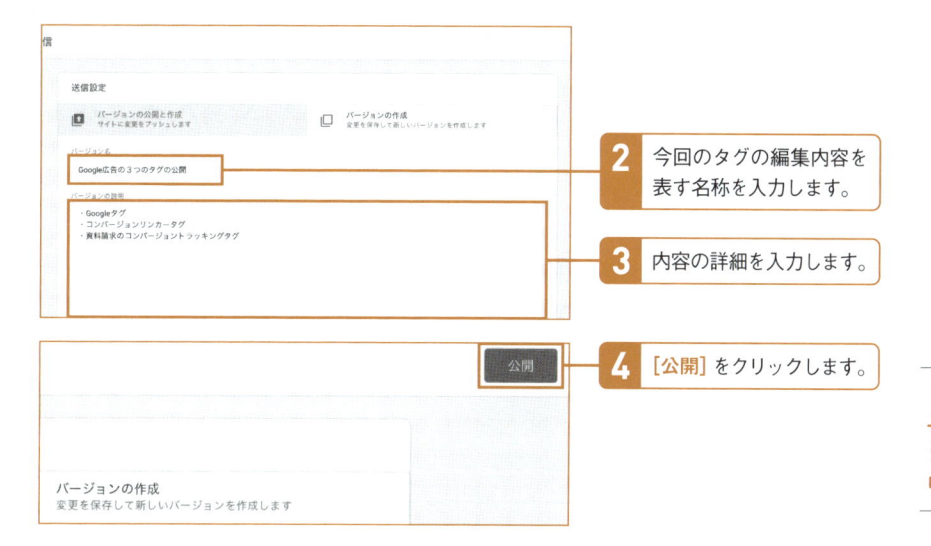

2 今回のタグの編集内容を表す名称を入力します。

3 内容の詳細を入力します。

4 ［公開］をクリックします。

● 各ECプラットフォームのコンバージョン計測機能を活用しよう

Shopifyや、Stores.jpなどのEコマースプラットフォームを利用している場合、商品の購入完了ページに直接タグを埋め込んだり、GTMを直接インストールしたりすることができない場合があります。その場合は、各プラットフォームがコンバージョン計測のための機能を提供していますので、それぞれのガイドラインに従ってコンバージョン計測の設定を行いましょう。特別なプログラミングの知識は必要なく、商品ごとの売上金額などを自動でGoogle広告のコンバージョンの値に入力してくれるのでとても便利です。ECサイトの場合は、スマート自動入札の「目標広告費用対効果（ROAS）」を利用するためにも、必ず商品ごとの売上金額をコンバージョンの値に返すように設定しておきましょう。

▶ Eコマースプラットフォームの利用例　図表18-4

Shopify：Google広告のコンバージョントラッキング
https://help.shopify.com/ja/manual/promoting-marketing/
analyze-marketing/tracking-adwords-conversions

Stores.jp：Google を使って広告を出してみよう
https://officialmag.stores.jp/entry/2023/12/14/122245

Lesson 19

[管理画面を見ながら設定してみよう⑤]

キャンペーンを作ってみよう

**このレッスンの
ポイント**

お支払い情報、コンバージョンアクションの作成が済んだら、
いよいよキャンペーンの作成です。各キャンペーンタイプの
詳細については第3章以降で解説しますので、ここではすべて
のキャンペーンタイプに共通する事柄を解説していきます。

○ キャンペーンを作ってみよう

▶ キャンペーンの作成 図表19-1

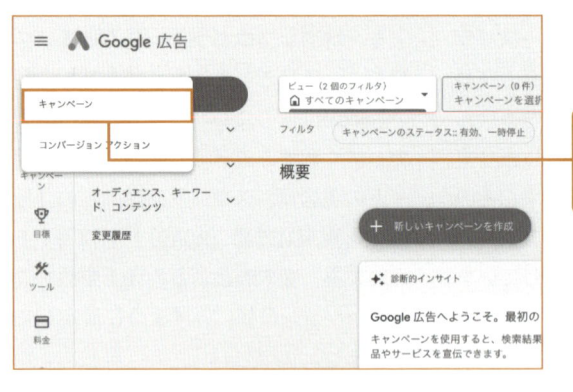

1 キャンペーンを作成する

1 左メニューの[作成]から[キャンペーン]をクリックします。

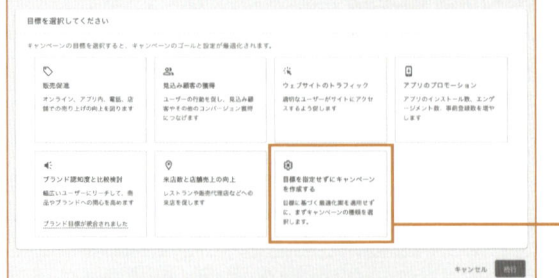

2 キャンペーンの目標を選択する

選んだ目標に応じて選べるキャンペーンタイプが変わります。

1 [目標を設定せずにキャンペーンを作成する]をクリックします。

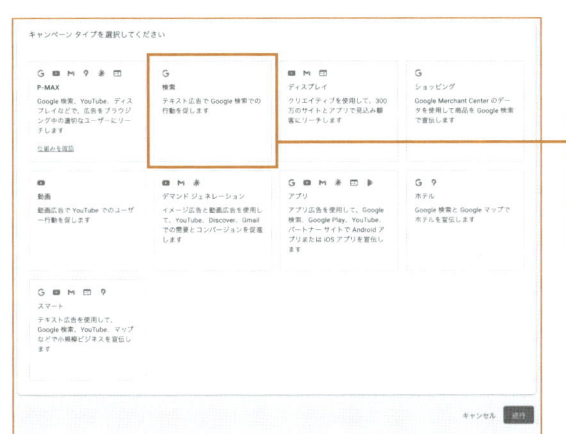

3 キャンペーンタイプを選択する

1 使用したいキャンペーンタイプを選択します。ここでは[検索]を例に解説を進めます。

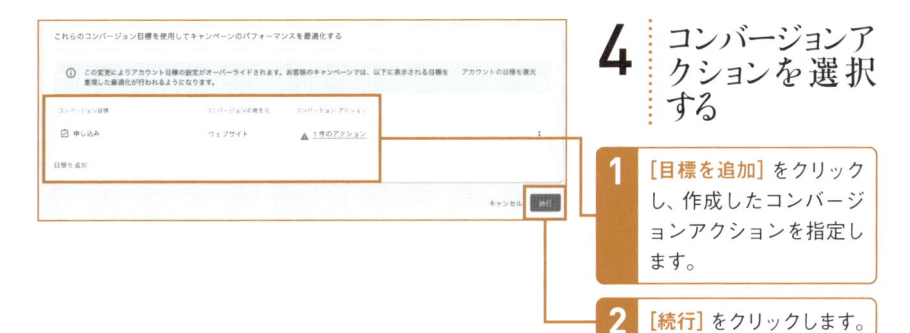

4 コンバージョンアクションを選択する

1 [目標を追加]をクリックし、作成したコンバージョンアクションを指定します。

2 [続行]をクリックします。

5 キャンペーンで目標とする成果とキャンペーン名を入力する

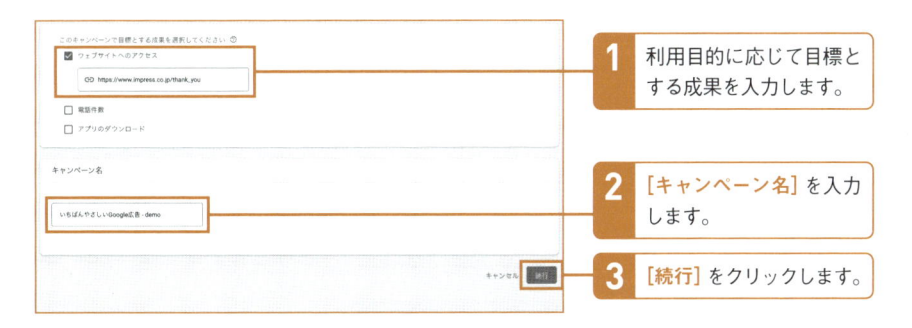

1 利用目的に応じて目標とする成果を入力します。

2 [キャンペーン名]を入力します。

3 [続行]をクリックします。

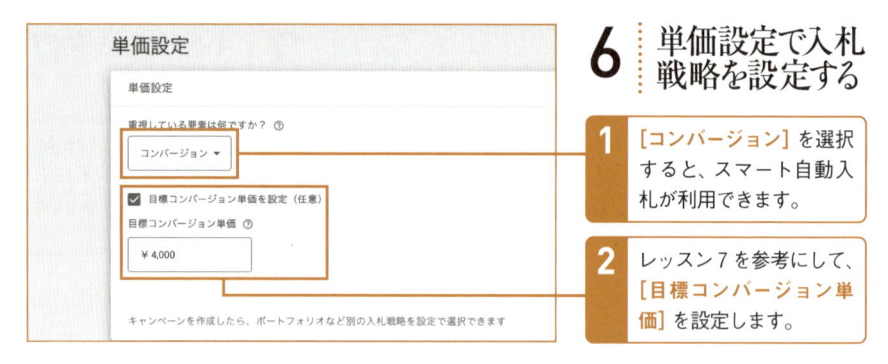

6 単価設定で入札戦略を設定する

1 [コンバージョン] を選択すると、スマート自動入札が利用できます。

2 レッスン7を参考にして、[目標コンバージョン単価] を設定します。

ここからは、各キャンペーンタイプに応じて設定する内容が変わるため、すべてのキャンペーンタイプで共通する内容を紹介していきます。キャンペーンタイプごとの設定方法は、第3章以降をご参照ください。

7 地域と言語を設定する

1 [日本] などの地域を選択します。IPアドレスをベースに地域が判定されます。

2 [日本語] などを選択します。ブラウザの言語設定で判別します。

8 配信の開始日・終了日・時間帯を設定する

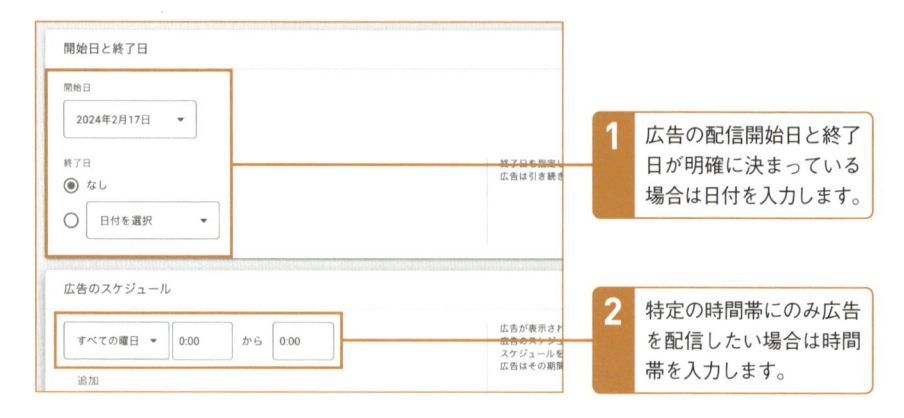

1 広告の配信開始日と終了日が明確に決まっている場合は日付を入力します。

2 特定の時間帯にのみ広告を配信したい場合は時間帯を入力します。

[次へ] をクリックし、ターゲティングと広告を設定（第3章以降で解説）すると、予算の設定ページに移動します。

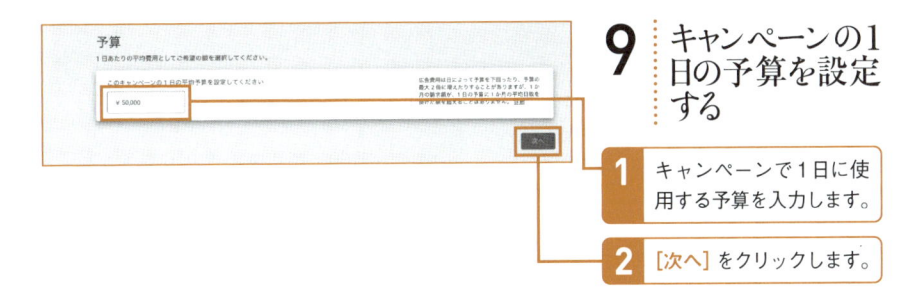

9 キャンペーンの1日の予算を設定する

1 キャンペーンで1日に使用する予算を入力します。

2 [次へ] をクリックします。

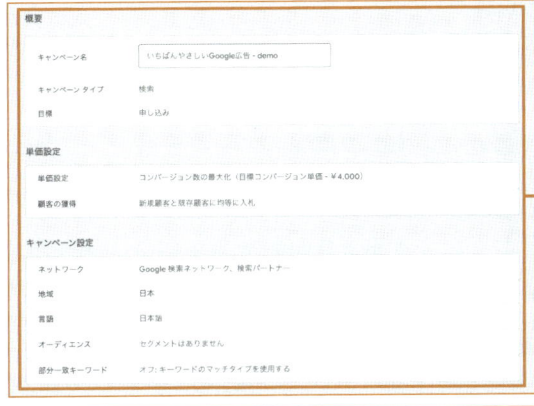

10 入力した内容を確認する

1 入力した内容が間違っていないかを最終確認します。

2 問題がなければ [キャンペーンを公開] をクリックします。

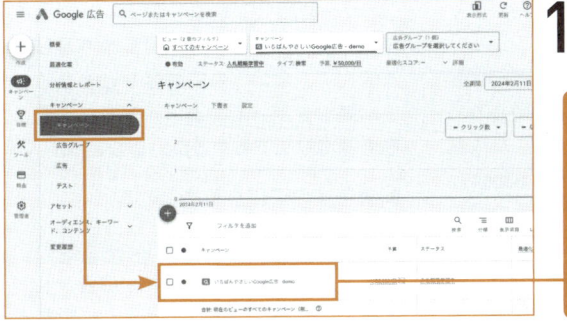

11 入力した内容を確認する

1 左メニューの [キャンペーン] で、作成したキャンペーンができているかを確認します。広告の審査、入札戦略、予算設定に問題がなければ広告が配信されます。

データ保護法に揺れる「オーディエンス」ターゲティング

EU一般データ保護規則(GDPR)の施行

2018年5月、EUで「EU一般データ保護規則：GDPR（General Data Protection Regulation）」（以下GDPR）が施行されました。GDPRは、個人データの保護やその取り扱いについて定められたEU域内の各国に適用される法令のことです。EU居住者の個人データを収集・処理する組織は、EU域外に活動拠点を置いていてもGDPRの適用対象とされることが特徴で、日本で日本人向けに日本語でWebサイトを運営していたとしても、EU域内の国のユーザーからアクセスがあった場合、そのEU域内のユーザーの個人データはGDPRの適用対象となります。違反した場合、1,000万ユーロ以下か、全世界の年間総売上の2%以下の、いずれか高い方の金額が制裁金として科されるため、日本でWebサイトを運営するすべての企業が必ず把握しておくべき法令であると言えます。

「Cookie」が個人情報に定義

GDPRの中では、ユーザーのWebの閲覧行動などを計測するために利用される「Cookie」が「個人を特定できる情報（PII：Personal Identifiable Information）」として定義づけられました。その結果、Webサイト自体のドメインとは異なるドメインから発行されたCookieである「サードパーティーCookie」の利用が大きく制限されることになりました。Appleは、2017年9月からITP（Intelligent Tracking Prevention)という機能を発表し、Safariブラウザにおいて「サードパーティーCookie」の削除を始めました。一

方で、広告ビジネスに大きく売上を依存するGoogleは、ChromeブラウザでのサードパーティーCookieの削除を三度延期していましたが、2024年7月に無期限延期を発表し、代替技術を開発中です。

「オーディエンス」ターゲティングの利用が制限される

Google広告の管理画面で選択できる、性別や年齢、アフィニティカテゴリなどのWebサイトの閲覧履歴に基づいた興味関心や、リターゲティングなどに代表される「オーディエンス」ターゲティングはサードパーティーCookieを利用して実現していました。そのため、これらのターゲティング手法の配信対象ボリュームが減少していくことが想定されます。Googleは、「Privacy Sandbox」というプロジェクトで、Cookieに依存しない広告配信技術を開発していますが、規制の状況によっては「コンテンツ」「プレースメント」など、Cookieを利用しないターゲティング手法しか利用できなくなる可能性もありますので、今のうちに顧客がどんなことに関心を持っているのかなど、顧客像を深堀りしておくと良いでしょう。

配信手法の変化が予想される

こうした法規制の影響はGoogle広告のみならず、Meta広告や、Yahoo!広告など、すべての広告プラットフォームに影響を及ぼします。本書で紹介している管理画面や、配信手法も今後大きく変化していくことが予想されるため、ヘルプページなどで最新の情報を必ずチェックするように心がけましょう。

Chapter 3

［検索広告］運用型広告の基礎を学ぼう

検索広告は、インターネットの玄関とも言えるGoogleの検索結果に広告を表示することができます。Google広告の中でも効果が高いキャンペーンタイプの1つなので、必ず実施できるようにしておきましょう

［検索広告の基礎知識①］

20 検索広告の配信面を確認しよう

**このレッスンの
ポイント**

検索広告の基本的な配信面を確認していきましょう。普段何気なく目にしている検索結果のどこが検索広告で、広告枠は何枠あるのかなどをお手元のスマートフォンやパソコンで確認しておくことをおすすめします。

◯ Google検索の検索結果に表示される

Googleの検索結果に「スポンサー」というテキストと一緒に表示されるエリアが検索広告の広告枠です。検索結果の上部だけでなく、中段以降にも広告枠があり、検索語句に連動した広告が表示されます。

▶ 検索結果の上部に表示された検索広告

図表20-1 は、検索結果の上部に表示された検索広告の実例です。検索語句によっては、第4章で解説する「ショッピング広告」や「ナレッジパネル」と呼ばれる情報ボックスが最上部に表示され、その下に検索広告が表示される場合があります。

▶ 検索結果の最上部に表示された検索広告 図表20-1

▶ 検索結果の合間に表示された検索広告

検索結果の中段以降に1〜4枠ほど検索広告が表示されるエリアがあります（図表20-2）。検索広告の掲載場所は「広告ランク」によって決められており、それぞれの検索結果において「広告ランク」が高い順に広告が表示されます。

▶ 検索結果の中段に表示された検索広告 図表20-2

▶「検索パートナー」に表示された検索広告

Googleが検索エンジンの技術を提供しているWebサイトのことを「検索パートナー」と呼びます。検索パートナーの検索結果にもGoogle広告の検索広告が配信されます（図表20-3はgooの検索結果）。デフォルトで検索パートナーの配信はオンになっていますが、キャンペーンの設定で配信をオフにすることも可能です。

▶「検索パートナー」に表示された検索広告 図表20-3

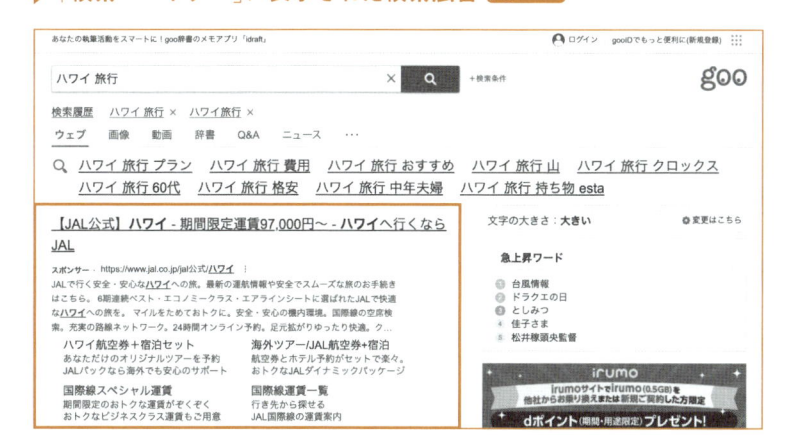

[検索広告の基礎知識②]

21 検索広告の掲載順位は 「広告ランク」で決まる

**このレッスンの
ポイント**

検索広告の掲載位置は「上限入札単価」と「広告の品質」の掛け算によって算出される「広告ランク」によって決まります。検索広告における「広告の品質」の考え方を確認しておきましょう。

○ 検索広告は「広告ランク」の値が高い順に掲載される

検索広告は、検索結果の上部に最大で4枠、中段に1～4枠ほどがレイアウトに応じて表示され、スクロールが続く限り広告枠の表示機会が増えていきます。これらの広告の掲載順位は「広告ランク」によって決まっており、「広告ランク」の値が高い広告から上位に掲載される仕組みとな

っています（**図表21-1**）。第1章のレッスン5、6で学んだとおり、「広告ランク」は「上限入札単価」と「広告の品質」の掛け算で算出されるため、「広告の品質」を高めることが上位に広告を表示させるためにもクリック単価を安く抑えるためにも重要です。

▶ **検索広告の掲載順位のイメージ** **図表21-1**

	上限入札単価	広告の品質	広告ランク	掲載順位
広告 A	80 円	10	800	1 位
広告 B	100 円	6	600	2 位
広告 C	120 円	4	480	3 位

○ 検索語句との関連性を高めることが「広告の品質」を高めるために重要

検索広告において「広告の品質」を高めるにはどのような点に気をつければ良いでしょうか。第1章のレッスン5では「広告の品質」の構成要素として「推定クリ

ック率」「広告の関連性」「ランディングページの利便性」の3つを紹介しました。「推定クリック率」を高めるには、広告文にユーザーにとって魅力的な情報を盛り込

むことが重要です。また、検索広告においては、ユーザーが検索した検索語句との関連性が重要となるため、広告文とランディングページの内容が検索語句と関連していることが重要になります。具体的には、検索語句を広告の見出しや説明文に含めたり、ランディングページのタイトル、本文に含めるようにすることを意識すると良いでしょう（**図表21-2**）。

広告の品質		
推定クリック率	**広告の関連性**	**ランディングページの利便性**
広告が表示された場合にクリックされる可能性の高さを表す。過去の実績値も参照される	広告がユーザーの求めている情報と一致する度合いを示す	広告をクリックして遷移したページの内容が、ユーザーの求めている情報とどれだけ関連があるかを表す
1 ユーザーにとって魅力的な情報を広告文に盛り込む	**2** 検索語句と広告文の関連性を高める	**3** 検索語句とランディングページの関連性を高める

○「品質スコア」で「広告の品質」の目安を確認しよう

Google広告の管理画面では、検索キーワードレポートの「表示項目」から「広告の品質」の目安を10段階の数値で表した「品質スコア」を選択して表示させることができます。また、「品質スコア」の構成要素でもある「推定クリック率」「広告の関連性」「ランディングページの利便性」の良し悪しを「平均より上」「平均的」「平均より下」の3段階で確認することがで

きます（**図表21-3**）。一般的に、自社の会社名、ブランド、商品名を含む検索語句における「品質スコア」は高くなる傾向にあり、一般名詞の検索語句は意識してランディングページを用意しない限り低くなる傾向にあるため、一般名詞にも対応できるランディングページを用意しておくことが重要となります。

▶ 管理画面で表示された「品質スコア」と構成要素 **図表21-3**

☐ ●	キーワード	マッチタイプ	広告グループ	ステータス	コンバージョン	コンバージョン単価	品質スコア	推定クリック率	広告の関連性	ランディングページの利便性	表示回数	↓ クリッ
☐ ●		フレーズ一致		有効	0.00	¥0	10/10	平均より上	平均より上	平均より上	203	49
☐ ●		部分一致		有効	1.00	¥1,259	10/10	平均より上	平均より上	平均より上	110	37
☐ ●		完全一致		有効	0.00	¥0	10/10	平均より上	平均より上	平均より上	47	13
☐ ●		部分一致		有効	0.00	¥0	10/10	平均より上	平均より上	平均より上	27	5
☐ ●		部分一致		有効	0.00	¥0	10/10	平均より上	平均より上	平均より上	5	1

「キーワード」と「マッチタイプ」で広告を表示させる検索語句を指定する

このレッスンの
ポイント

検索広告は「キーワード」を登録して広告を配信します。「キーワード」には広告を表示させる検索語句の範囲を設定する「マッチタイプ」を設定できます。「マッチタイプ」の種類を確認しましょう。

○ 検索広告の「ターゲティング」は「キーワード」

第1章レッスン4で、「キャンペーンタイプ」ごとに広告の配信先を指定する「ターゲティング」の内容が異なることを学びました。検索広告における「ターゲティング」は「キーワード」を使用し、「キーワード」がカバーする検索語句の範囲を「マッチタイプ」で指定します。また、

検索広告独自の広告フォーマットである「レスポンシブ検索広告」の中で、実際にユーザーが目にする「広告見出し」「説明文」を作成し、広告をクリックした際に遷移するランディングページのURLを「最終ページURL」に登録していきます（図表22-1）。

▶ **検索広告のキャンペーン構成** 図表22-1

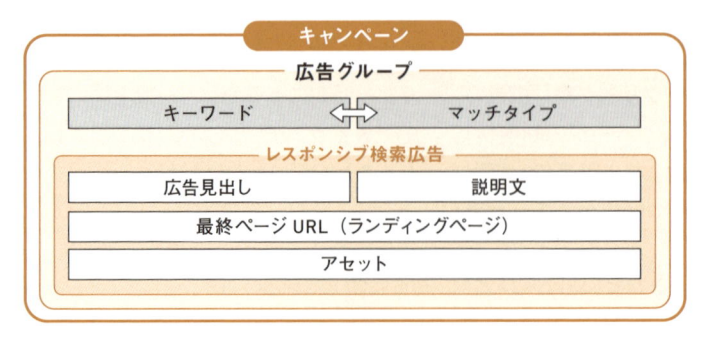

○「マッチタイプ」で検索語句のカバー範囲を指定する

Google広告では、ユーザーが検索ボックスに打ち込む単語のことを「検索語句」、

Google広告の管理画面で「ターゲティング」として設定する単語を「キーワード」

と呼び、区別しています。「マッチタイプ」は「キーワード」が広告を表示させる「検索語句」の範囲を指定する機能で、キーワードに必ず登録する必要があります。「マッチタイプ」には「完全一致」「フレーズ一致」「インテントマッチ」の3種類があり、「完全一致」が最もカバー範囲が狭く、「インテントマッチ」が最もカバー範囲が広くなっています（図表22-2）。

▶ マッチタイプの種類と検索語句のカバー範囲 図表22-2

完全一致	フレーズ一致	インテントマッチ
キーワードと**"まったく同じ"**意味または意図の検索語句が広告の表示対象	キーワードと同じ意味の内容を**"含む"**検索語句が広告の表示対象。語順が考慮されるのは、語順によってキーワードの意味が変わる場合のみ	指定したキーワードに**"関連する内容"**の検索語句が広告の表示対象。キーワードの語句そのものは入っていない検索語句も表示対象となる

→ カバー範囲が広がる →

● 各「マッチタイプ」がカバーする検索語句

図表22-3 は、それぞれの「マッチタイプ」がカバーする検索語句とカバーしない検索語句の参考例です。フレーズ一致やインテントマッチは、入札価格の強弱に伴う広告ランクの変化でカバー範囲の広がり方が変化します。どのキーワードに対してどの検索語句が表示されたかは、管理画面の「検索語句レポート」で確認す

ることができます。また、キーワードを入稿する際に角括弧（[]）で囲むと「完全一致」、クォーテーションマーク（""）で囲むと「フレーズ一致」、何も記号をつけないと「インテントマッチ」として扱われます。「マッチタイプ」は管理画面で後から変更することが可能です。

▶ マッチタイプの種類と検索語句のカバー範囲 図表22-3

	完全一致	フレーズ一致	インテントマッチ
キーワード	［男性用のシューズ］	"テニスシューズ"	サッカーシューズ
広告が表示される検索語句	シューズ　男性	テニス用のシューズ	サッカーシューズ　練習用
	男性　シューズ	テニスシューズ　購入	サッカー　スパイク
	男性　靴	テニスシューズ　赤	フットボール　スパイク
	意味が同じであれば、語順や助詞の有無などは問わない	テニスシューズと別の単語が掛け合わされた検索語句も表示対象	「フットボール」「スパイク」など、関連した検索語句も表示対象
広告が表示されない検索語句	男性用テニスシューズ	テニス　ストア	野球　スパイク
	男児用シューズ	スニーカーショップ	陸上　スパイク
	男児用、テニス用など、キーワードよりも用途が限定されている	キーワードを含んでおらず、探している物がシューズではなく店舗	スポーツの種類がサッカーとは明らかに異なる

23

「キーワードプランナー」で登録すべき「キーワード」を探そう

**このレッスンの
ポイント**

「キーワード」として登録する単語を探すための便利なツールを紹介します。「キーワードプランナー」で検索語句の月間の検索数を調べ、「Googleトレンド」で年間のトレンドを確認してみましょう。

○ キーワードプランナーで検索語句ごとの検索数を調べる

Google広告には、左メニューの［ツール］→［プランニング］の配下に「キーワードプランナー」というツールが用意されています。調べたい検索語句のテーマを入力すると、そのテーマに関連した検索語句を月間の平均検索数と一緒に抽出してくれます。この中から「キーワード」として登録する検索語句を探してみましょう（**図表23-1**）。検索数の他にも、検索結果の上部への掲載に必要な入札単価の参考値も表示されます。第1章レッスン13で紹介したように、検索数≒広告の表示回数、入札単価の参考値≒クリック単価と見立てることで、月にどのくらいの予算が必要になるかをシミュレーションしてみましょう。

▶ **キーワードプランナー「キーワードから開始」** 図表23-1

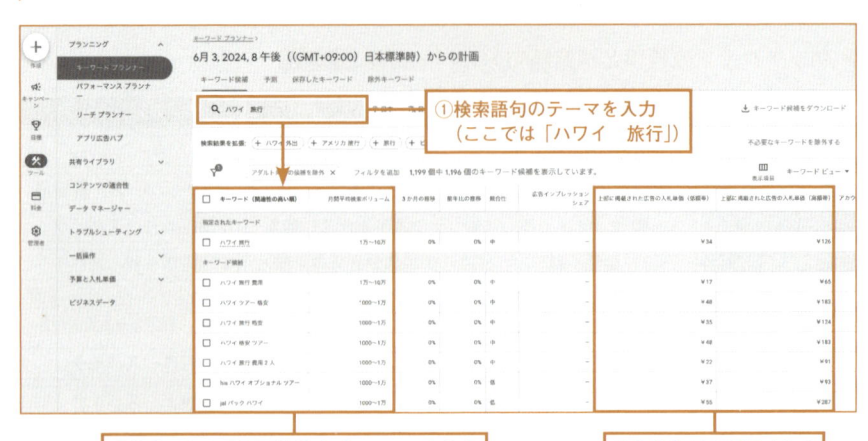

②検索語句と月間平均検索ボリュームを抽出　　③入札単価も確認できる

◯ WebサイトのURLでも検索語句を調べることができる

キーワードプランナーは、Webサイトの
URLを入力して検索語句を抽出すること
もできます。キーワードのテーマが思い
つかない場合や、考え得るテーマを入力

し終わってしまった場合はWebサイトの
URLから検索語句を抽出する方法も試し
てみましょう（**図表23-2**）。

▶ キーワードプランナー「Webサイトから開始」 **図表23-2**

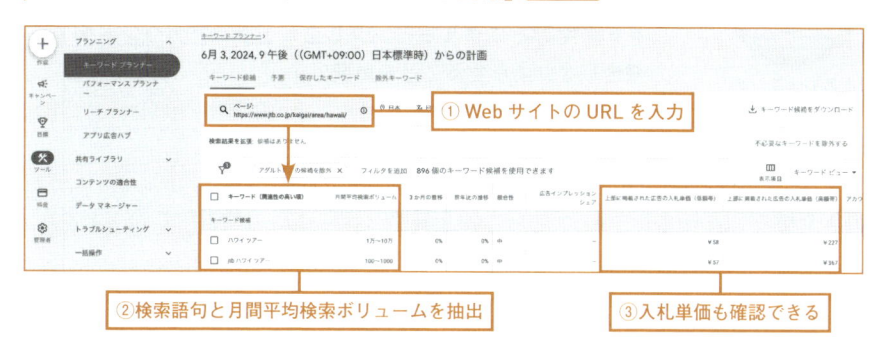

◯ Googleトレンド

検索語句を調べるツールとしては「Google
トレンド」もおすすめです（**図表23-3**）。
キーワードプランナーと違い、検索数の
実数は表示されませんが、複数の検索語
句で年間の検索数のトレンドを比較する
ことができます。何月に検索数が上昇す
る傾向にあるのかをあらかじめ確認して

おくことで、年間の予算を各月にどのよ
うに振り分けるべきかの見当をつけるこ
とができます。Googleトレンドは、
Google広告とは別の独立したサービスな
ので、Googleで「Googleトレンド」と検
索してツールにアクセスしてみましょう。

▶ Googleトレンドの使用例 **図表23-3**

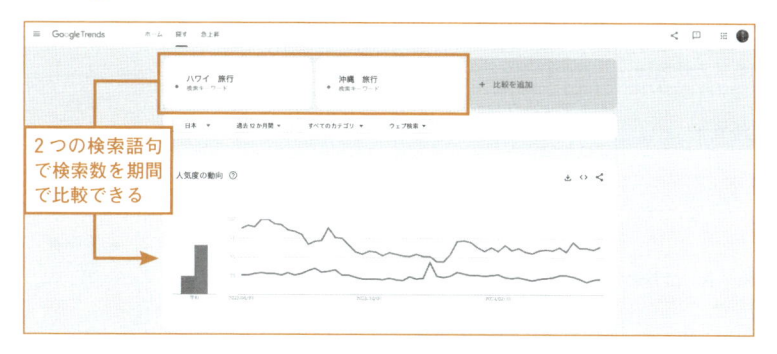

24

「キーワード」をテーマごとにグルーピングしよう

**このレッスンの
ポイント**

> 検索広告は、検索語句との関連性を高めることが重要です。検索語句に対応した広告を表示できるように、キーワードをテーマごとにグルーピングしましょう。アカウント内で競合しないようすることも重要です。

○ 「検索語句」をテーマごとに分類して「キーワード」として登録する

検索語句は、ユーザーの心理状態を映し出す鏡でもあります。ブランド名や商品名で検索するユーザーはブランドのことをすでに知っている状態で愛着度が高いため、コンバージョン率が高い傾向にあります。一方で、一般名詞で検索するユーザーはブランド名や商品名ほどコンバージョン率は高くないものの、どのブランドの商品にしようか比較検討をしている段階のため、新規率が高いことが想定

されます。それぞれの検索語句に応じて広告文で訴求すべき内容、見せるランディングページは異なってくるはずです。図表24-1 は、ナイキのスニーカーに関連する検索語句をテーマごとに分類した参考例です。「キーワードのカテゴリ」を「キャンペーン」、「キーワードのテーマ」を「広告グループ」として作成していくと管理しやすいでしょう。

▶ 典型的なキーワードの分類例 図表24-1

	キーワードのカテゴリ	キーワードのテーマ	ユーザーの心理	特 長
①	ブランド名	「ナイキ」「Nike」	ブランドのことをすでに知っており愛着度が高い状態	コンバージョン率が高い
②	ブランド名 × 一般名詞	「ナイキ　スニーカー」		
③	商品名	「エアマックス」	商品のことをすでに知っている	
		「コルテッツ」		
④	一般名詞	「スニーカー」	ブランド、商品を比較検討している段階	新規率が高い
⑤	一般名詞 × 掛け合わせ	「スニーカー　厚底」	用途が明確	
		「スニーカー　ハイカット」		
		「スニーカー　防水」		

●「完全一致」と「インテントマッチ」または「フレーズ一致」の2種類を登録する

キーワードには、マッチタイプが「完全一致」のキーワードと「インテントマッチ」または「フレーズ一致」の2つを同一の単語で登録しておくことをおすすめします。「完全一致」だけだと運用の管理はしやすいですが、広告の配信対象が狭く、機会損失が発生してしまいます。「インテントマッチ」または「フレーズ一致」だけだとキーワードの配信対象は広がりますが、特に文字数の少ないキーワードで、意図しない検索語句に広告が表示されてしまう可能性があり、細かなメンテナンスが必要になります。実際に表示された検索語句を確認しながら広告の配信対象を調整できるように、「完全一致」と「インテントマッチ」または「フレーズ一致」を並行して登録しておきましょう（図表24-2）。

▶「完全一致」と「インテントマッチ」が登録された広告グループ例 図表24-2

広告グループ	キーワード	マッチタイプ
ブランド名 × スニーカー	ナイキ　スニーカー	完全一致
	ナイキ　スニーカー	インテントマッチ
	ナイキ　スニーカー　新作	完全一致
	ナイキ　スニーカー　新作	インテントマッチ
	ナイキ　スニーカー　おすすめ	完全一致
	ナイキ　スニーカー　おすすめ	インテントマッチ

同じキーワードで完全一致とインテントマッチまたはフレーズ一致の2種類を登録する

● 一般名詞の「ビッグワード」には注意が必要

「ビッグワード」とは、文字数が少なく検索数がとてつもなく多いキーワードのことを指し、図表24-2の例では、「スニーカー」が該当します。ビッグワードはGoogle広告の正式な用語ではありませんが、広告運用者の間で広く使われる用語です。これは検索数が多いだけにあっという間にキャンペーンの1日の予算を消化してしまう可能性があるため、予算管理のためにビッグワードのためだけのキャンペーンを作って管理しても良いでしょう。また、ビッグワードを「インテントマッチ」や「フレーズ一致」で登録してしまうとアカウント内の他の広告グループと競合してしまう可能性が高いので、登録するのは「完全一致」のキーワードのみにしておき、その分掛け合わせのキーワードを充実させてカバーしていくと良いでしょう。

[広告文を作ろう①]

25

「レスポンシブ検索広告」の仕組みを理解しよう

**このレッスンの
ポイント**

検索広告の「広告」フォーマットは「レスポンシブ検索広告」
と言います。「レスポンシブ検索広告」に設定した内容から
どのようにユーザーが目にする検索広告が生成されるかを
確認しましょう。

◯ 検索広告を構成する要素「アセット」を確認しておこう

実際に表示された検索広告を元に、<u>検索広告を構成する要素</u>を確認しておきましょう。図表25-1 の広告では、「ビジネスのロゴ」「会社名」「表示URL」「画像」「広告見出し1」「広告見出し2」「説明文」「サイトリンク」（検索広告に表示できる「アセット」の1つ）がまとまって1つの検索広告を形

作っています。「広告見出し1」と「広告見出し2」の間には「｜」の記号が自動的に入ります。それぞれの検索語句に関連した広告文を表示できるように、それぞれの要素のバリエーションをたくさん用意しておくことをおすすめします。

▶ **検索広告の構成要素** 図表25-1

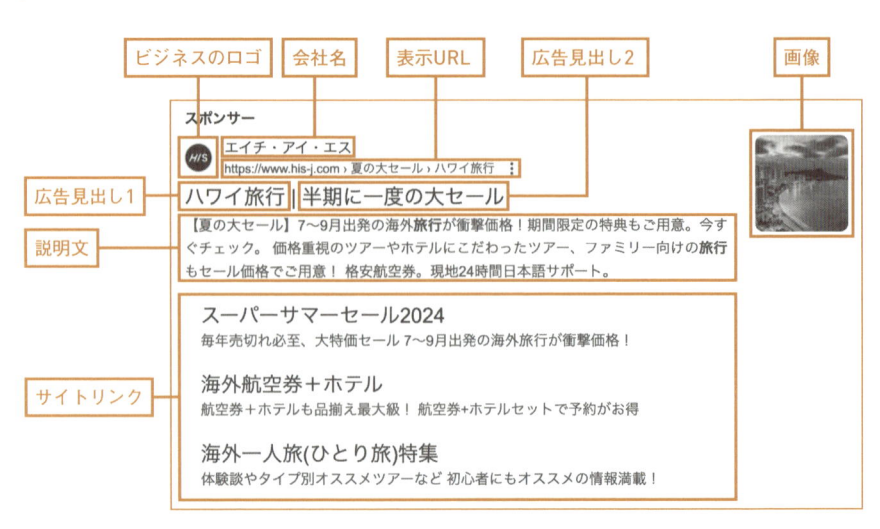

⚫ 「レスポンシブ検索広告」は検索語句と関連性の高い組み合わせを選び出す

検索広告の広告フォーマットは「レスポンシブ検索広告」と呼ばれる形式がデフォルトになっています。レスポンシブ検索広告では、「広告見出し」を最大で15個、「説明文」を最大で4個まで登録することができます。登録された「広告見出し」と「説明文」は、Google広告のシステムが検索語句に応じて最適な組み合わせを自動的に選び出し、広告を作成します（図表25-2）。広告の作成にはクリック率も考慮されるため、表示回数、クリック数の統計データが増えていくほどクリックされやすい組み合わせの広告が表示される仕組みです。

▶ レスポンシブ検索広告の仕組み 図表25-2

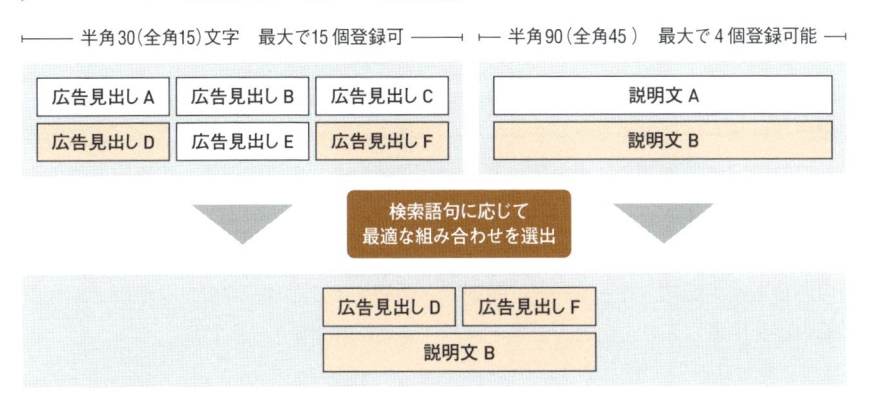

⚫ 「広告見出し」に広告グループ内の「キーワード」を含めるのがポイント

レスポンシブ検索広告は、「キャンペーン」の作成時や左メニューの「キャンペーン」配下の「広告」メニューから作成できます。「広告グループ」内に登録された「キーワード」の文言をできるだけ「広告見出し」に含めていくのがクリックされやすい広告を作成するポイントです（図表25-3）。「キーワード」を「広告見出し」に含めることで検索語句と広告文の関連性が高まり、「広告の品質」の向上につながります。加えて、ユーザーが自分が求めている情報があると考えるため、広告がクリックされやすくなる効果もあります。

▶ レスポンシブ検索広告の作成画面 図表25-3

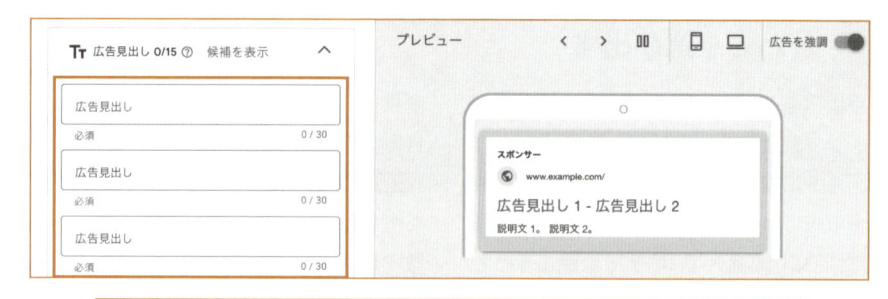

「広告見出し」に「キーワード」の文言を含め、検索語句と広告文の関連性を高める

⭕ ランディングページもキーワードに関連したものを用意しよう

「キーワード」を「広告見出し」に含めて広告がクリックされやすくなっても、実際にユーザーが遷移するランディングページの内容が検索語句・キーワードと関連性が低ければユーザーは離脱してしまいます。そのため、ランディングページの内容も検索語句・キーワードに関連する内容を用意しておくことをおすすめします。レッスン21で見たように、「広告

の品質」を決める要素には「ランディングページの利便性」という項目があり、検索語句とランディングページの内容の関連性も「広告の品質」の算出要素となっています。そのため、検索語句・キーワードに関連したランディングページを用意することは、クリック単価を抑えることにもつながります。

> Googleが「広告の品質」という概念を導入したことによって、世界中の広告主がクリック率を高めたり、クリック単価を抑えるために広告文やランディングページを整備しています。その結果、ユーザーがいち早く欲しい情報に辿り着きやすくなり、インターネットがより良い情報空間になることにつながっています。「広告の品質」はGoogleがインターネット広告にもたらした大きな功績の1つと言えるでしょう

Lesson 26 ［広告文を作ろう②］

検索広告に表示できる「アセット」を確認しよう

このレッスンのポイント

検索広告には、説明文の下に「アセット」を表示させることができるエリアがあります。ユーザーに訴求できる情報が増えるので、検索広告に使用できる「アセット」の種類と特長を確認し、積極的に使いこなしましょう。

○ 検索広告の下に表示される代表的な「アセット」

検索広告の下には、「サイトリンク」「コールアウト」「構造化スニペット」などの「アセット」を表示させることができます。これらの「アセット」が表示されるかどうかは検索語句との関連性や、広告ランクによってGoogle広告のシステムが自動的に判断します。こうした「アセット」は、レスポンシブ検索広告の作成画面か、管理画面左メニューの「キャンペーン」配下の「アセット」から作成できます。

▶「サイトリンク」

「サイトリンク」は、特定のページにユーザーを誘導するリンクを追加表示できます（**図表26-1**）。有効なサイトリンクを少なくとも4個追加する必要があります。

▶ サイトリンクの例 　図表26-1

サイトリンク	説明文付きのサイトリンク
Sponsored c'Balm https://www.cbalmbeauty.com　⋮ Shop All-Natural Moisturizers - Freshen Up With Our Skincare All natural skincare that empowers you. Say hello to gorgeous skin with our moisturizers. Get free shipping on orders over $50. Sitelink Example 1 Sitelink Example 2 Sitelink Example 3	Sponsored c'Balm https://www.cbalmbeauty.com　⋮ Shop All-Natural Moisturizers - Freshen Up With Our Skincare All natural skincare that empowers you. Say hello to gorgeous skin with our moisturizers. Get free shipping on orders over $50. Sitelink Example 1 Example sitelink description that helps people learn more. Sitelink Example 2 Example sitelink description that helps people learn more. Sitelink Example 3 Example sitelink description that helps people learn more. Sitelink Example 4 Example sitelink description that helps people learn more.

NEXT PAGE →

▶「コールアウト」「構造化スニペット」

「コールアウト」は、商品やサービスの特長を強調したいときに使用します。「サイトリンク」と違い、遷移先のURLリンクは設定できず、テキストのみが入力できます。より効果的にアピールするための簡潔なフレーズを考えましょう。「構造化スニペット」は、「ヘッダー」に管理画面に用意された「カテゴリ」の中から表示させたいものを選択し、「リスト」に「ヘッダー」に関連する値を入力します。「コールアウト」とは異なり、ビジネスで提供している商品やサービスを、一連のまとまりとして入力する必要があります（図表26-2）。

▶ コールアウトと構造化スニペットの例 図表26-2

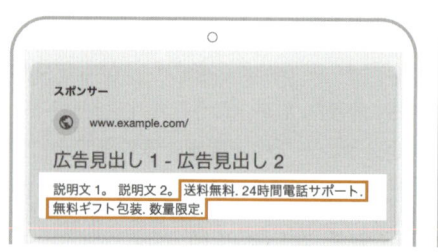

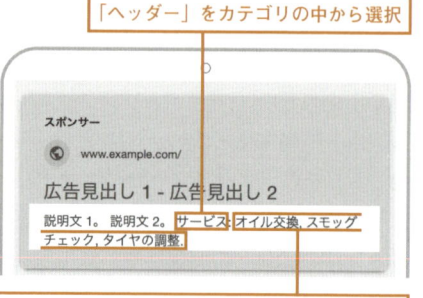

「ヘッダー」をカテゴリの中から選択

「リスト」に「ヘッダー」に関連する値を入力する

▶「電話番号」「住所」「プロモーション」「リードフォーム」「アプリ」「価格」

この他にも、検索広告の下に表示させることができる「アセット」はたくさんあります。

「住所」アセットでは「Google ビジネスプロフィール」とリンクさせることができたり、「アプリ」アセットでは「Google Play」に登録した自社のアプリを表示させてインストールを促すことができるなど、Googleの他のツールとの連携ができる「アセット」もあります。訴求したいサービスや商品に合わせて、できるだけ多くの「アセット」を登録しておくことをおすすめします（図表26-3）。

▶ その他のアセットの例 図表26-3

電話番号

Sponsored

 c'Balm
https://www.cbalmbeauty.com ⋮

Shop All-Natural Moisturizers - Freshen Up With Our Skincare

All natural skincare that empowers you. Say hello to gorgeous skin with our moisturizers. Get free shipping on orders over $50.

📞 Call (800) 123-4567

住　所

Sponsored

c'Balm
https://www.cbalmbeauty.com ⋮

Shop All-Natural Moisturizers - Freshen Up With Our Skincare

All natural skincare that empowers you. Say hello to gorgeous skin with our moisturizers. Get free shipping on orders over $50.

📍 2.3 mi · Springfield · Five Mile Line Road
Hours & services may vary 📞

プロモーション

Sponsored

c'Balm
https://www.cbalmbeauty.com ⋮

Shop All-Natural Moisturizers - Freshen Up With Our Skincare

All natural skincare that empowers you. Say hello to gorgeous skin with our moisturizers. Get free shipping on orders over $50.

🏷 20% off Eye Creams

リードフォーム

Sponsored

c'Balm
https://www.cbalmbeauty.com ⋮

Shop All-Natural Moisturizers - Freshen Up With Our Skincare

All natural skincare that empowers you. Say hello to gorgeous skin with our moisturizers. Get free shipping on orders over $50.

📄 Sign up for our newsletter
Subscribe

アプリ

Sponsored

c'Balm
https://www.cbalmbeauty.com ⋮

Shop All-Natural Moisturizers - Freshen Up With Our Skincare

All natural skincare that empowers you. Say hello to gorgeous skin with our moisturizers. Get free shipping on orders over $50.

 c'Balm App
4.0 ★ ★ ★ ★ ☆ (123,456)　⬇ Install

価　格

Sponsored

c'Balm
https://www.cbalmbeauty.com ⋮

Shop All-Natural Moisturizers - Freshen Up With Our Skincare

All natural skincare that empowers you. Say hello to gorgeous skin with our moisturizers. Get free shipping on orders over $50.

Moisturizers	Eye Creams	R
$20.00	**$30.00**	
Organic	Hydrating	

27

［検索キャンペーンの基本設定］
検索キャンペーンを作成してみよう

**このレッスンの
ポイント**

実際に検索広告のキャンペーンを作成してみましょう。ほとんどの内容は後からでも修正可能なので、まずはキャンペーン、広告グループ、キーワード、広告のセットを一通り作ってみましょう。

⚪ 検索キャンペーンの作成

検索広告の概要を理解したら、実際に検索キャンペーンを作成してみましょう。キャンペーンタイプを［検索］に選択することで、検索広告用のキャンペーンを作成することができます。

▶ **検索キャンペーン作成手順** 図表27-1

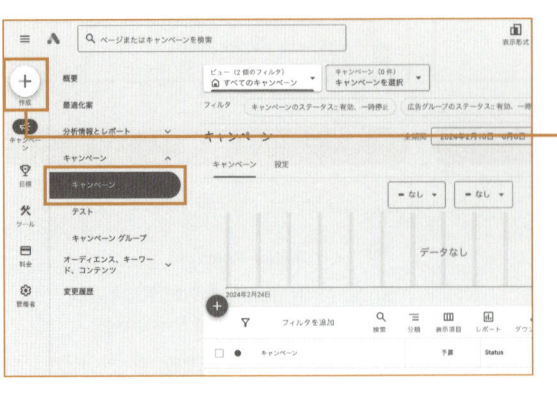

1 │ 新しいキャンペーンを作成する

1 ⊕ボタンをクリックします。

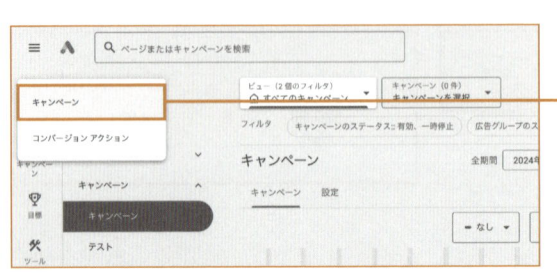

2 ［キャンペーン］をクリックします。

2 キャンペーンタイプの選択と設定を行う

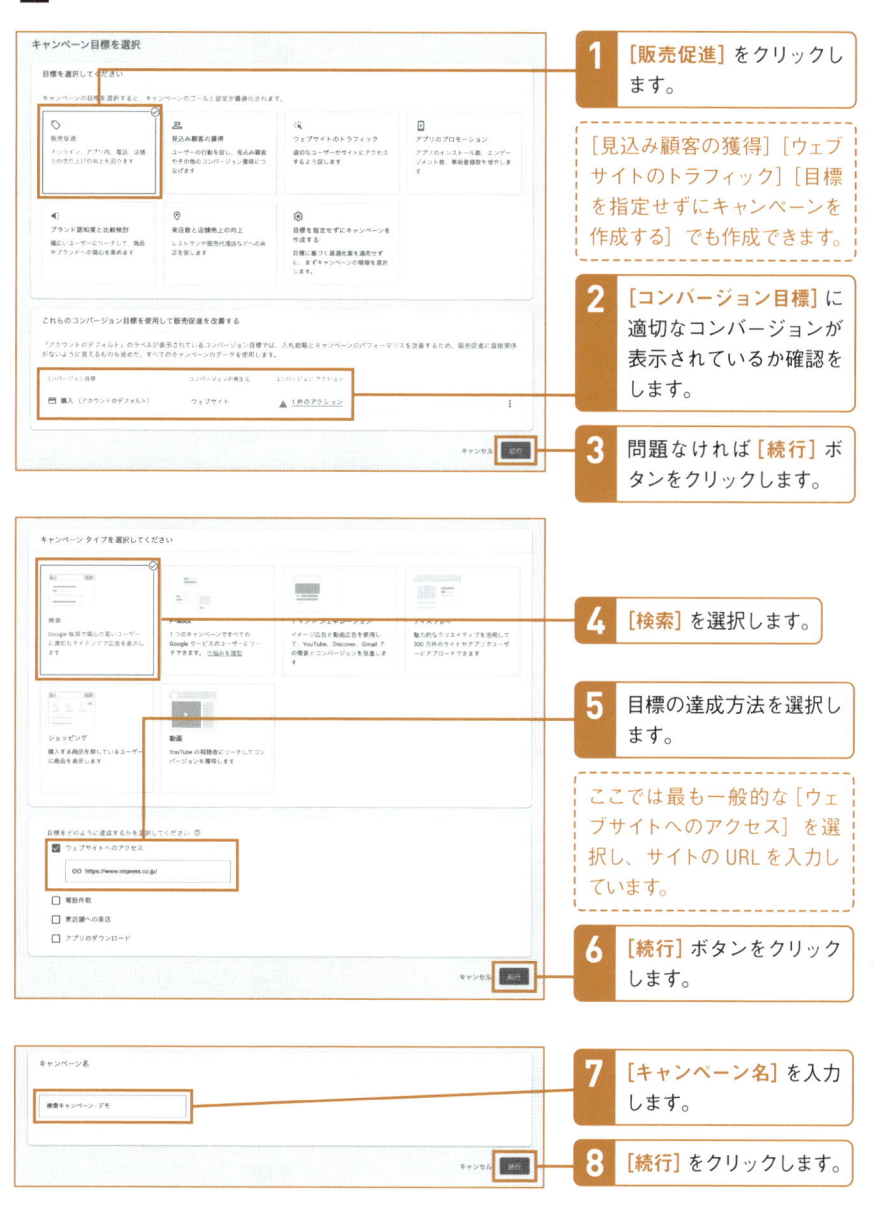

1 ［販売促進］をクリックします。

［見込み顧客の獲得］［ウェブサイトのトラフィック］［目標を指定せずにキャンペーンを作成する］でも作成できます。

2 ［コンバージョン目標］に適切なコンバージョンが表示されているか確認をします。

3 問題なければ［続行］ボタンをクリックします。

4 ［検索］を選択します。

5 目標の達成方法を選択します。

ここでは最も一般的な［ウェブサイトへのアクセス］を選択し、サイトの URL を入力しています。

6 ［続行］ボタンをクリックします。

7 ［キャンペーン名］を入力します。

8 ［続行］をクリックします。

3 入札戦略を設定する

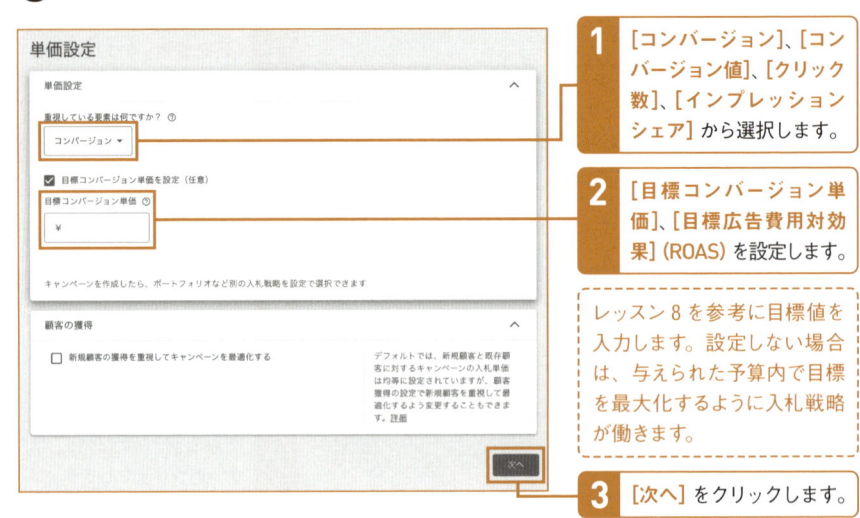

単価設定

単価設定

重視している要素は何ですか？ ⑦
[コンバージョン ▼]

☑ 目標コンバージョン単価を設定（任意）
目標コンバージョン単価 ⑦
[¥]

キャンペーンを作成したら、ポートフォリオなど別の入札戦略を設定で選択できます

顧客の獲得

□ 新規顧客の獲得を重視してキャンペーンを最適化する

デフォルトでは、新規顧客と既存顧客に対するキャンペーンの入札単価は均等に設定されていますが、顧客獲得の設定で新規顧客を重視して最適化するよう変更することもできます。詳細

1 [コンバージョン]、[コンバージョン値]、[クリック数]、[インプレッションシェア]から選択します。

2 [目標コンバージョン単価]、[目標広告費用対効果] (ROAS) を設定します。

レッスン 8 を参考に目標値を入力します。設定しない場合は、与えられた予算内で目標を最大化するように入札戦略が働きます。

3 [次へ]をクリックします。

4 キャンペーンの設定を行う

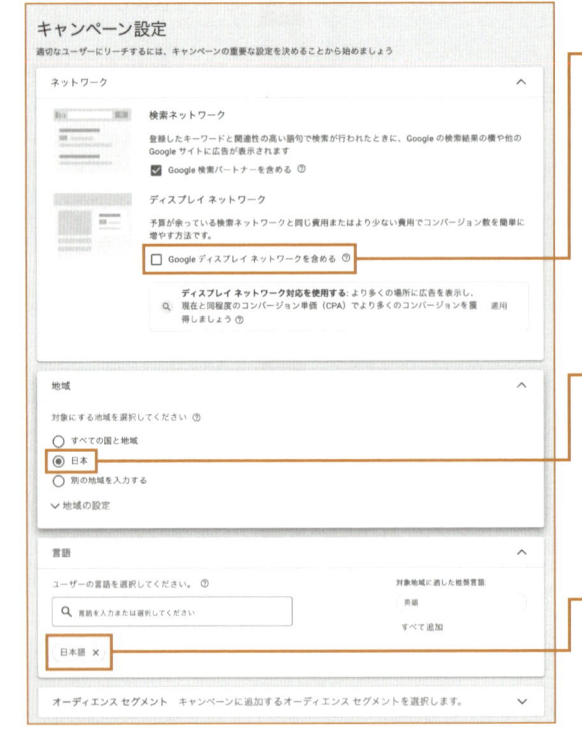

キャンペーン設定
適切なユーザーにリーチするには、キャンペーンの重要な設定を決めることから始めましょう

ネットワーク

検索ネットワーク
登録したキーワードと関連性の高い語句で検索が行われたときに、Google の検索結果の横や他の Google サイトに広告が表示されます
☑ Google 検索パートナーを含める ⑦

ディスプレイ ネットワーク
予算が余っている検索ネットワークと同じ費用またはより少ない費用でコンバージョン数を簡単に増やす方法です。
□ Google ディスプレイ ネットワークを含める ⑦

ディスプレイ ネットワーク対応を使用する：より多くの場所に広告を表示し、現在と同程度のコンバージョン単価 (CPA) でより多くのコンバージョンを獲得しましょう ⑦　適用

地域

対象にする地域を選択してください ⑦
○ すべての国と地域
◉ 日本
○ 別の地域を入力する
∨ 地域の設定

言語

ユーザーの言語を選択してください。 ⑦
🔍 言語を入力または選択してください

対象地域に適した推奨言語
英語
すべて追加

[日本語 ×]

オーディエンス セグメント　キャンペーンに追加するオーディエンス セグメントを選択します。 ∨

1 [Google ディスプレイ ネットワークを含める]のチェックボックスを外します。

検索広告とディスプレイネットワークでは、運用ノウハウやコンバージョン率が如実に異なります。ディスプレイ広告は第 5 章のディスプレイキャンペーンで配信しましょう。

2 地域に[日本]を選択します。

予算が限られている場合は都道府県レベルに絞ることも検討しましょう。

3 言語に[日本語]が入力されていることを確認します。

ここではブラウザの言語設定を指定しています。

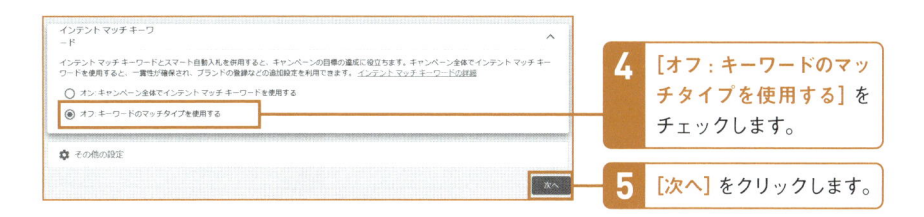

4 ［オフ：キーワードのマッチタイプを使用する］をチェックします。

5 ［次へ］をクリックします。

5 広告グループにキーワードを設定する

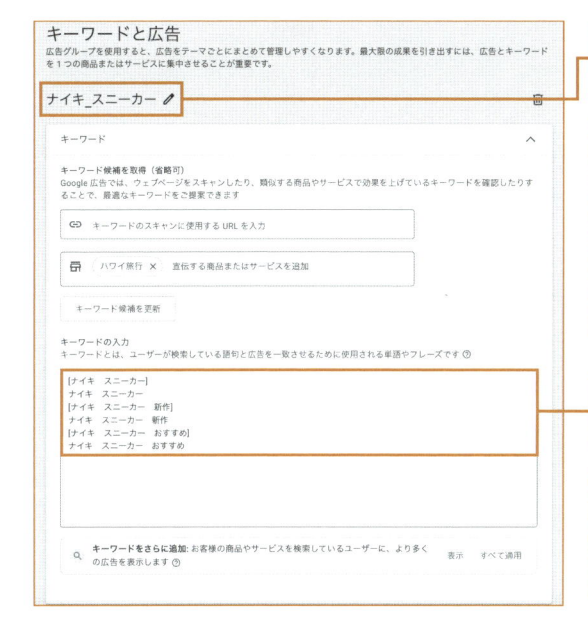

1 広告グループ名を入力します。

Webサイトの URLや、商品またはサービスの名称でキーワードを抽出することができますが、レッスン24で学んだとおり、あらかじめキーワードを調査しておき、グルーピングしたキーワードを入力しましょう。

2 グルーピングしたキーワードを入力します。

完全一致は半角の角括弧［］、フレーズ一致は半角のダブルクォーテーション "" でキーワードを囲みます。

6 広告グループに広告を設定する

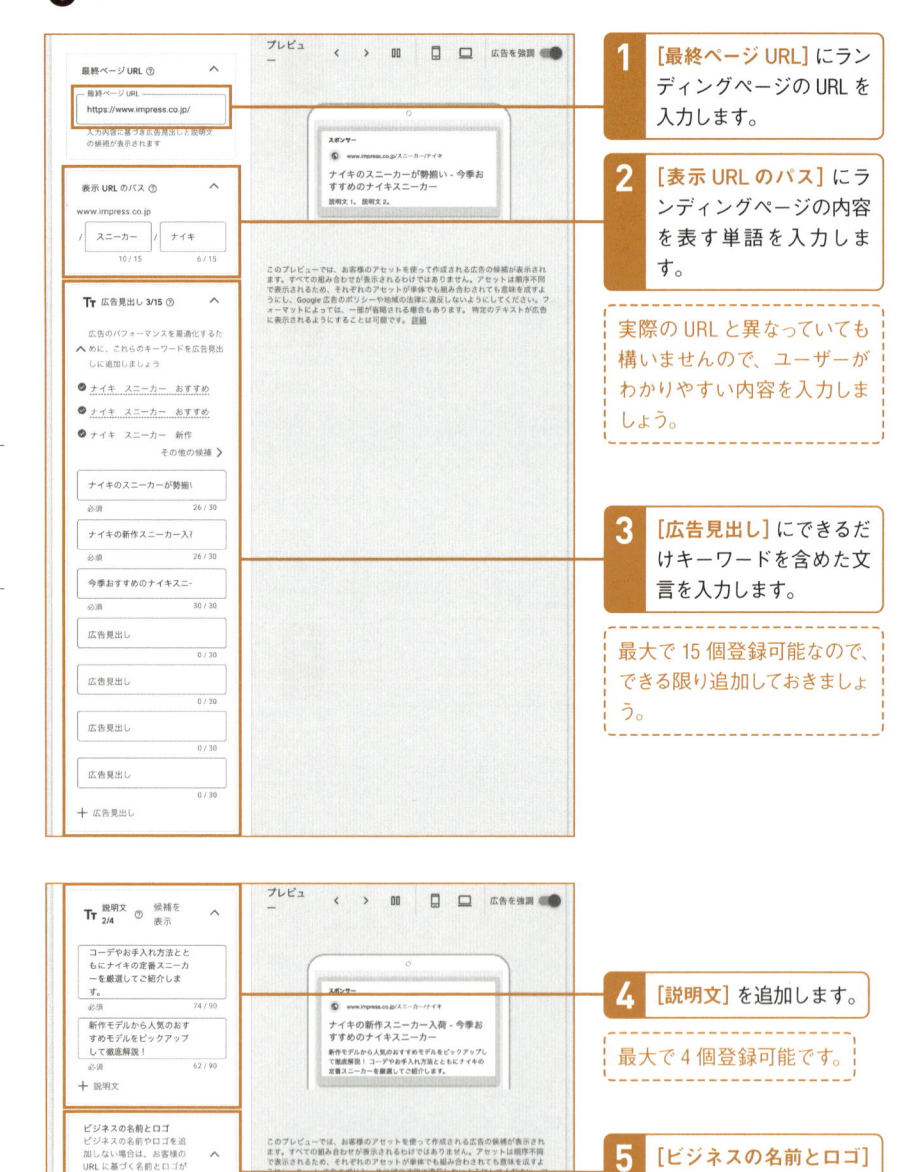

1 [最終ページ URL] にランディングページの URL を入力します。

2 [表示 URL のパス] にランディングページの内容を表す単語を入力します。

実際の URL と異なっていても構いませんので、ユーザーがわかりやすい内容を入力しましょう。

3 [広告見出し] にできるだけキーワードを含めた文言を入力します。

最大で 15 個登録可能なので、できる限り追加しておきましょう。

4 [説明文] を追加します。

最大で 4 個登録可能です。

5 [ビジネスの名前とロゴ] を入力します。

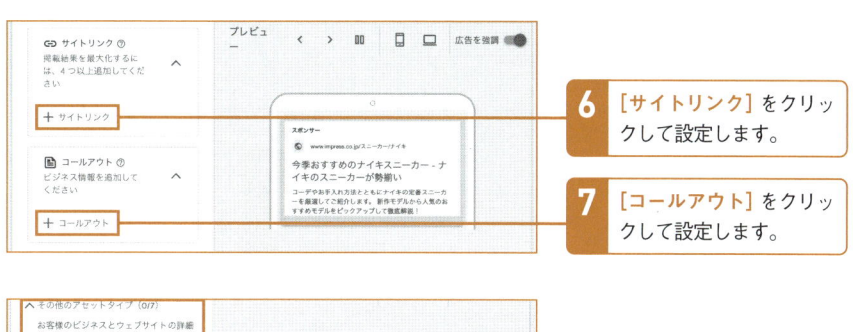

6 ［サイトリンク］をクリックして設定します。

7 ［コールアウト］をクリックして設定します。

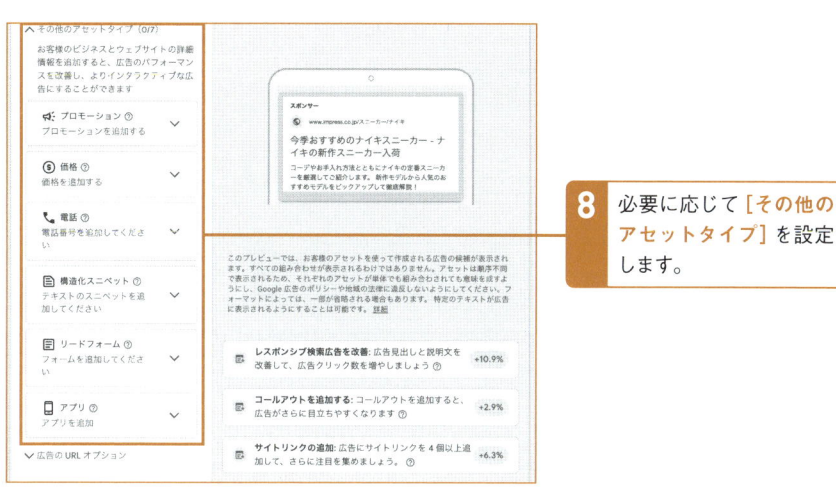

8 必要に応じて［その他のアセットタイプ］を設定します。

9 ［次へ］をクリックします。

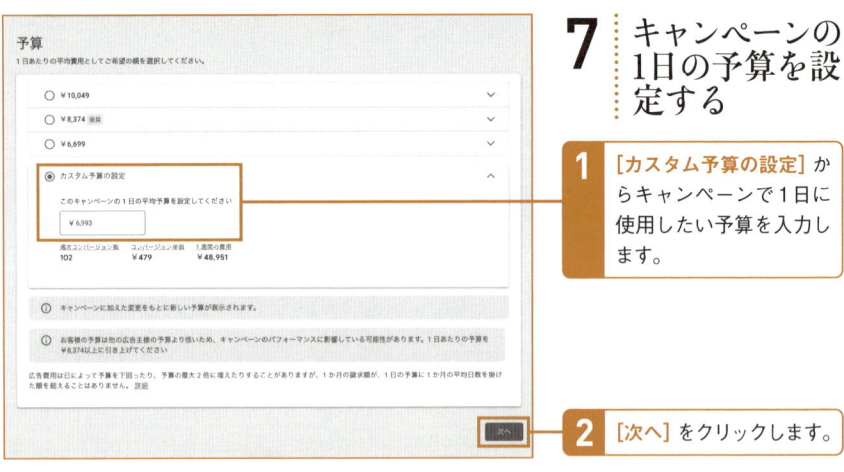

7 キャンペーンの1日の予算を設定する

1 [カスタム予算の設定]からキャンペーンで1日に使用したい予算を入力します。

2 [次へ]をクリックします。

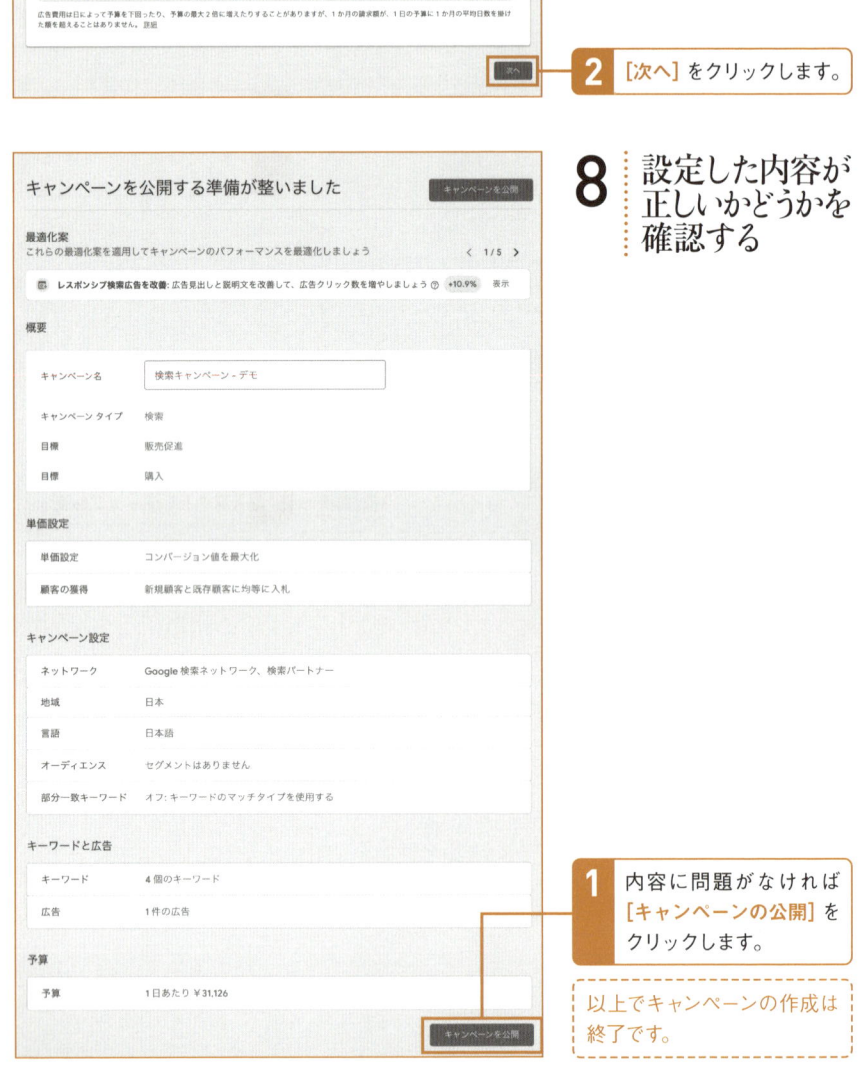

8 設定した内容が正しいかどうかを確認する

1 内容に問題がなければ[キャンペーンの公開]をクリックします。

以上でキャンペーンの作成は終了です。

［キーワード以外のターゲティング手法］

動的検索広告でターゲティングを自動化する

**このレッスンの
ポイント**

動的検索広告を活用すると、キーワードの登録作業を省いて検索広告を配信することができます。キーワードのカバー範囲を補完する意味合いもありますので、キーワードと並行して活用しましょう。

○ 動的検索広告はキーワードの代わりにURLでターゲティングする

大規模な商品在庫を持つEコマースサイトなどでは、販売しているすべての商品に関する検索語句を網羅するために、数十万キーワードを入稿するケースもあり、管理が煩雑でした。このような課題を解決するために登場したのが「動的検索広告」です。動的検索広告は、キーワードの代わりにWebサイトのURLを「ターゲティング」として登録します。Google広告のシステムが、登録したWebサイトの内容を解析し、広告を表示すべき検索語句を自動的に選び出して検索広告を配信します（図表28-1）。「広告見出し」もランディングページの内容に応じて自動的に生成されるため、広告の作成は説明文の設定だけで済みます。キーワードとして設定することができなかった検索語句を拾える可能性があるため、キーワードと並行して必ず登録しておくと良いでしょう。　動的検索広告は英語で「Dynamic Search Ads」という名称なので、「DSA」と呼ばれることもあります。

▶ **動的検索広告の仕組み** 図表28-1

ページ URL：https://www.example.com/

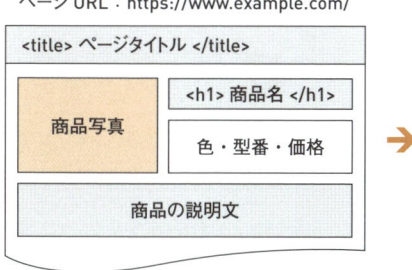

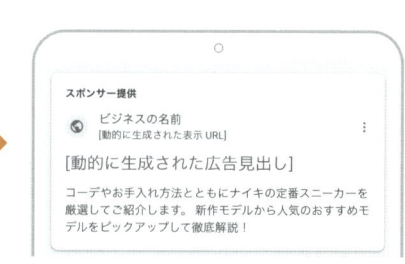

動的検索広告の広告グループを作成しよう

それでは実際に動的検索広告を作成してみましょう。動的検索広告は、「広告グループ」から作成することができます。

▶ 動画検索広告の作成 図表28-2

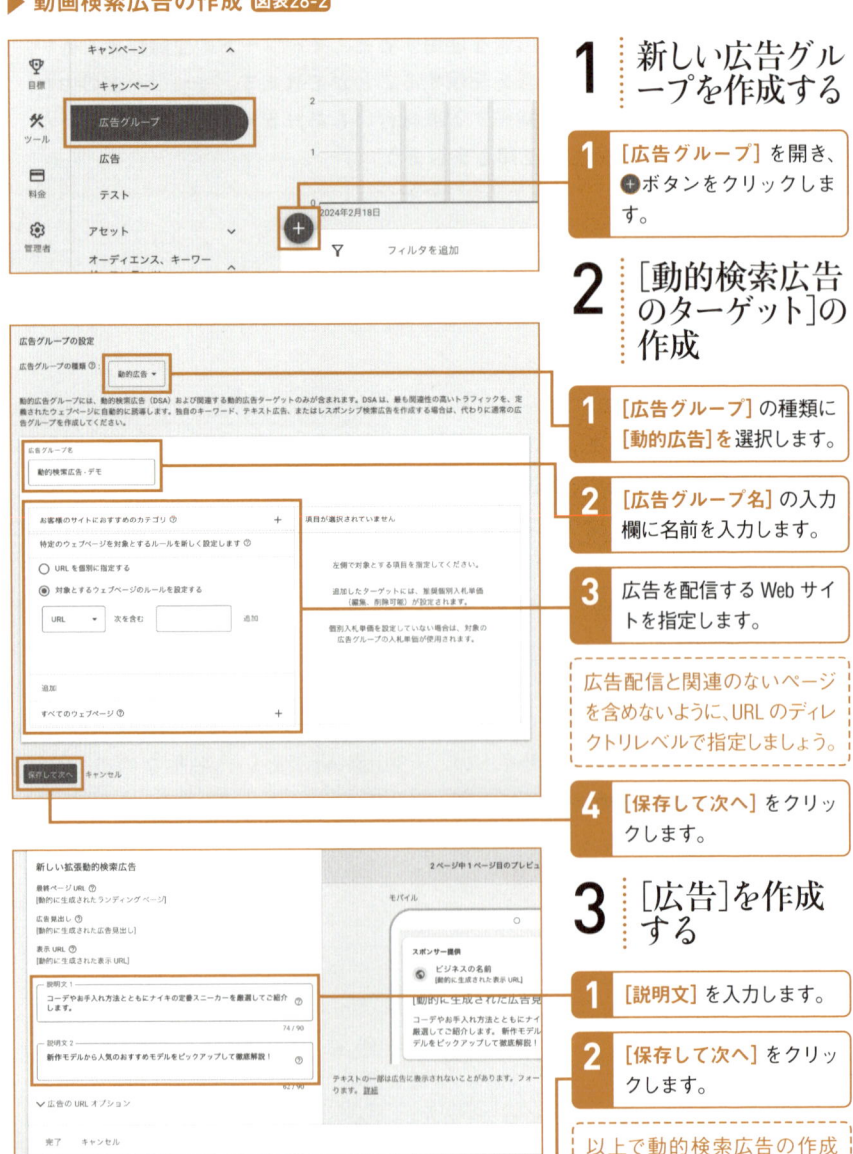

1 新しい広告グループを作成する

1 [広告グループ] を開き、 ⊕ ボタンをクリックします。

2 [動的検索広告のターゲット]の作成

1 [広告グループ] の種類に [動的広告] を選択します。

2 [広告グループ名] の入力欄に名前を入力します。

3 広告を配信する Web サイトを指定します。

広告配信と関連のないページを含めないように、URL のディレクトリレベルで指定しましょう。

4 [保存して次へ] をクリックします。

3 [広告]を作成する

1 [説明文] を入力します。

2 [保存して次へ] をクリックします。

以上で動的検索広告の作成は完了です。

[レポートを使いこなそう]

29 検索キャンペーンの分析と確認するべきレポート

**このレッスンの
ポイント**

検索広告の配信を最適化する上で使用する配信レポートと、見るべきポイントを確認していきます。レポートは、大きなまとまりから小さなまとまりの順番で見ていくことが基本です。

○ キャンペーンの予算が十分に足りているかを確認

検索広告の配信が開始されたら、キャンペーンレポートのステータスに「予算による制限」が表示されているかを確認しましょう（**図表29-1**）。キャンペーン内にキーワードを詰め込みすぎてしまっていたり、検索数が多いビッグワードをインテントマッチで登録したりした場合など、予算が足りずに広告の表示機会が抑制さ

れてしまいます。このような状態ではキーワードごとのパフォーマンスの良し悪しも十分に判断がつかないため、キャンペーンに適切な予算を与えるか、キャンペーン内のキーワード数を減らしたり、マッチタイプを調整したりするなどして、それぞれのキーワードに十分な表示機会が与えられるように調整しましょう。

▶ 予算による制限 **図表29-1**

キャンペーンレポートで
「予算による制限」が発生
しているかを確認

⭕ 「検索キーワード」レポートと「動的広告ターゲット」レポート

キャンペーン、広告グループレベルで気になる箇所を見つけたら、「検索キーワード」レポートや「動的広告ターゲット」レポートで、配信結果を確認しましょう。極端にクリック率の低いキーワードや、

「費用」が大きいのにコンバージョンが発生していないキーワードは一時停止などの対策を行いましょう。「表示回数」や「費用」を降順でソートすると便利です。

▶ 検索キーワードのレポート 図表29-2

▶ 動的広告ターゲットのレポート 図表29-3

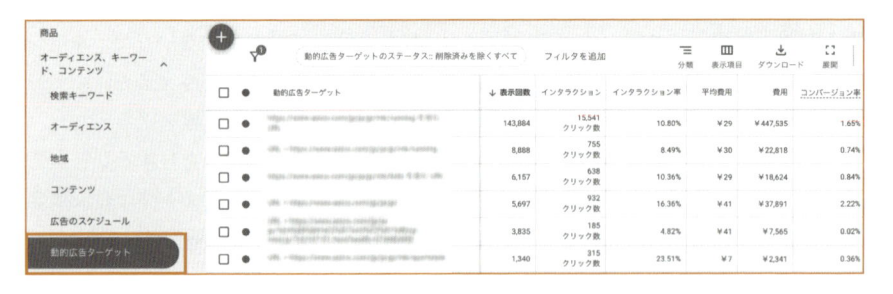

⭕ 「検索語句」レポートを確認する

改善すべきキーワードにあたりをつけたら、「検索語句」レポートを確認してみましょう。キーワードが広告を表示させて検索語句を確認することができます。関

連性の低い検索語句を除外したり、追加できていない検索語句はキーワードとして登録しましょう。

▶ 検索語句のレポート 図表29-4

Lesson 30 ［運用のコツ］ 「除外キーワード」を設定しよう

このレッスンの
ポイント

検索キャンペーンの運用のコツは、関連性の低い検索語句への広告表示を抑え、効果の高いキーワードに予算を集中させていくことに尽きます。「除外キーワード」の仕組みと設定方法を学んで検索広告を最適化しましょう。

○ 「除外キーワード」で関連性の低い検索語句への広告配信を停止する

検索語句は、日々新しい単語が生まれ、検索数も変化します。そのため、どうしてもビジネスに関連性の低い検索語句に広告が表示されてしまいます。そのため、「除外キーワード」を使ってこまめにメンテナンスをしていくことが運用のポイントです。除外キーワードにも通常のキーワードと同じく「マッチタイプ」を設定することができますが、除外キーワード独自の振る舞い方をします。除外キーワードにおけるマッチタイプの挙動を確認しておきましょう（図表30-1）。検索語句のレポートには、「追加済 / 除外済み」という項目が表示できます。設定した除外キーワードが狙いどおりに機能しているかを確認しましょう。

▶ 除外キーワードのマッチタイプ 図表30-1

完全一致		フレーズ一致		部分一致	
完全一致［ランニング　シューズ］		フレーズ一致 "ランニング　シューズ"		部分一致　ランニング　シューズ	
検索語句	広告の表示	検索語句	広告の表示	検索語句	広告の表示
青　テニス　シューズ	表示される	青　テニス　シューズ	表示される	青　テニス　シューズ	表示される
ランニングの靴	表示される	ランニングの靴	表示される	ランニングの靴	表示される
青　ランニング　シューズ	表示される	青　ランニング　シューズ	除　外	青　ランニング　シューズ	除　外
シューズ　ランニング	表示される	シューズ　ランニング	表示される	シューズ　ランニング	除　外
ランニング　シューズ	除　外	ランニング　シューズ	除　外	ランニング　シューズ	除　外
除外キーワードが検索語句と **"完全に"** 一致した場合に除外		除外キーワードと **"同じ語順を含む"** 検索語句を除外		除外キーワードに含まれる語句が **"すべて含まれる"** 検索語句を除外	

◯ 除外キーワードの設定方法

除外キーワードは、[検索キーワード] レポートの上部にある [除外検索キーワード] をクリックすることで設定ができます（**図表30-2**）。除外キーワードを設定する範囲をキャンペーンレベルまたは広告グループレベルのどちらかで選べます。また、左メニューの [ツール] → [除外リスト] のメニューから、[除外キーワー

ドリスト] を作成することができます（**図表30-2**の手順2）。[除外検索キーワード] タブでは、[除外キーワードリスト] を指定してキャンペーンまたは広告グループに [除外キーワード] を設定することもできるので、よく使う除外キーワードは [除外キーワードリスト] に登録しておきましょう。

▶ 除外キーワードの設定 図表30-2

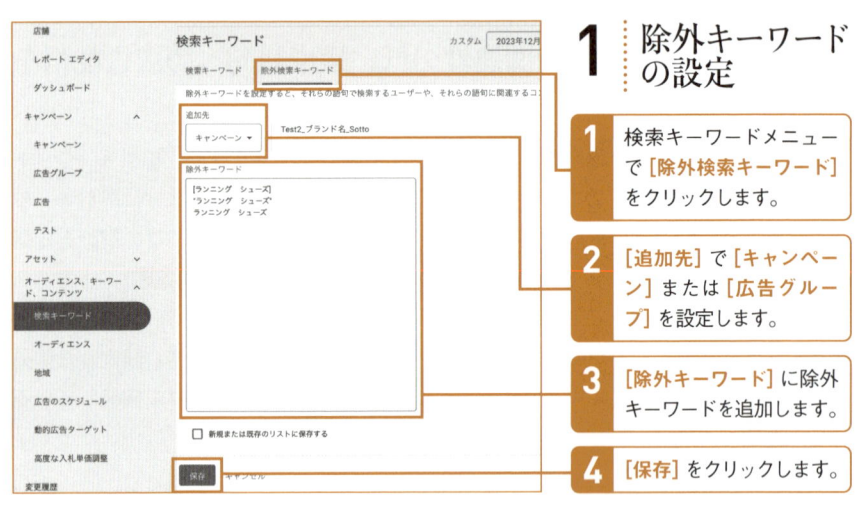

1 除外キーワードの設定

1 検索キーワードメニューで [除外検索キーワード] をクリックします。

2 [追加先] で [キャンペーン] または [広告グループ] を設定します。

3 [除外キーワード] に除外キーワードを追加します。

4 [保存] をクリックします。

2 除外キーワードリストの作成

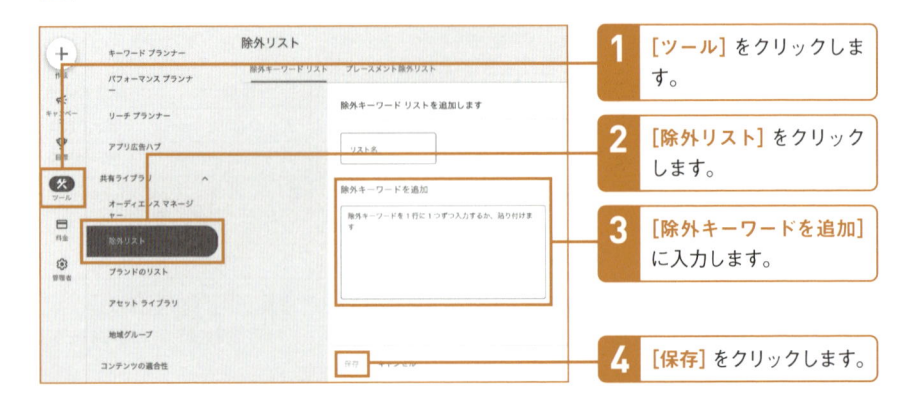

1 [ツール] をクリックします。

2 [除外リスト] をクリックします。

3 [除外キーワードを追加] に入力します。

4 [保存] をクリックします。

Chapter

4

［ショッピング広告］ ECサイト運営者は 必ず実施しよう

ECサイト運営者ならショッピング広告に取り組みましょう。検索広告に加えてオンラインで販売している商品をプロモーションできる商品広告を表示することができるようになります

31 ［ショッピング広告の配信面］
ショッピング広告はGoogle検索の一等地にあるショーケース

**このレッスンの
ポイント**

ショッピング広告は検索連動型広告のうちの一種ですが、テキストだけの検索広告に加えて商品画像を用いた商品広告を掲載することが可能です。「どこに」「どのような形式」で表示がされるかしっかり確認しましょう。

○ 検索結果の上部という一等地に画像付きで広告が表示できる

ショッピング広告は第3章で解説した検索広告に加えて、商品画像や商品名や商品価格といった商品の情報が表示されるタイプの広告です（**図表31-1**）。ショッピング広告はECサイトを運営する小売業に限られますが、レスポンシブ検索広告と

同じ検索結果画面に表示することができます。商品画像の表示によって従来のテキスト広告より目立ちやすいこと、ショッピング広告をクリックすると直接その商品詳細ページに誘導できることが特長です。

▶ ショッピング広告の表示のされ方 図表31-1

ショッピング広告は、商品の画像、商品名、商品価格、店舗または会社名を基本として表示され、「送料無料」ラベル、レビュー（商品評価）、補足情報なども表示されます

○ ショッピング広告が表示される場面は主に3つ

ショッピング広告はGoogleやGoogle検索パートナー（BIGLOBEや@niftyなど）の検索結果、Google検索結果の「ショッピング」タブ、Google画像検索結果に表示されます。広告が表示される場面やデバイス間での表示結果に大きな違いはありませんが、アパレルなど広告する商品のジャンルによっては表示される商品画像のサイズや情報量に違いが発生することもあります。

▶ **Google検索結果に表示されたショッピング広告** 図表31-2

▶ **Google検索パートナー（例:BIGLOBE）の結果に表示された ショッピング広告** 図表31-3

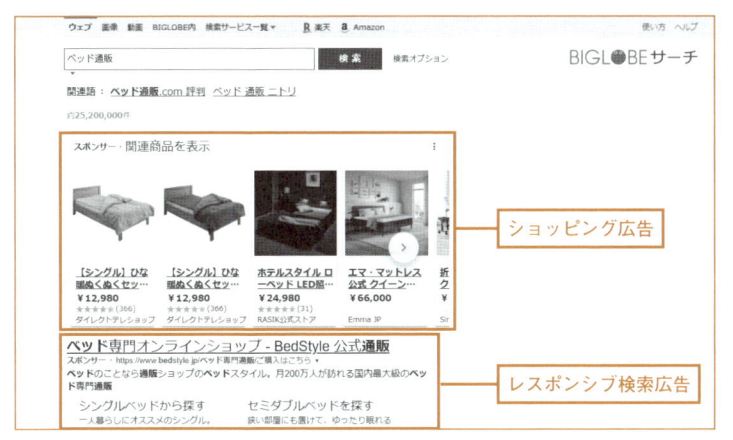

▶ Google検索結果の「ショッピング」タブに表示されたショッピング広告 図表31-4

▶ Google画像検索の結果に表示されたショッピング広告 図表31-5

◯ モバイル端末では画面の大半を専有するショッピング広告

ショッピング広告は検索結果の上部や下部、パソコンでは右側などにも表示されます。特にモバイル端末でショッピング広告が最上部に表示された場合、ショッピング広告が画面の半数近くを専有することになるため、掲載位置が最上部以外のレスポンシブ検索広告や自然検索結果は表示されません（**図表31-6**）。つまり、ショッピング広告を実施しないだけでも集客の機会損失が発生している状態に陥ってしまいます。

▶ **モバイル端末における Google 検索結果** 図表31-6

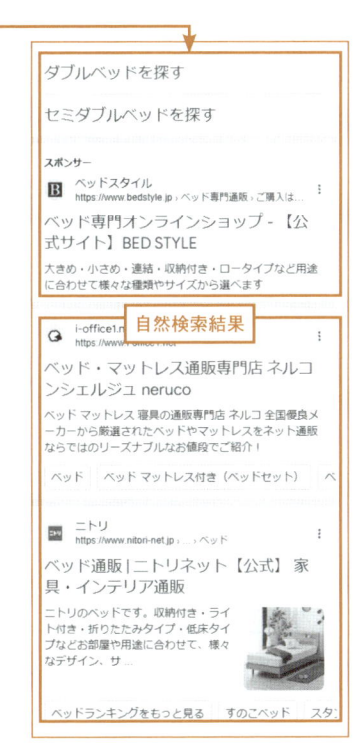

「◯◯通販」や「◯◯購入」など、「◯◯を買いたい」という意図が込められた検索であると Google が判断した場合は、ショッピング広告が検索結果の最上部に表示されやすいです。「◯◯を買いたい」と検索した生活者を逃がさないためにも、ショッピング広告を実施しましょう

32 ［ショッピング広告の仕組み］
ショッピング広告が表示される仕組みを理解する

**このレッスンの
ポイント**

ショッピング広告は企業の持つ商品データを活用するデータフィード広告とも呼ばれます。従来の検索広告のようにキーワードや広告の登録が不要であるなど仕組みも異なります。ショッピング広告が表示される仕組みをしっかり確認しましょう。

○ ショッピング広告が表示される仕組み

ショッピング広告は、検索語句に最も関連した商品が自動的に広告として表示される仕組みになっているので、広告出稿のためにキーワード選定や広告の作成は不要です。

しかし、ショッピング広告はGoogle広告とは別に、Google Merchant Centerというサービスの利用と連携が必要です（**図表32-1**）。これは、ショップと商品のデータをGoogle にアップロードして、ショッピング広告やその他のGoogleサービスで利用できるようにするサービスです。広告に必要な商品データをアップロードするためには、別途、商品フィードというものを用意する必要もあるため、これまでのテキスト広告よりは導入のハードルは高めになっています。

▶ ショッピング広告の概念図 図表32-1

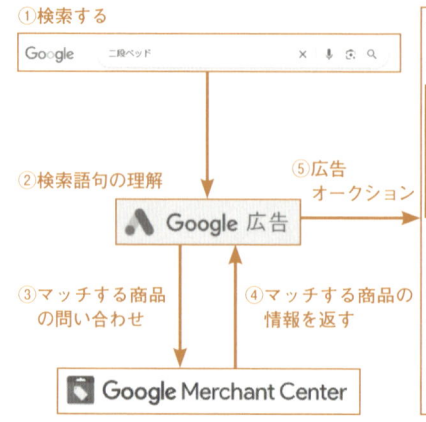

① 検索する
② 検索語句の理解
③ マッチする商品の問い合わせ
④ マッチする商品の情報を返す
⑤ 広告オークション
⑥ 広告の表示

⭕ 商品フィードとは

フィード（feed）は日本語に訳するならば「供給する」「入力をする」を意味する言葉です。つまり、商品フィードとは、商品のデータをGoogle Merchant Centerに供給するための仕組みという意味合いになります。イメージがしやすいようにもう少し分解すると、商品フィードの構成要素として「定義に従ってすべての商品データを1つにまとめたカタログ」「カタログ化した商品データをアップロードする手段」「カタログ化した商品データのファイル形式」に分けることができます。このうち「定義に従ってすべての商品データを1つにまとめたカタログ」のことを便宜的に商品フィードと呼ぶことがしばしばあります。

⭕ 定義に従ってすべての商品データを1つにまとめたカタログ

商品データをGoogle Merchant Centerにアップロードするためには、Googleが定めた仕様に則って商品データをまとめる必要があります。商品に関する情報は属性と呼ばれる項目で定義され、属性によって入力できる属性値と書式が決まっています。商品の最小管理単位（SKU）ごとに、定義された属性に従って **図表32-2** のようなカタログにまとめていく必要があり、SKU数が50あるとすればレコード数（行数）も50になります。

▶ 商品フィードにおける商品データのまとめ方 **図表32-2**

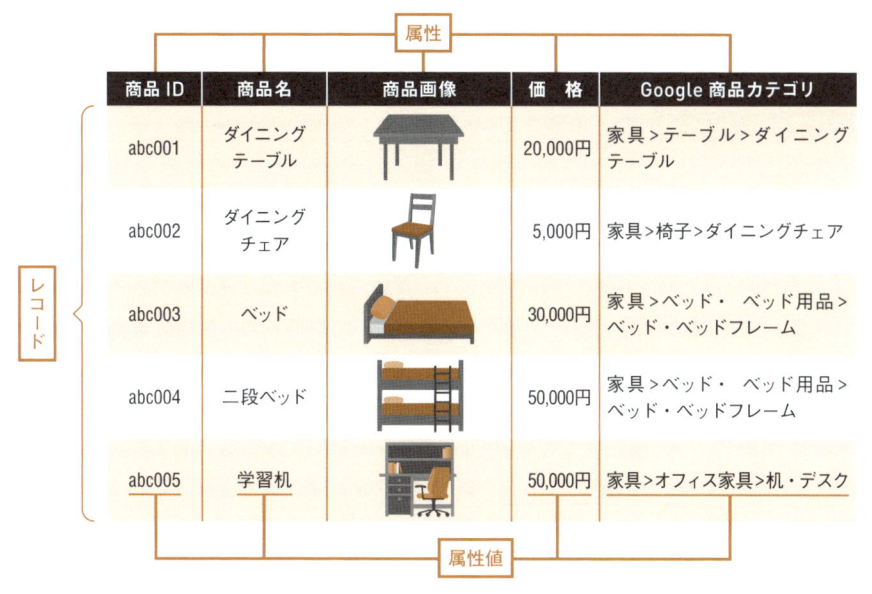

商品 ID	商品名	商品画像	価格	Google 商品カテゴリ
abc001	ダイニングテーブル		20,000円	家具 > テーブル > ダイニングテーブル
abc002	ダイニングチェア		5,000円	家具 > 椅子 > ダイニングチェア
abc003	ベッド		30,000円	家具 > ベッド・ベッド用品 > ベッド・ベッドフレーム
abc004	二段ベッド		50,000円	家具 > ベッド・ベッド用品 > ベッド・ベッドフレーム
abc005	学習机		50,000円	家具 > オフィス家具 > 机・デスク

属性 / レコード / 属性値

◯ カタログ化した商品データをアップロードする手段

カタログ化した商品データをGoogle Merchant Centerにアップロードする手段としては次のようなものがあります。この中でもGoogleによるWebサイトのクロールやAPIを使ったアップロードを行う場合は技術的な対応が必要となるため、システム部門の担当者とアップロード手段について相談を行う必要があります。

▶ **Google Merchant Centerが対応するアップロード手段** 図表32-3

アップロード手段	概　要
直接入力	カタログデータを作成せず、Google Merchant Center上で直接商品を追加する
ファイルのアップロード	カタログデータをテキストファイル形式で用意してアップロードする
Google スプレッドシート	Google スプレッドシート上に構築されたカタログデータをアップロードする
Web サイトのクロール	Webサイト上の商品情報をGoogleがクロールしてカタログデータの自動生成を行う
Content API for Shopping	カタログデータを独自に開発したプログラムでAPIを用いてアップロードする

◯ カタログ化した商品データのファイル形式

カタログ化した商品データをファイルとしてアップロードする場合は次のファイル形式となっていることが必要になります。

▶ **Google Merchant Centerが対応するファイル形式** 図表32-4

ファイルの形式	仕様の要件	対応するファイル拡張子
テキストファイル	タブ区切りテキスト	.txt、.gz、.zip、.bz2
XML ファイル	RSS 2.0仕様 または Atom 1.0仕様	.xml、.gz、.zip、.bz2

◯ キーワードや広告の代わりになる商品データ

Google Merchant Centerで管理される商品データは、商品名や価格だけではなく、商品の画像やGoogleが商品を認識するために必要な商品のカテゴリなどの情報も登録されます。ショッピング広告ではGoogle Merchant Centerに登録されている商品から、検索語句にマッチした商品のカテゴリや商品名など複数の情報から広告表示対象となる商品を絞り込む仕組みになっているため、広告管理画面からのキーワード登録は不要になっています（図表32-5）。また、ショッピング広告のフォーマットは商品データの各情報をそのまま利用する形を取っているため、広告の登録も不要になっています。

▶ 広告に表示される商品が決定されるまでの流れ 図表32-5

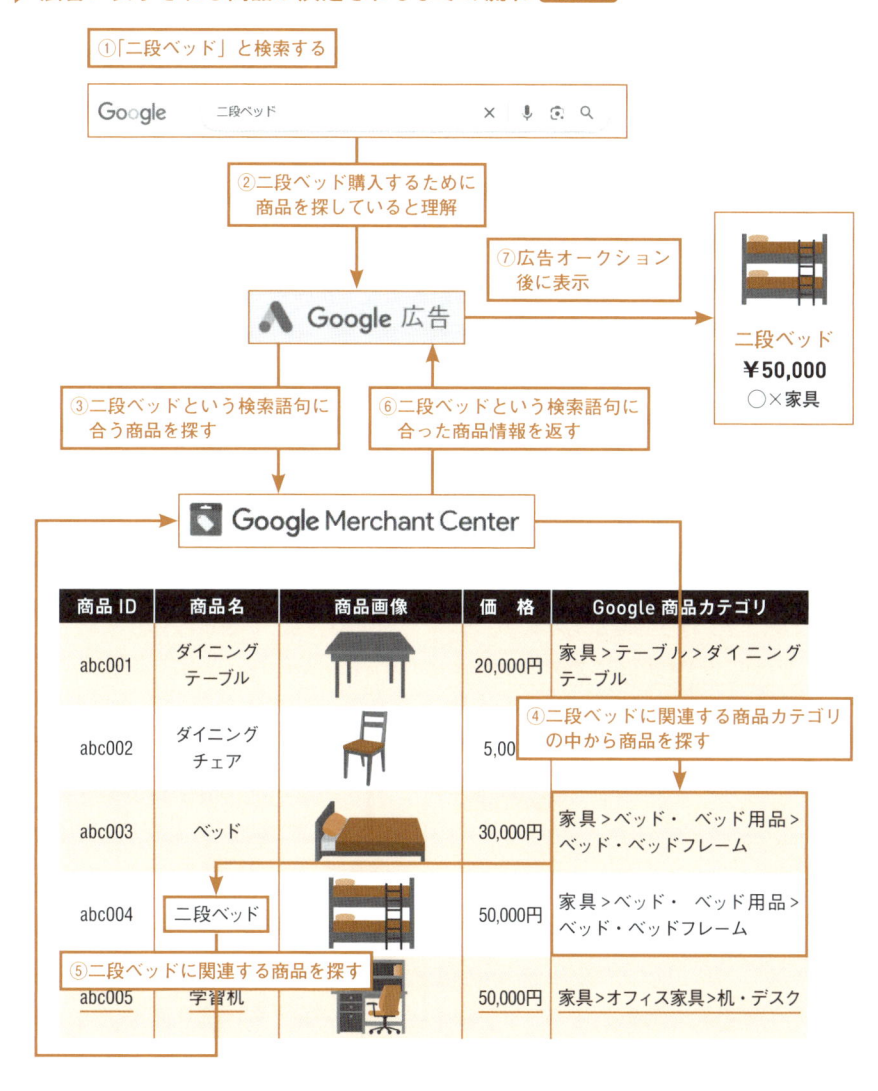

①「二段ベッド」と検索する

Google　二段ベッド

②二段ベッド購入するために商品を探していると理解

⑦広告オークション後に表示

Google 広告

③二段ベッドという検索語句に合う商品を探す

⑥二段ベッドという検索語句に合った商品情報を返す

二段ベッド
¥50,000
○×家具

Google Merchant Center

商品 ID	商品名	商品画像	価　格	Google 商品カテゴリ
abc001	ダイニングテーブル		20,000円	家具>テーブル>ダイニングテーブル
abc002	ダイニングチェア		5,00	
abc003	ベッド		30,000円	家具>ベッド・ベッド用品>ベッド・ベッドフレーム
abc004	二段ベッド		50,000円	家具>ベッド・ベッド用品>ベッド・ベッドフレーム
abc005	学習机		50,000円	家具>オフィス家具>机・デスク

④二段ベッドに関連する商品カテゴリの中から商品を探す

⑤二段ベッドに関連する商品を探す

どのような検索語句でどのような商品が広告として表示されるかは、Google Merchant Centerに登録されている商品データの内容に大きく影響されます

33 Google Merchant Centerを設定する

このレッスンの
ポイント

> Google Merchant Centerは商品データの管理や、ショップの情報、送料の設定などを行います。ショップ名や送料は広告の表示にも影響を与えるため、できるだけ細かく設定を行いましょう。

○ Google Merchant Centerアカウントのサインアップ

Google Merchant Centerを利用するためにはGoogleアカウントを作成し、その上でサインアップを行う必要があります。すでにGoogle広告を利用するためのGoogleアカウントを持っているので、Google広告と同じGoogleアカウントを使ってサインアップをしていきましょう。

▶ Google Merchant Centerへのサインアップ 図表33-1

1 Google Merchant Centerへアクセスする

1 https://www.google.com/intl/ja_jp/retail/solutions/merchant-center/ にアクセスします。

2 [登録する（無料）] ボタンをクリックします。

2 Googleアカウントでログインする

1 Google 広告で利用している Google アカウントを入力します。

2 [次へ] をクリックしてログインします。

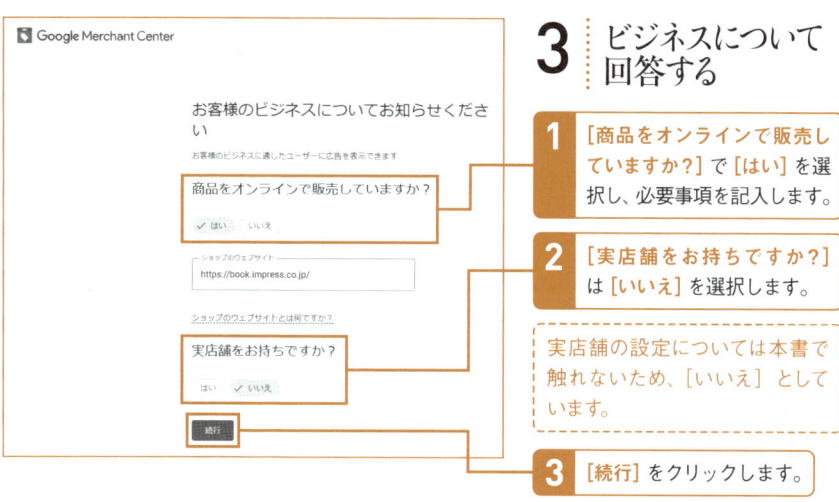

3 ビジネスについて回答する

1 [商品をオンラインで販売していますか?] で [はい] を選択し、必要事項を記入します。

2 [実店舗をお持ちですか?] は [いいえ] を選択します。

実店舗の設定については本書で触れないため、[いいえ] としています。

3 [続行] をクリックします。

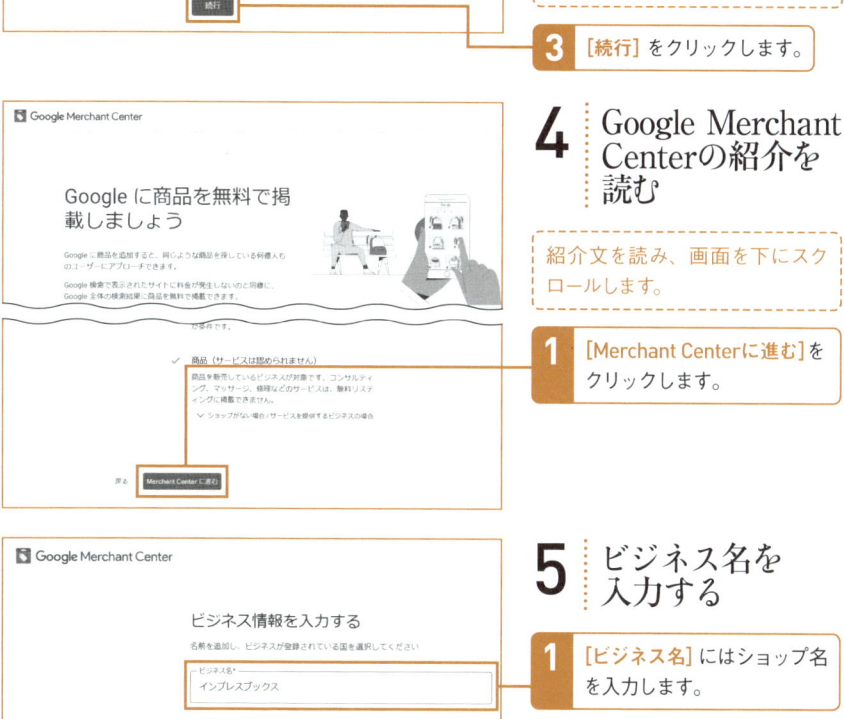

4 Google Merchant Centerの紹介を読む

紹介文を読み、画面を下にスクロールします。

1 [Merchant Centerに進む]をクリックします。

5 ビジネス名を入力する

1 [ビジネス名] にはショップ名を入力します。

2 [Merchant Centerに進む]をクリックします。

NEXT PAGE ➡

ビジネスの情報を編集する

1 ┊ お店やサービスの情報を編集する

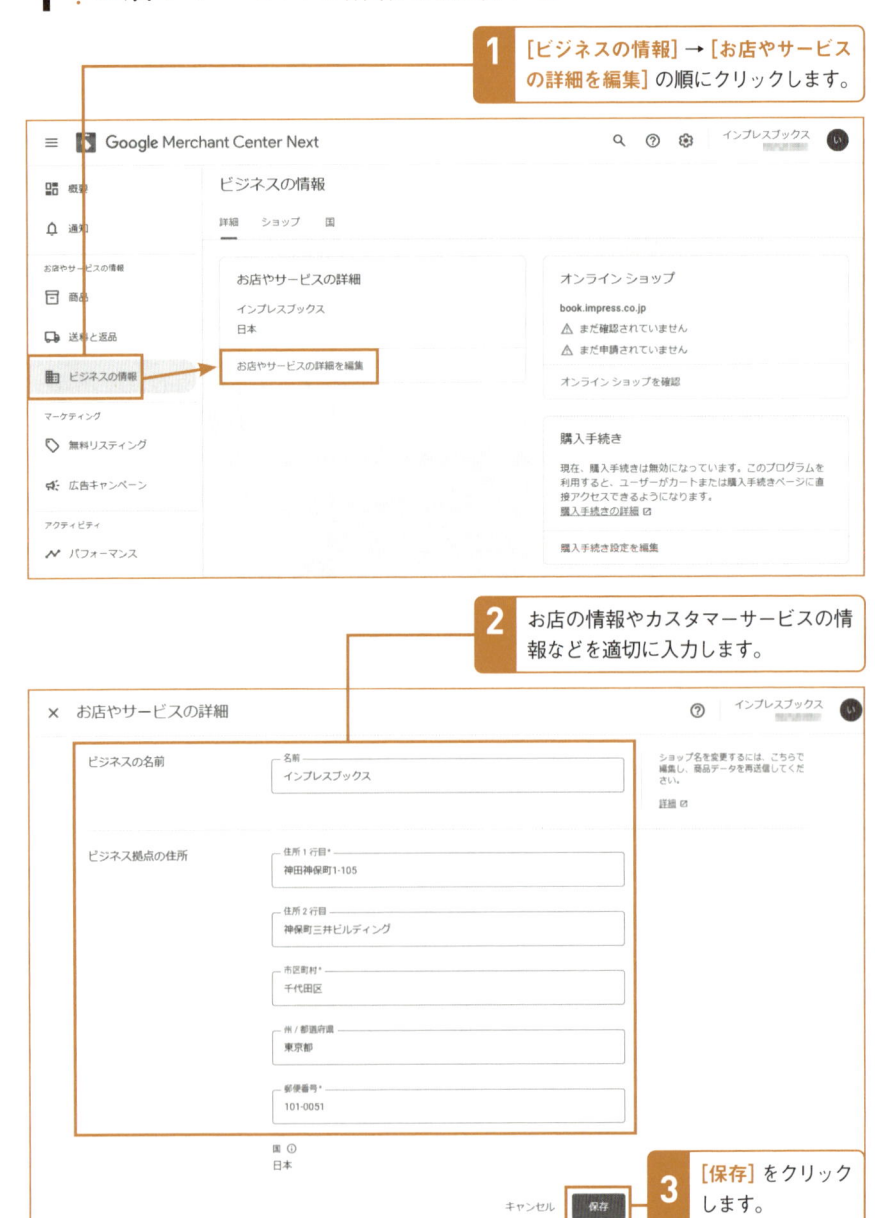

1 [ビジネスの情報]→[お店やサービスの詳細を編集]の順にクリックします。

2 お店の情報やカスタマーサービスの情報などを適切に入力します。

3 [保存]をクリックします。

2 オンラインショップの確認を行う

1 [ビジネスの情報] → [オンラインショップを確認]
の順にクリックします。

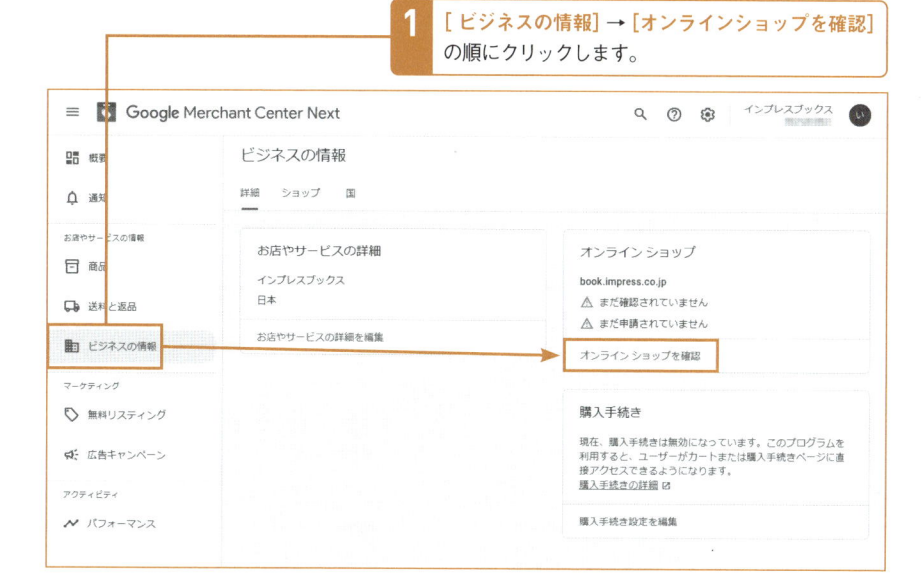

2 画面の手順に従ってウェブサイトの
確認と申請を行います。

○ 送料の設定を行う

▶ 送料の設定 図表33-3

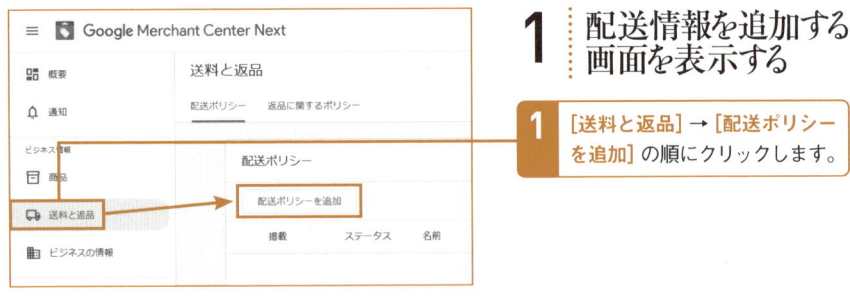

1 配送情報を追加する画面を表示する

1 [送料と返品] → [配送ポリシーを追加] の順にクリックします。

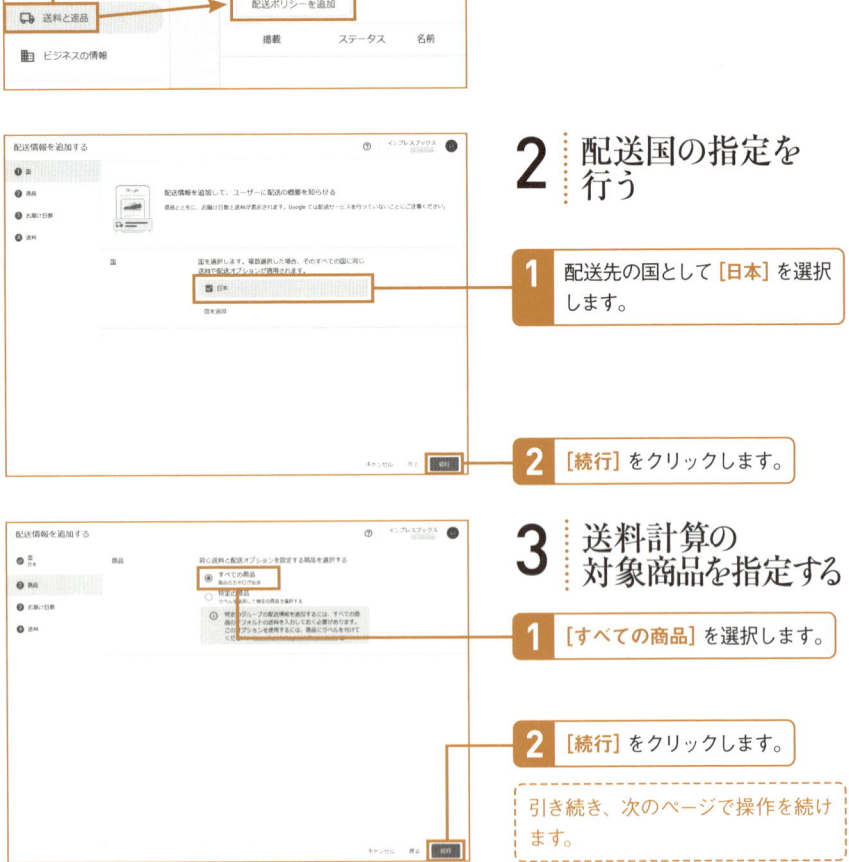

2 配送国の指定を行う

1 配送先の国として [日本] を選択します。

2 [続行] をクリックします。

3 送料計算の対象商品を指定する

1 [すべての商品] を選択します。

2 [続行] をクリックします。

引き続き、次のページで操作を続けます。

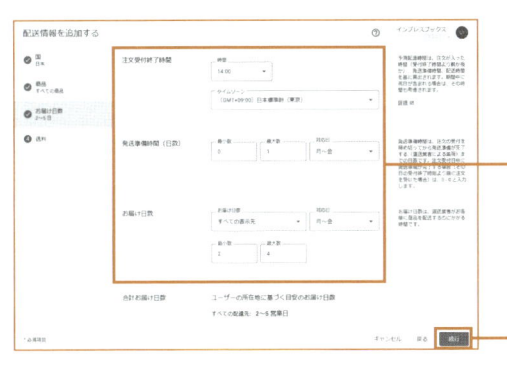

4 配送に関する情報を設定する

1 画面の説明に従って、[注文受付終了時間]、[発送準備時間]、[お届け日数] について入力します。

2 [続行] をクリックします。

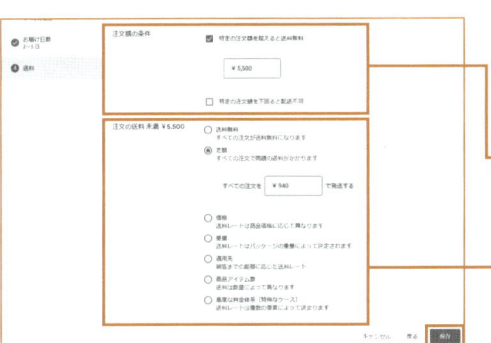

5 送料の指定を行う

1 ショップの送料設定に応じて条件を入力します。送料無料ラインの金額は消費税込みの金額で設定してください。

2 送料を消費税込みで入力します。商品の価格によって送料が変動する場合は、[価格] や [高度な料金体系（特殊なケース）] を選択します。

3 [続行] をクリックします。

👍 ワンポイント 送料の設定における注意点

Google Merchant Centerにおける送料とは、広告などで表示された商品を1つだけ購入した場合に必要な送料の金額を消費税込みで表したものを指します。消費税込みの金額とするのは、日本の消費税法において価格表示は消費税込みの総額表示である必要があるためです。同様の理由で送料無料ラインの金額を設定する場合も消費税込みの金額で設定する必要があります。

▶ 注意してほしいこと

本書執筆時点の2024年7月現在において、Google Merchant Center は Google Merchant Centerと Google Merchant Center Nextの2つのバージョンが存在します。そのためお使いの Google Merchant Centerがどちらのバージョンかによっては設定画面が本書の解説と異なる可能性がありますが、設定するべき情報はおおむね変わりません。画面の説明に沿って設定を行ってみてください。

○ Google広告とGoogle Merchant Centerの連携を行う

▶ 連携の設定　図表33-4

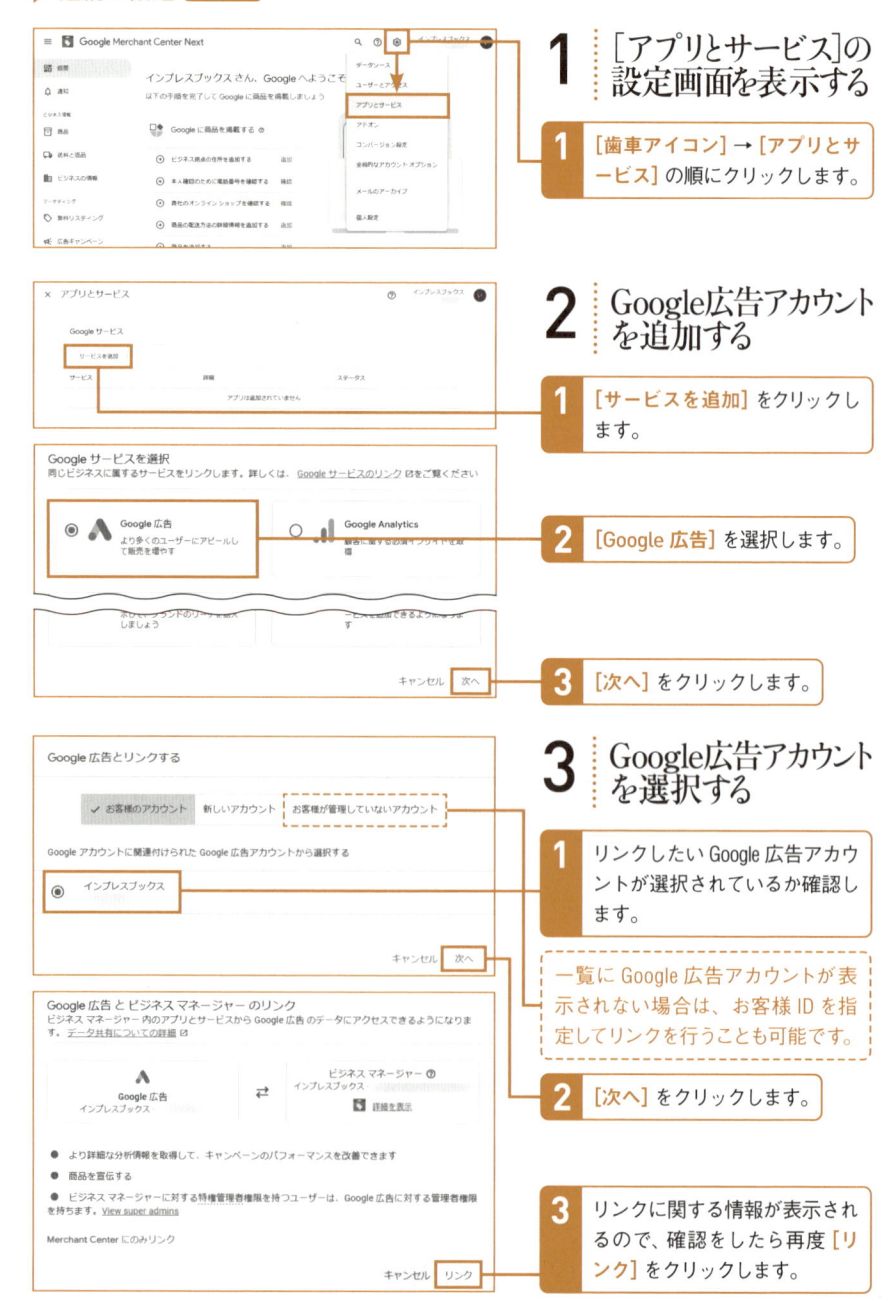

1 ［アプリとサービス］の設定画面を表示する

1 ［歯車アイコン］→［アプリとサービス］の順にクリックします。

2 Google広告アカウントを追加する

1 ［サービスを追加］をクリックします。

2 ［Google 広告］を選択します。

3 ［次へ］をクリックします。

3 Google広告アカウントを選択する

1 リンクしたい Google 広告アカウントが選択されているか確認します。

一覧に Google 広告アカウントが表示されない場合は、お客様 ID を指定してリンクを行うことも可能です。

2 ［次へ］をクリックします。

3 リンクに関する情報が表示されるので、確認をしたら再度［リンク］をクリックします。

[商品データの登録]

34 商品フィードを作成して 商品データの登録をする

このレッスンの ポイント

Google Merchant Centerへ商品データを一括登録して管理を するために、商品フィードを作成して商品データの一括アップ ロードを行う事が一般的です。各ECサイトが保有している商 品データから商品フィードを作成する方法について解説します。

⭕ 商品フィードは商品のステータスに合わせて更新する

ECサイトを運用していると、割引による 販売価格の変更、在庫切れや補充、新商 品の追加や販売終了商品の撤去などは日 常茶飯事です。こういった商品のステー タスが変化したら、商品フィードの更新 も合わせて行う必要があります。Google スプレッドシートやテキストファイルを 使った商品フィードの作成やアップロー ドをする手順をとる場合は、このように 商品の状況が変わるたびにファイルを更

新してアップロードを繰り返すのは現実 的ではありません。商品のステータスが 頻繁に変わる状況下では、商品のデータ ベースから商品フィードを生成する仕組 みが必要になってきますが、商品データ ベースの構造や管理の方法によってとれ る手段は千差万別なので、システム部門 と相談したり第三者が提供するデータフ ィード最適化ツールを導入したりするこ とが必要になります（**図表34-1**）。

▶ **国内でデータフィード最適化ツールを提供している主なベンダー（一部）** 図表34-1

ツール名	ベンダー名
dfplus.io	株式会社フィードフォース
DFO	ニフティライフスタイル株式会社
FEED STREAM	株式会社メタップスワン
Gyro-n DFM	株式会社ユニヴァ・ジャイロン

ショッピング広告は商品フィードをいかに効率よく更新 するかがカギです。広告を出すまでの仕組みづくりが大 変ですが、仕組みができてしまえば手はかかりません

◉ 利用しているカートシステムの仕様を確認する

ECサイトを構築・運営するにあたっては、ECサイトの基盤となるシステムを提供するサービス（ASPカートとも呼ぶ）を契約しているケースも多いかと思います。そのようなサービスを利用している場合は、商品フィードを意識することなく、商品データをGoogle Merchant Centerに自動アップロードして連携する機能が提供されていることが多いです。その場合はそれらのオプションを利用することで、商品フィードの作成を意識することなくショッピング広告を掲載することができます。連携の方法などについてはサービスを提供するベンダーに確認をしてみましょう。

▶ **Google Merchant Centerと連携可能な主なASPカート（一部）** 図表34-2

ASP 名	運営会社名
BASE	BASE株式会社
STORES	STORES株式会社
イージーマイショップ	株式会社システムリサーチ
futureshop	株式会社フューチャーショップ
MakeShop	GMOメイクショップ株式会社
ショップサーブ	株式会社Eストアー
Shopify	Shopify
らくうるカート	ヤマト運輸株式会社
カラーミーショップ	GMOペパボ株式会社
メルカート	株式会社エートゥジェイ

◉ Googleスプレッドシートを使って商品フィードを作成する

商品の在庫が潤沢にある、もしくは在庫切れが頻繁に起きないケースではGoogleスプレッドシートを利用してブラウザ上で商品フィードを作成するのが最も簡単です。

スプレッドシートはGoogle Merchant Centerを操作する流れの中で生成することが可能なので、事前にスプレッドシートを用意する必要はありません。

▶ **商品フィードの作成** 図表34-3

1 商品の追加画面を表示する

1 ［商品］をクリックします。

2 ［商品を追加］をクリックします。

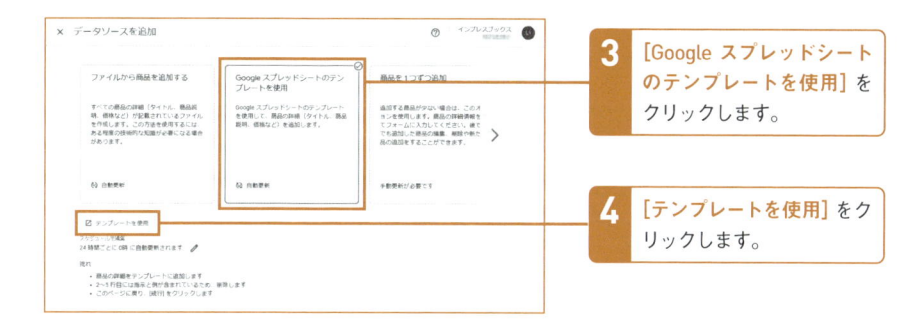

3 [Google スプレッドシートのテンプレートを使用] をクリックします。

4 [テンプレートを使用] をクリックします。

2 Google スプレッドシートが利用できるように アクセス権の設定をする

1 利用している Google アカウントをクリックします。

2 [すべて選択] をクリックします。

続いて表示される [続行] をクリックします。

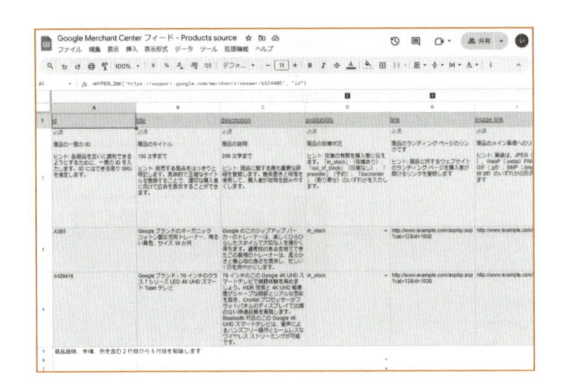

テンプレートが適用されたスプレッドシートが自動で開き、商品フィード作成の準備ができました。

⭕ 商品フィードに商品情報を登録する

Googleスプレッドシートとテンプレートを利用する場合は、6行目から商品の情報を登録していきます。1商品1行の形式で各属性に対応する属性値を設定していきます。

テンプレート2行目に記載されている説明欄に「必須」と記載されている属性は属性値を必ず登録する必要があります。

「任意（推奨）」と記載されている属性は必須ではないものの登録することで商品に関する情報が多く表示されたり、広告掲載時に有利になったりすることがあるため、余裕があれば属性値を登録していきましょう。任意項目は無理やり埋める必要はありません。記入が終わったら、2行目から5行目を削除します。

▶ 商品フィードの必須属性　図表34-4

属性名	概 要	最小要件の概要
Id	商品の固有の ID （最大：半角 50 文字）	Google Merchant Center内で管理するために必要な値で、重複しない値を指定する。商品ごとの出席番号のようなもの。SKUの値をIDに利用すると、広告に利用するデータと実際の商品データベースとの突き合わせが行いやすい
title	商品の名前 （最大：半角 150 文字）	商品名を記述する。「セール」「送料無料」「初回限定」といった宣伝文や特殊文字による装飾など、商品名と関係ない表現をすることはできない
description	商品の説明 （最大：半角 5,000 文字、 推奨：半角 500 文字）	商品に関する最も重要な詳細を登録する。title属性と同様「セール」「送料無料」「初回限定」といった宣伝文や特殊文字による装飾など、商品名と関係ない表現をすることはできない
availability	商品の在庫状況	商品の在庫状況を「in_stock」（在庫あり）、「out_of_stock」（在庫なし）、「preorder」（予約）、「backorder」（入荷待ち）の中から選択して記入する
link	商品のランディングページの URL	商品のランディングページのURLを記入する。Google Merchant Centerで確認したWebサイトのドメインと商品のランディングページのドメインが一致している必要がある

image_link	商品のメインの画像の URL	画像は、JPEG（.jpg/.jpeg）、WebP（.webp）PNG（.png）GIF（.gif）、BMP（.bmp）TIFF（.tif/.tiff）のいずれかの形式で用意する
price	商品の価格	商品の価格を記入する。価格はランディングページの表記と一致させる必要がある。消費税込みで記入し、価格の後ろに半角スペースと「JPY」を付け加える（例：5500 JPY）
Identifier_ exists	商品に、GTIN、MPN、ブランドがない場合に「no」を記入する	カスタムメイドまたは一点ものの商品、ヴィンテージ品やアンティークや古書など GTIN が導入される前に生産された商品など、gtin、mpn、brand の情報が存在しない場合に「no」と記入する。利用しない場合は空白のままにする
gtin	商品の国際取引商品番号（GTIN）（最大：50 文字の数字）	日本の製品の場合、JAN（日本/GTIN-13）の8桁または13桁の番号、ISBN-13（書籍）の10桁または13桁の番号（例: 4455582344、978-4455582341）を記入する
mpn	商品の製品番号（MPN）（最大：半角 70 文字）	販売する商品にメーカーが割り当てた製品番号（型番など）を記入する
brand	商品のブランド名（最大：半角 70 文字）	消費者が一般的に認識している商品のブランド名を記入する。販売者自身が商品を製造している場合は、自社ブランドの名前をブランドとして指定する。ブランドがない商品の場合、この項目は空白にする

任意だけれども登録しておきたい属性

ショッピング広告を掲載するだけならば必須属性のみ登録すれば良いですが、ショッピング広告の管理をしやすくしたり、Googleによって間違った商品分類がされることを事前に防いだりするために、追加で任意属性も対応しておきましょう。

▶ **任意だけれども登録しておきたい属性** 図表34-5

属性名	概　要	最小要件の概要
google_product_ category	Google の定める商品分類	Google が商品を把握するために利用する分類。基本的には自動で分類されるが、誤って分類されることがあるため、誤分類を防ぐ意味で分類を記入する。商品カテゴリの ID またはカテゴリへのフルパスのいずれかを記入する（例：家具 > ベッド・ベッド用品 > ベッド・ベッドフレーム） 最新の Google 商品カテゴリは次の URL を参照のこと ・Google 商品カテゴリ [google_product_category] - Google Merchant Center ヘルプ https://support.google.com/merchants/answer/6324436?hl=ja
product_type	ショッピング広告での商品分類に利用する（最大：半角750文字）	サイト上の商品分類など販売者が定めたカテゴリを記入する。階層は「>」で区切り、「>」の前後には半角スペースを挿入する（例：家具 > ベッド > 二段ベッド 、日用品 > 女性 > ドレス > マキシドレス）
custom_label_0 〜 custom_label_4	ショッピング広告での商品分類に利用する（最大：半角100文字、ラベル毎に 1,000 の固有値）	販売者が独自のラベルを付与して商品の分類をすることができる 例えば custom_label_0 に「季節限定」、「在庫一掃」、「販売率」といったテーマを決めておき、属性値にはテーマに沿った値を記入する

◯ 商品フィードにはその他にもたくさんの属性が存在する

商品フィードに利用できる属性は本レッスンで紹介したもの以外にも、アパレルなど商品のサイズやカラーのバリエーションがある商品向けの属性、複数個口売り、組み合わせ販売、セール価格表示など属性が多岐にわたって用意されています。

本書で紹介した以外の属性については、Google Merchant Centerのページをご確認ください。

▶ **商品データ仕様 - Google Merchant Center ヘルプ**
https://support.google.com/merchants/answer/7052112?hl=ja

👍 ワンポイント 商品フィードには正確な情報を多く登録する

商品フィードに記入する商品データは、その商品が何であるかをGoogleが理解するために利用されます。例えば商品フィードに記入された商品情報が少ない場合は、Googleからすればすりガラス越しに商品を見ている状態になり、「なんだか木製の家具っぽい感じだけれども『タンスのような収納家具』なのか『二段ベッド』なのか判断ができない」ということになりかねません。これを 図表34-6 のような別例で例えてみます。販売店AとBが全く同一の商品を販売している場合、本書をお読みいただいているあなたはどちらで購入したいと思うでしょうか？恐らくほとんどの方が、情報がきちんと表示されており安心して商品を購入できそうな販売店Aと考えるはずです。

商品データにはできるだけ正確な情報を登録しておくことで、検索語句との関連性を高めるだけでなく、ユーザーに安心して商品を選んでもらえる事につながります。

▶ **表示される情報量の差の例** 図表34-6

情　報	販売店 A の表示	販売店 B の表示
商品名	二段ベッド シングルサイズ	二段ベッド
販売価格	50,000円	50,000円
割引表示	10%の割引済み	表示なし
ブランド	○×家具	表示なし
材質	パイン材	表示なし
ポイント	1%ポイント還元	表示なし
送料	送料無料	表示なし

35 ［ショッピング広告の初期設定］
ショッピングキャンペーンの
初期設定と入札戦略のおすすめ

**このレッスンの
ポイント**

Google Merchant Centerの初期設定が完了したら、ショッピング広告が掲載できるようにショッピングキャンペーンの初期設定を行っていきます。従来の検索広告と異なり、キーワードや広告の設定は不要です。

⭕ ショッピングキャンペーンの追加

Google Merchant Center の設定が完了したら、いよいよGoogle広告の管理画面からショッピング広告を設定します。Google広告ではキャンペーンタイプがショッピングのショッピングキャンペーンを設定することでショッピング広告の掲載ができるようになります。

▶ ショッピングキャンペーンの設定 図表35-1

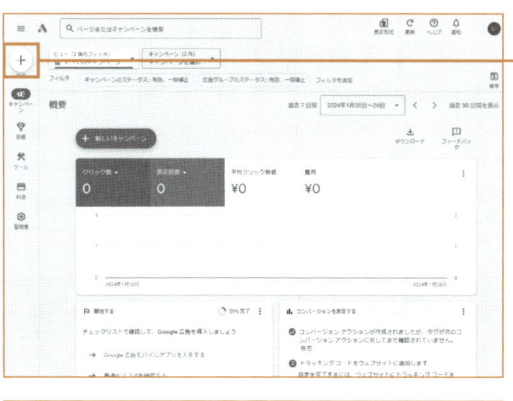

1 キャンペーンの
追加を行う

1 ⊕ボタンをクリックします。

2 ［キャンペーン］をクリックします。

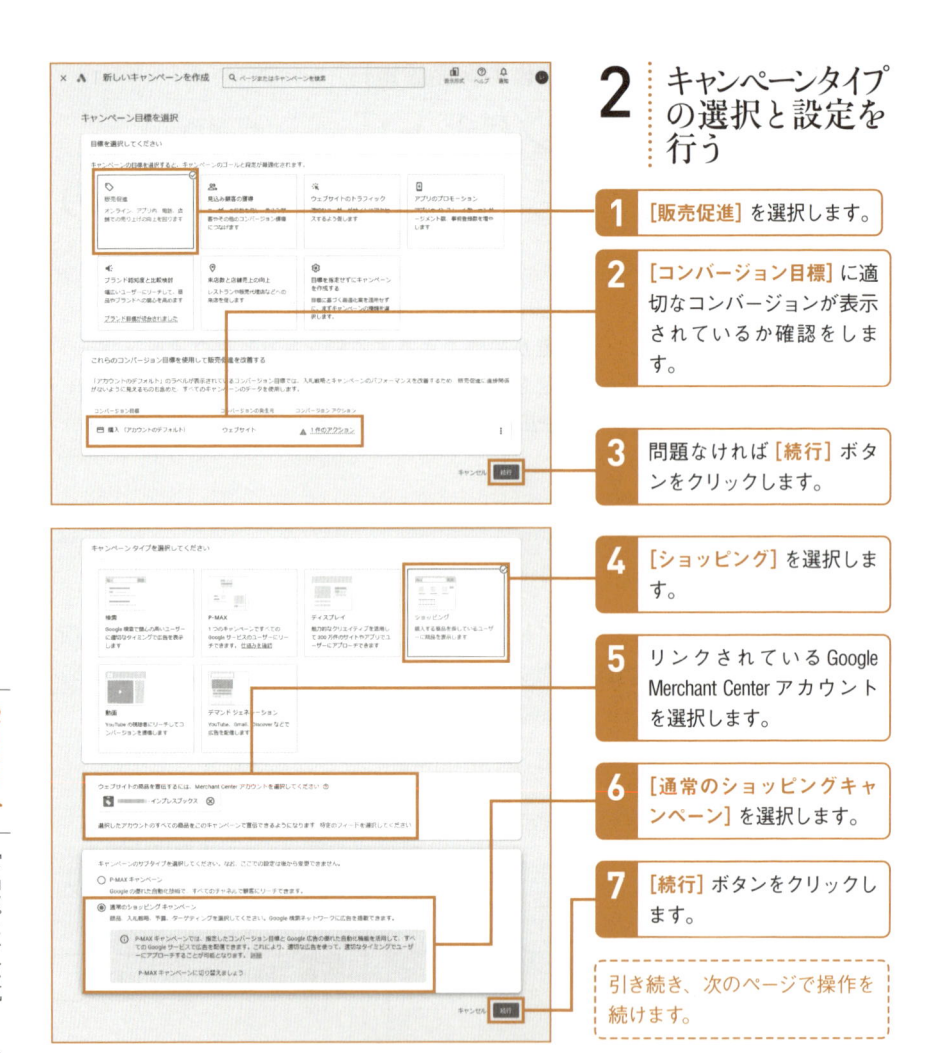

2 キャンペーンタイプ の選択と設定を 行う

1 [販売促進]を選択します。

2 [コンバージョン目標]に適切なコンバージョンが表示されているか確認をします。

3 問題なければ[続行]ボタンをクリックします。

4 [ショッピング]を選択します。

5 リンクされているGoogle Merchant Centerアカウントを選択します。

6 [通常のショッピングキャンペーン]を選択します。

7 [続行]ボタンをクリックします。

引き続き、次のページで操作を続けます。

👍 ワンポイント ECサイトの広告評価はROASで行う

ECサイトの中でも多種多様な商品を扱う総合ECサイト場合は、広告の評価をコンバージョン単価ではなくROASで評価することがおすすめです。総合ECサイトでは扱っている商品の価格もそれぞれ異なるため、広告の成果が目標とするコンバージョン単価以下だとしても ROASが80%では赤字になってしまいます。一方で単品通販のようにLTVを加味して目標設定を行うケースもあるので、扱う商品やビジネスの目標に応じて評価方法を決定することが重要です。

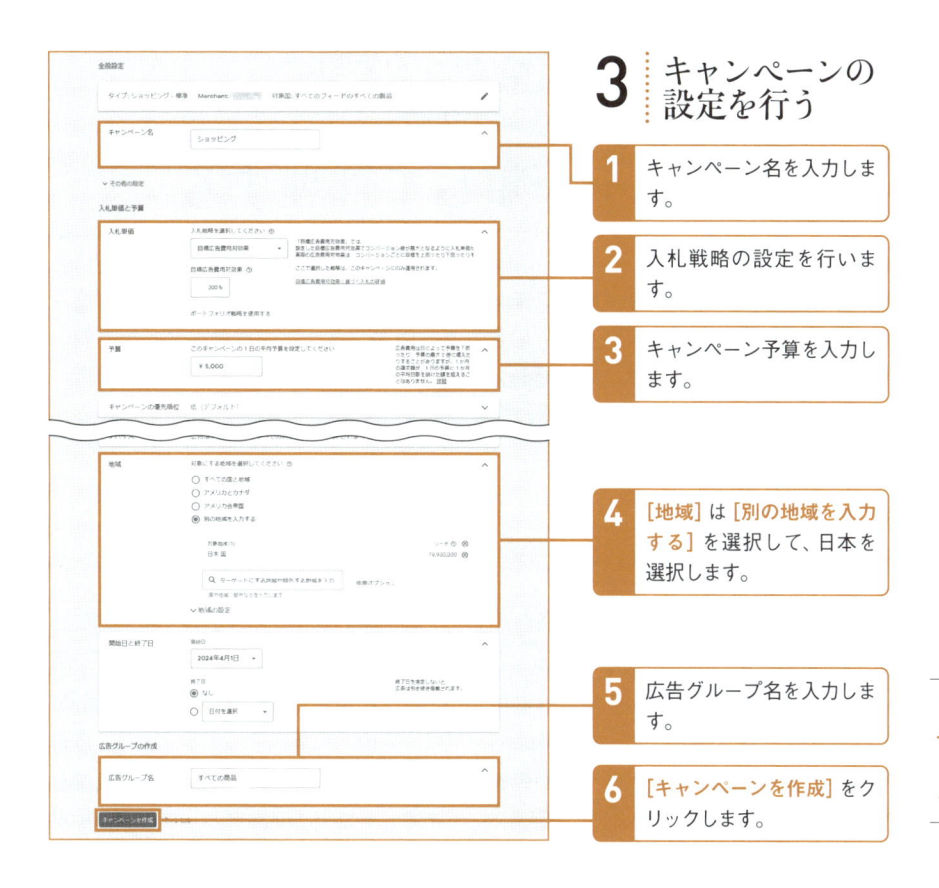

3 キャンペーンの設定を行う

1 キャンペーン名を入力します。

2 入札戦略の設定を行います。

3 キャンペーン予算を入力します。

4 ［地域］は［別の地域を入力する］を選択して、日本を選択します。

5 広告グループ名を入力します。

6 ［キャンペーンを作成］をクリックします。

⭕ ショッピング広告で利用可能な入札戦略とおすすめ

ショッピング広告で利用できる入札戦略は **図表35-2** で示す3つの入札戦略になります。検索広告やディスプレイ広告と異なり、コンバージョン数の最大化とコンバージョン値の最大化の入札戦略は選択できません。また、個別クリック単価制における拡張クリック単価を使ってコンバージョンを増やすオプションも2023年10月に機能提供が終了しているため、コンバージョンを増やす働きを持つ入札戦略として利用できる目標費用対効果を利用することをおすすめします。

▶ ショッピング広告で利用可能な入札戦略 図表35-2

入札戦略の種類	入札戦略	概　要
自動入札戦略	目標広告費用対効果	ROASを維持しながら、コンバージョン値を最大化できるように入札単価を自動的に調整する
	クリック数の最大化	クリック数を最大化できるように入札単価を調整する
個別入札戦略	個別クリック単価制	広告に独自の上限クリック単価を設定する

36 商品グループで 商品を分類して管理する

このレッスンの ポイント

ショッピングキャンペーンでは、商品グループという単位で管理をしていきます。商品グループでは商品フィードの属性ごとに商品を自由にまとめることができ、入札やレポーティングを行うことができます。

○ 管理は商品グループで行う

ショッピングキャンペーンでは、初期設定のままキャンペーンを作成すると、広告グループの中に、Google Merchant Centerで設定した商品フィードの商品すべてが、「すべての商品」という1つのまとまった形で登録されます（**図表36-1**、**図表36-2**）。このままショッピング広告を掲載することも可能ですが、このままの設定ではすべての商品が同じ入札単価で設定されてしまいます。当然、商品価格

や利益率の関係から、広告を積極的に出していきたいカテゴリやそうではないカテゴリがあるはずです。「すべての商品」に一律の入札設定をしたままでは、広告の投資対効果を高めることは難しくなります。そこで、商品グループという概念を使って、広告を積極的に出すカテゴリやそうでもないカテゴリに分類することで、広告予算を効率よく割り振ることができるようになります（**図表36-3**）。

▶ **商品グループの一覧** 図表36-1

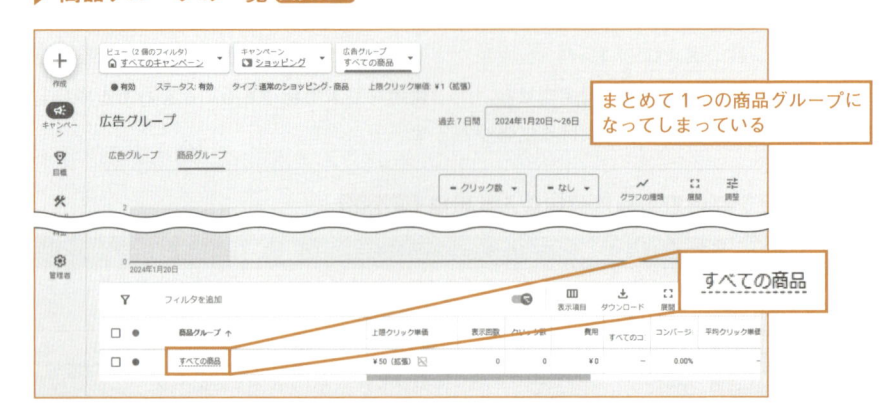

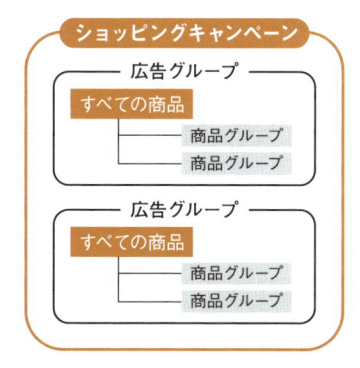

○ 商品グループの編成を行う

▶ 商品グループの編成 図表36-3

1 商品グループの区分を追加する

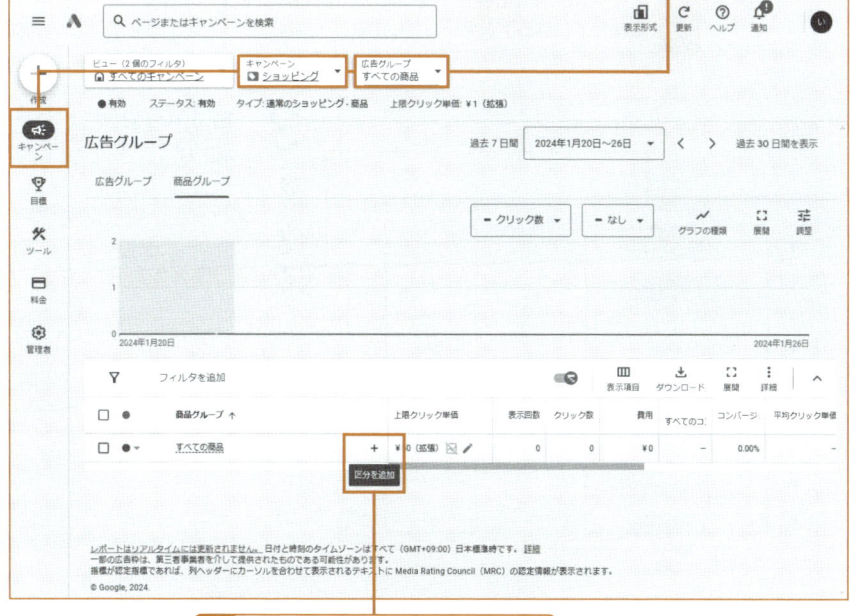

1 [キャンペーン] → [ショッピング] → [すべての商品] を開きます。

2 ⊞（区分を追加）をクリックします。

2 ｜ カテゴリを選択する

1 [カテゴリ] を選択します。

2 すべての項目にチェック マークを付けます。

3 入札単価は後ほど変更できるので、[入札単価を 編集せずに保存] をクリックします。

3 ｜ 商品のカテゴリが 細分化される

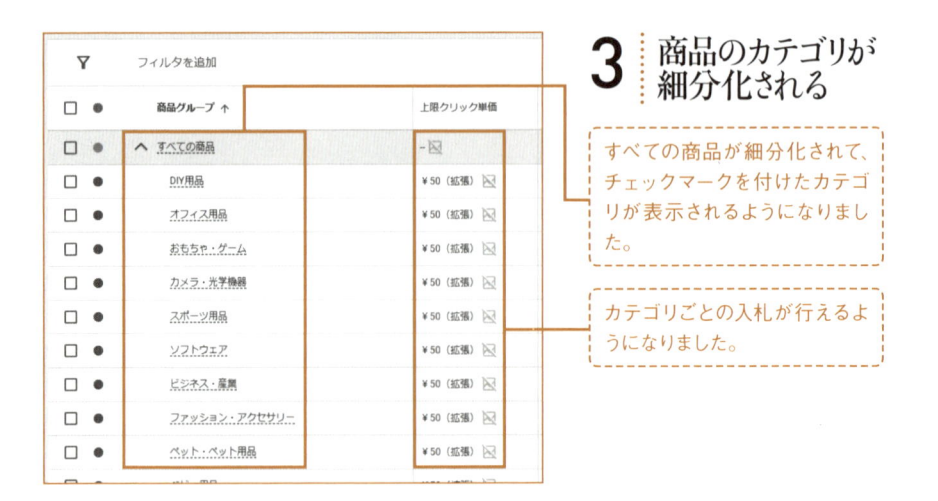

すべての商品が細分化されて、 チェックマークを付けたカテゴ リが表示されるようになりまし た。

カテゴリごとの入札が行えるよ うになりました。

商品グループの編成は商品フィードの属性を使う

商品グループで指定できる分割方法は、商品フィードで使われている属性の一部のものです。手順2で紹介した［カテゴリ］は商品フィードのgoogle_product_category属性を基準として商品グループが構成されます。［ブランド］はbrand属性の値、［商品カテゴリ］はproduct_category属性の値、［カスタムラベル］はcustom_label_0〜4属性の値を使って分類することができます。入札やレポーティングは商品グループ単位で行う仕組みのため、商品グループをどう編成するかで成果が変わってきます。

商品グループは細分化することができる

例えば、DIY用品の中でも「工具」は売れるからもう少し入札額を高くして広告をもっと表示したい、部材などの「DIY小物類」は利益率が低いので、入札額を安くして広告の表示を抑えたいというような管理を行いたい場合もあるでしょう。商品グループは細分化による階層化が可能なので、状況に応じて設定の検討をすると良いでしょう（図表36-4）。

▶ **細分化による階層化が可能** 図表36-4

細分化をすればするほど細やかな管理をすることが可能ですが、管理が煩雑になってしまいがちです。細分化を行う場合は、特にコンバージョンが発生している商品グループや、注力して販売したい商品グループなどに絞りましょう

[レポートを使いこなそう]

37 ショッピングキャンペーンの分析と確認するべきレポート

**このレッスンの
ポイント**

ショッピングキャンペーンでは、検索キャンペーンとは異なる仕組みで広告が表示されるため、確認できるレポートや分析方法も異なります。ここではショッピングキャンペーンで確認するべきレポートやその中で見るべき指標とポイントについて解説します。

◯ ショッピングキャンペーンで確認するべきレポート

ショッピングキャンペーンでは商品ごとの成果を確認できる［商品レポート］、商品を独自に分類した［商品グループレポ

ート］、広告の表示につながった検索語句が確認できる［検索語句レポート］の3つを確認することができます。

▶ 商品レポート

商品レポートは商品ごとの広告成果を確認することができるレポートです。「商品」「カテゴリ」「ブランド」「商品タイプ」「カスタムラベル」といった商品や分類

ごとに分析を行うことができるので、どこに広告予算を配分するべきかを検討するために活用することが可能です（図表37-1）。

▶ 商品レポートの確認方法 図表37-1

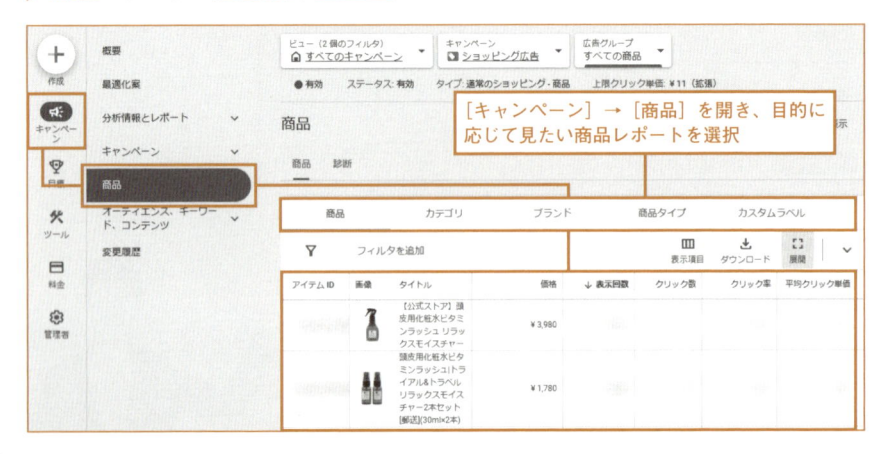

[キャンペーン] → [商品] を開き、目的に応じて見たい商品レポートを選択

◯ 商品グループレポート

商品グループレポートは広告グループ単位で分類された商品グループごとに広告成果を確認することができるレポートです（**図表37-2**）。商品レポートでは確認できない分類ごとの数値を確認する場合に利用します。

また、商品グループレポートではショッピングキャンペーン独自のレポート指標として「ベンチマークの上限クリック単価」と「ベンチマークCTR」が提供されます。商品グループレポートを分析する場合は、これらの指標に加えて［検索広告のIS損失率（ランク）］を使って分析すると良いでしょう。

▶ ベンチマークの上限クリック単価

他の広告主が類似商品の広告で提示しているおおよその入札単価を示します。個別クリック単価制の入札戦略を利用していて、ベンチマーク上限クリック単価が自社の上限クリック単価設定を大幅に上回っているか大幅に下回っている場合は、入札単価の調整を検討します。

▶ ベンチマークCTR

類似する商品の広告におけるおおよそのクリック率です。現在のクリック率と比べてベンチマークCTRが大幅に上回っている場合は、入札単価の調整や商品フィードで設定する商品データの商品画像やタイトルの変更を検討します。

▶ 検索広告のIS損失率（ランク）

広告ランクの低さが原因で、広告が表示されなかった回数の割合です。IS（インプレッションシェア）損失率を低くして広告表示頻度を増やすためには、入札単価の調整や商品フィードで設定する商品データの商品画像やタイトルの変更を検討します。

▶ 商品グループレポートの確認方法 **図表37-2**

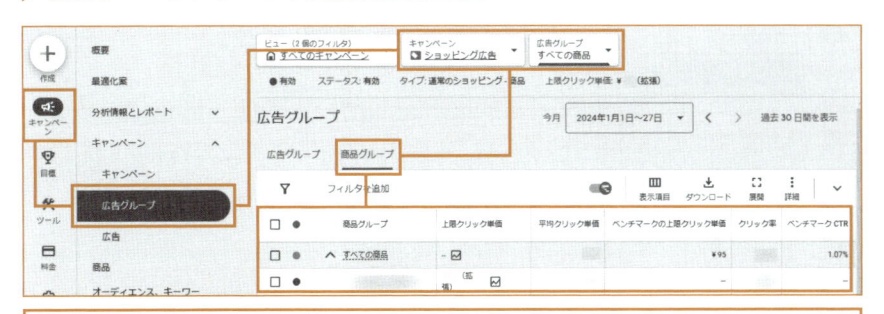

［キャンペーン］→［広告グループ］を開き、［ショッピング広告］と［すべての商品］を指定。最後に［商品グループ］を選択

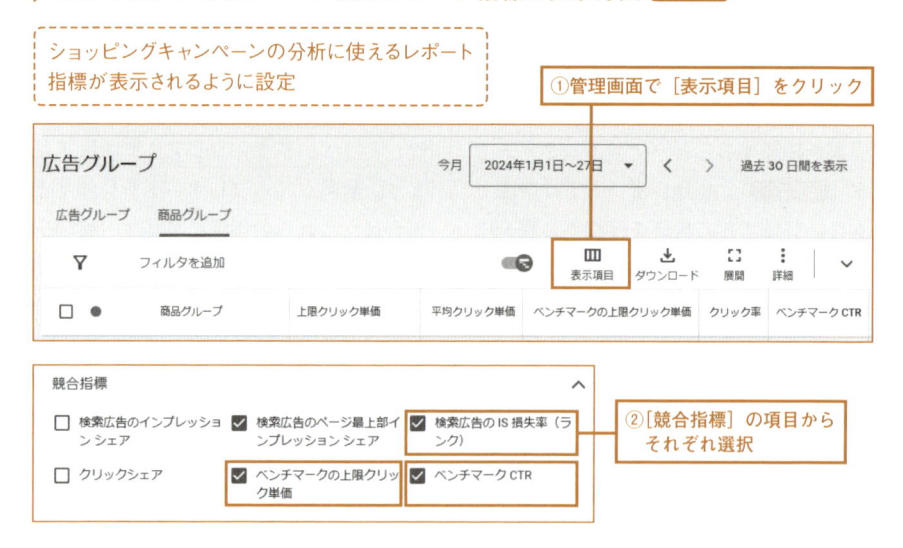

① 管理画面で［表示項目］をクリック

② ［競合指標］の項目から それぞれ選択

○ 検索語句レポート

ショッピング広告ではキーワードの設定が不要なため、広告として掲載している商品に対して狙った検索語句で広告が掲載されているのかといった確認や分析は欠かせません。どのような検索語句で広告が表示されたかを検索語句レポートを使って定期的に確認してみましょう。商品と関係ない語句は除外設定を行い、狙った検索語句で広告が表示されていない場合は、商品フィードで設定する商品データの情報を充実させる、タイトルの変更検討をするなどします。

▶ **検索語句レポートの確認方法** 図表37-4

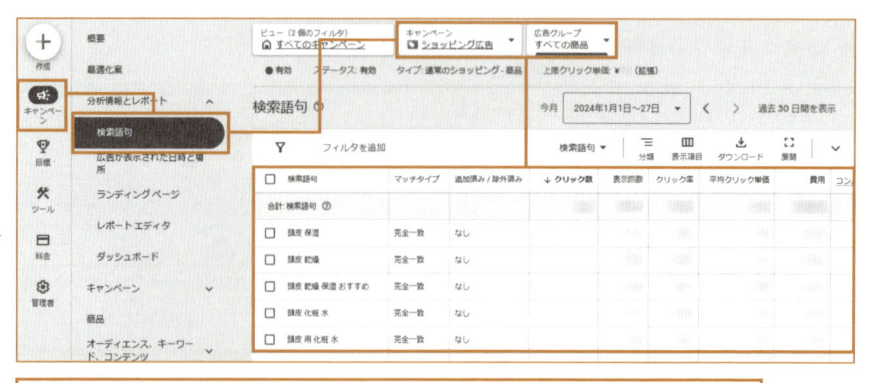

［キャンペーン］→［検索語句］を開き、［ショッピング広告］と［すべての商品］を指定

[運用のコツ]

38 ショッピングキャンペーンの運用のコツ

このレッスンのポイント

ショッピングキャンペーンでは商品グループやキーワード除外など、管理画面上で行える運用は多くありません。検索キャンペーンにおけるキーワードと広告の代わりが商品フィードになるため、商品フィードの修正を継続的に行うことが成功の秘訣です。

○ Google広告の管理画面上で操作できるレバーは少ない

Google広告の管理画面上でショッピングキャンペーンの成果を最大化させるためにできることとしては「入札」「商品グルーピング」「キーワードの除外」程度しかありません。入札を強化しても広告が思ったように表示されない、クリック率を高めるために商品のタイトルや画像を変えたいなどの場合は、商品フィードを修正してGoogle Merchant Center上の商品データを変更するしか道はありません。

○ 商品フィードを修正して広告の品質を高める

ショッピング広告においても検索広告と同様に広告ランクの算出には「広告の品質」が考慮されます。商品フィードを修正することで広告の品質を高めることができるので、**図表38-1** を参考に商品フィードを修正してGoogle Merchant Center上の商品データを充実させましょう。

▶ **広告品質を構成する要素と商品フィードの修正ポイント** **図表38-1**

要　素	商品フィード修正のポイント
推定クリック率	タイトル、商品画像、価格などを修正して魅力的にする
広告の関連性	商品に関する情報を網羅する※
ランディングページの利便性	商品詳細ページの利便性を高める

※レッスン34のワンポイントで詳細を解説しています

⚪ 商品のタイトルは全体が表示されない前提で考える

ショッピング広告は、同時に表示される商品数によって表示情報の分量が変わります。特にタイトル（title属性に入力する値）は、最大で全角75文字（半角150文字）まで設定できるものの、表示されるのは全角10〜30文字程度です。つまりほとんどの情報は表示されません。そこで、ブランド名や商品名といった重要な情報はできるだけ前方に配置し、サイズやカラーといった付加的な情報は後半に置くといった工夫が必要です（図表38-2）。

▶ **その商品が選ばれるために必要な情報は何かを考える** 図表38-2

⚪ 商品データには不要な情報を詰め込まない

商品のタイトル全体が表示されることはないことから、見えない情報は含めなくて良いというわけでもありません。広告として表示されない商品データは、Googleがその商品を理解しユーザーの検索語句に関連した商品を表示させるために使います。

では、できるだけ広告表示をさせるために、「さまざまな情報をできるだけ詰め込めば良いのか？」と問われれば答えはノーです。商品と関係ない情報が多いと、Googleは商品について理解するのが困難になってしまいます。例えば商品が「2人掛けソファ」であるときにタイトルが

「ソファ　グリーン　子供用　大人用　新生活　1人用　2人用」とした場合はどうでしょう。少し考えれば緑色のソファで子供にも大人にもフィットする2人掛けであろうことはわかりますが、子供用なのかそうではないのか、1人掛けソファなのか2人掛けソファなのかはテキストから判断できません。必要以上の情報が加わってしまうとGoogleが認識する商品像がぼやけてしまうため、このような場合はシンプルに「ソファ　グリーン　2人掛け」くらいにしてしまったほうが商品としては理解しやすいです。

◯ その商品が選ばれるために必要な情報は何かを考える

タイトルを修正するにあたっては、常に「この商品を選ぶ人はどのような情報が必要か？」「商品を購入するときの判断基準は何か？」を意識しておく必要があります。例えば「ダイニングテーブル」の購入を検討しているのであれば、「何人で使うか」「サイズはどのくらいか」「材質は何か」「色味はどんな感じか」といった情報があると選ばれやすそうです。

ユーザーが検索した検索語句によって表示される商品は変わってくるため（図表38-3）、「どのような検索語句で検索されてどのような基準で選ばれるか？」を常に意識してタイトルを修正しましょう。繰り返しになりますが、特定の検索語句で表示をさせたいがために、関連性の低い情報を詰め込むことは逆効果になる可能性もあります。

▶ **検索語句の違いによる広告表示の違いの例** 図表38-3

検索意図に合った商品が表示される

⬤ 商品グループを活用する

レッスン 36 では、商品グループを細分化することで、入札単価の調整も細かくできることを説明しました。商品グループの細分化の際に指定できるものは、商品フィードに使われている属性の一部です。図表38-4 は、ショッピング広告の商品グループを構成するときに利用できる主な属性です。このうち、カテゴリ（google_product_category 属性）、ブランド（brand 属性）、アイテム ID（id 属性）、状態（condition 属性）は商品によって記入できる値が決まっています。例えばダイニングテーブルをキッチン収納というカテゴリに設定するには不適切ですし、A というブランドを B というブランドとしてまとめることも不適切ですよね。一方で、商品カテゴリ（product_type 属性）とカスタムラベル（custom_label_0 〜 custom_label_4）は、広告主が自由に記載することができます。商品グループを構成しやすくなるので、ぜひ活用してみましょう。

▶ **商品グループで細分化に利用できる項目** 図表38-4

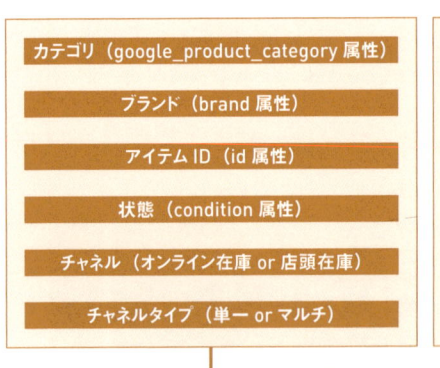

カテゴリ（google_product_category 属性）	商品カテゴリ（product_type 属性）
ブランド（brand 属性）	カスタムラベル（custom_label_0~4 属性）
アイテム ID（id 属性）	
状態（condition 属性）	
チャネル（オンライン在庫 or 店頭在庫）	
チャネルタイプ（単一 or マルチ）	

商品によって入力される値が決まっている項目

広告運用をしやすくするため柔軟に変更できる項目

複数の項目を使って商品グループを細分化すると管理が煩雑になり、商品グルーピングの意図がわかりにくくなったり分析を行いにくくなったりします。利用する項目は1〜2個程度に絞って細分化するようにしましょう

● 商品カテゴリ（product_type属性）で独自の商品分類を行う

商品カテゴリ（product_type属性）は広告主が自由に商品を分類できる属性です。家具を販売するECサイトの例で考えてみましょう。そのサイトで取り扱っているソファには1人掛けや1.5人掛けなどサイズのバリエーションがあり、サイズごとにレポートを確認したり、入札を調整したりしたいとします。カテゴリ（google_product_category属性）で細分化した場合、Googleの商品分類に従います（図表38-5）。最も階層の深いカテゴリは「家具 > ソファ」となり、ソファのサイズに応じて入札単価を変えることはできません。そこで活躍するのが商品カテゴリ（product_type属性）です（図表38-6）。この属性は広告主が自由に商品を分類できるので、商品フィードを使って「家具 > ソファ > 1人掛け」と「家具 > ソファ > 1.5人掛け」などとして分類しておけば、それぞれの商品グループごとに独自の分類を行うことができるようになります。

▶ カテゴリ（google_product_category属性）での分類 図表38-5

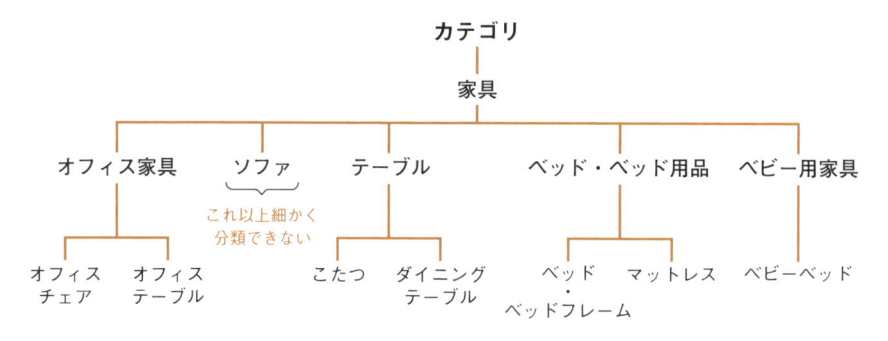

▶ 商品カテゴリ（product_type属性）での分類 図表38-6

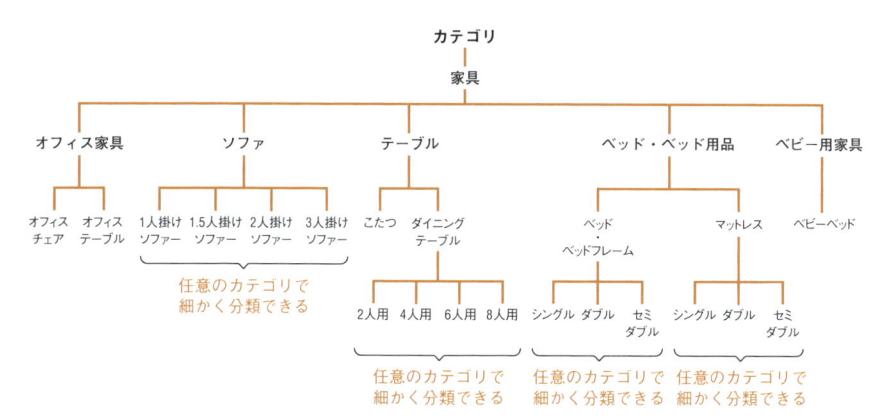

⭕ カスタムラベルに独自の属性を盛り込む

カスタムラベルを使うと商品ごとに独自の属性を持たせることが可能になります。例えば、「低利益率」「高利益率」といった利益率での分類や販促キャンペーンの有無や分類、メディアの露出など、販売者独自の分類をするためにこの属性を活用することができます。

カスタムラベル属性は、custom_label_0からcustom_label_4までの5つまで使うことが可能です。最大で全角50文字（半角100文字）、custom_label_0からcustom_label_4までそれぞれの属性で最大1,000個の固有値が設定できます。

▶ カスタムラベルの適用例 図表38-7

カスタムラベル	属性使用目的例	学習机	オフィスチェア	2人掛けソファ
custom_label_0	利益率	高利益率	低利益率	
custom_label_1	キャンペーン	新入学フェア		新生活フェア
custom_label_2	メディア露出		SNS	テレビCM
custom_label_3	機能			撥水
custom_label_4	区分	プロパー	アウトレット	セール

> ショッピング広告の成果を高めるために、商品カテゴリやカスタムラベルを使い、広告の分析や適切な予算配分、入札の調整が行えるようにしましょう！

Chapter

5

［ディスプレイ広告］
圧倒的多数のユーザー
に接触できる

検索広告とは異なり、視覚に訴える広告を使ったアプローチができるディスプレイ広告を学んでいきます。Webサイトの閲覧中に目にする広告がどのように配信されているのかを理解して、自社に合ったターゲティングとクリエイティブを考えていきましょう

ディスプレイ広告の特徴と配信面

このレッスンの
ポイント

ディスプレイ広告の特徴と配信面を学んでいきます。どのような面に配信されるのかを理解した上で、自社の広告の目的に合っているか、すぐに広告配信ができるかを検討しましょう。

○ 普段閲覧しているサイトに広告が表示されるディスプレイ広告

ディスプレイ広告を利用すると、YouTubeやGmailといったGoogleのサービスに加え、ニュースサイトや情報サイトなど広告パートナーとなる3,500万ものWebサイトやアプリから構成されるGoogleディスプレイネットワーク（GDN）上に広告を表示できることが特徴です。ディスプレイ広告は、広告主がアップロードしたテキスト、画像、ブランドロゴ、動画をGoogle AIが組み合わせて生成するレスポンシブディスプレイ広告フォーマットが採用されています。過去の掲載実績などを考慮して

広告枠や表示可能なサイズに応じて最適な組み合わせが決定されるため、高い視覚的な広告フォーマットを使いながらも、広告費用対効果や広告表示機会の最大化が両立できる仕組みになっています。ディスプレイ広告のターゲティングは全自動でターゲティングする、人をターゲティングする、広告配信面をターゲティングするなど多様な設定が可能なため、潜在的な顧客から購入間近の顧客まで幅広いユーザーにアプローチできるのがディスプレイ広告の魅力です。

▶ 検索広告とディスプレイ広告の違い 図表39-1

広告形式	特　徴	強　み
検索広告	ユーザーが検索したキーワードに連動して表示される	・顕在層へのアプローチ ・ニーズが明確なユーザーに直接訴求
ディスプレイ広告	Webサイトやアプリ上に視覚的なフォーマットで表示される	・潜在層へのアプローチ ・視覚的な訴求 ・幅広いリーチ

⭕ ディスプレイ広告の配信面

▶ ニュースサイトなどのWebサイト 図表39-2

▶ YouTube動画再生画面やGmailなどのGoogleサービス 図表39-3

▶ モバイルアプリ 図表39-4

 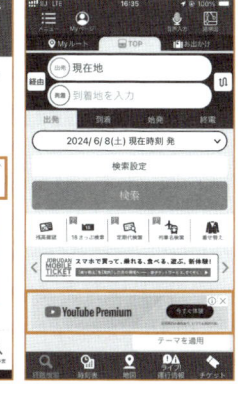 

[ディスプレイ広告の基礎知識②]

40 ディスプレイ広告における掲載順位の決定の仕組み

**このレッスンの
ポイント**

ディスプレイ広告の掲載順位は検索広告と同様に広告ランクによって決定されます。しかしながら、掲載される広告が決定するまでに複数のオークションが発生するため、仕組みが少々複雑です。本レッスンでは、広告オークションの流れについて解説します。

⭕ ディスプレイ広告の表示順位は広告ランクで決定する

ディスプレイ広告の表示順位は、検索広告と同じように、オークションで決まります。オークションでは、広告主が自分の広告を表示したい場所やターゲット層などを指定し、その条件に合う広告枠に入札します。そして、入札額だけでなく、広告の品質や関連性なども考慮した総合的な評価指標である広告ランクが高い広告が、より良い場所に表示される仕組みです（図表40-1）。

検索広告と同様に広告ランクの算出には、広告の品質やランディングページの品質、入札単価、広告フォーマットの効果などに基づきます。

▶ **ディスプレイ広告の表示順位の決定イメージ** 図表40-1

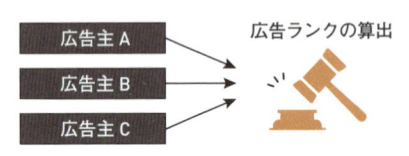

広告ランクの算出

広告主	広告ランク	表示順位
A	100	3位
B	500	1位
C	300	2位

⭕ ディスプレイ広告はGoogle以外の広告と競合する

Google広告の検索広告は、Google広告を使っている広告主と競合しますが、ディスプレイ広告の場合は、Googleディスプレイネットワークだけでなく、Criteoなど別の広告ネットワークから配信されるディスプレイ広告と競合することもしばしばあります。つまり、ディスプレイ広告は、Google広告だけでなく、他の広告ネットワークから配信される広告とも競争しながら、掲載機会を獲得しているのです（図表40-2）。

⭕ ディスプレイ広告のオークションは複雑になっている

検索広告では、第1章で説明したオークションという仕組みで広告費が決まりますが、ディスプレイ広告はGoogle広告内部だけでなく、他の広告ネットワークとも競合するため、仕組みが少し異なります。

まず、Google広告内で行われるオークションで、広告の表示順や掲載費用が暫定的に決まります。このオークションでは、広告ランクが高い広告ほど、上位に表示されやすくなります。

次に、Google広告以外の広告ネットワークが参加するオークションが行われます。このオークションでは、Google広告内の

オークションで決まった掲載費用を参考に、最終的な表示順と掲載費用が決定されます。ただし、Google広告で設定した上限クリック単価や上限インプレッション単価を超えることはありません。

クリック単価で入札した場合、Google広告は、他の広告ネットワークで使われることの多いインプレッション単価（CPM：広告1,000回表示あたりの費用）と合わせるために、クリック単価を実効インプレッション単価（eCPM）に換算した実効インプレッション単価（eCPM）を用いてオークションに参加します。

▶ ディスプレイ広告におけるオークションの仕組みの例 図表40-2

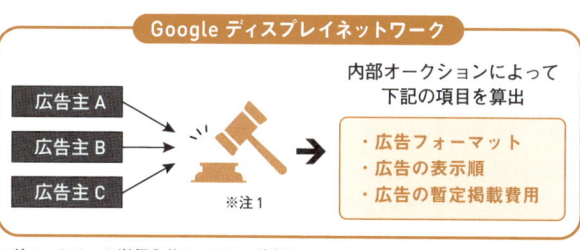

※注1：クリック単価入札は eCPM に換算した上で　オークションが実施される

検索広告で採用されているセカンドプライスオークションと異なり、オークションが実施される広告枠によって実際の広告費の決まり方が変わります。広告費が決定するまでの細かな仕組みは公開されていないため、広告が表示される仕組みまでを理解しておくと良いでしょう

ターゲティングは人か面か

**このレッスンの
ポイント**

ディスプレイ広告は誰に対してどのような場面で広告を見せるか？が重要です。どのような要素に基づいてターゲティングができるのか、また、どのような場所に広告を表示することができるかについてしっかり学びましょう。

○ ターゲティングするのは人か面か

ディスプレイキャンペーンを使用すると、膨大な数のWebサイトやモバイルアプリ、動画コンテンツからなるGoogleディスプレイネットワークに広告が表示されます。多くの表示機会を得られる魅力的なディスプレイ広告では、「誰に広告を見せるか、どこで広告を見せるのか」を選ぶことができ、これを「ターゲティング」と呼びます。

ディスプレイ広告では、年齢や性別、興味関心などのユーザー属性に合わせて広告を配信できる「オーディエンスターゲティング」と、キーワードやトピック、プレースメント（掲載先となるURLの直接指定）などの要素に基づいて、ディスプレイネットワーク上で関連性の高いサイトに広告を表示する「コンテンツターゲティング」の2つのターゲティングを利用することができます。オーディエンスやコンテンツだけターゲティングすることもできれば、これらを組み合わせたターゲティングもすることができるのが特徴です。

加えて、これらのターゲティングもすべて自動で行う最適化されたターゲティングを利用することもできるので、どんなターゲティングを行えば良いかわからないといったケースではGoogleのAIを活用して最適化されたターゲティングを任せてみることも可能です。

ディスプレイ広告では、誰に、どこで広告を見せるかが重要になります。商品やサービスの購入・利用につながりそうな理想の顧客像を具体的にイメージし、その顧客が普段どのようなWebサイトやアプリを利用しているかを想像しながらターゲティング設定を行いましょう

ターゲティングとセグメント

先述のように、「誰に広告を見せるか、どこで広告を見せるのか」を選ぶことをターゲティングと呼びます。一方、ターゲティングの対象となる「誰」や「どこ」といった特定の条件を満たすユーザーや広告枠のグループを「セグメント」と呼びます。

セグメントは、ユーザーの年齢や性別、興味関心、地域、Webサイトのトピック、キーワード、ページのURLなど、さまざまな要素で定義できます。例えば、「20代女性で美容に関心があるユーザー」や「旅行関連のWebサイト」といったものがセグメントとして考えられます（**図表41-1**）。ディスプレイ広告では、広告の目的に応じてどのようなセグメントを抽出してターゲティングし、どのような広告を見せるかを常に考えながら運用していくことがとても大切です。

▶ ターゲティングとセグメントのイメージ 図表41-1

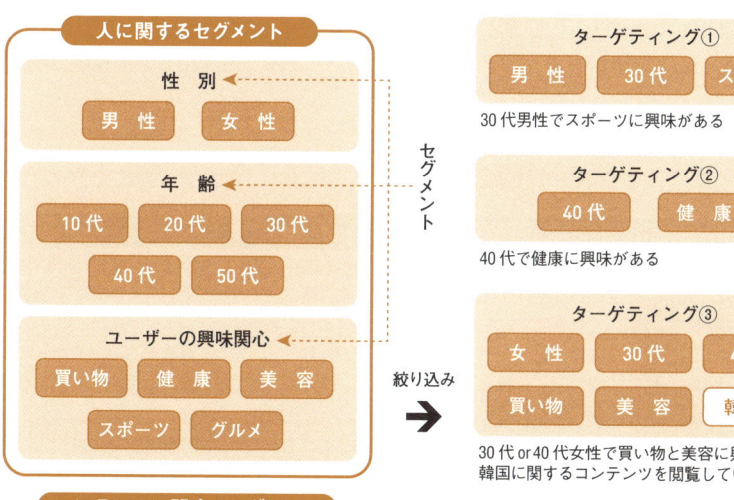

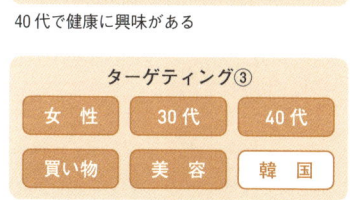

30代or40代女性で買い物と美容に興味があり、韓国に関するコンテンツを閲覧している

男性で健康に興味があり、運動のトピックに分類されるWebページや動画を閲覧している

旅行のトピックに分類されるコンテンツや韓国に関するコンテンツを閲覧している

⭕ 人をターゲティングするためのオーディエンスセグメント

セグメントのうち、人に関するセグメント群のことを「オーディエンスセグメント」と呼び、Google広告では「アフィニティセグメント」「購買意向の強いセグメント」などを組み合わせてターゲティングを行うことが可能です。またこれらを組み合わせて1つのセグメントにまとめる「統合セグメント（組み合わせのセグメント）」を作成することも可能です（図表41-2）。

⭕ コンテンツをターゲティングするコンテンツセグメント

セグメントのうち、キーワードや特定のトピック、または、特定のURLやアプリを直接指定して広告を表示するためのセグメント群を「コンテンツセグメント」と呼び、Google広告では、このターゲティング方法を「コンテンツターゲティング」と呼んでいます。

Google広告では、「キーワード」「（Googleがラベリングした）トピック」などを指定することができ、ユーザーがブラウザなどを通して特定のコンテンツを閲覧している状況（＝コンテキスト）をターゲティングすることができます（図表41-3）。

▶ オーディエンスセグメント 図表41-2

セグメント名	詳細
アフィニティセグメント	スポーツやフィットネスといった興味関心、ライフスタイル、買い物を頻繁にするなどといった習慣などの全体像に基づいてユーザーに広告を表示することができる
購買意向の強いセグメント	広告する商品やサービスに似たものを探していたり、具体的な商品やサービスのカテゴリに対して購入を前向きに検討していたりするユーザーに広告を表示することができる
カスタムセグメント	広告する商品やサービスに関するキーワード、特定ページのURL、モバイルアプリ名を入力することで、広告目的を達成しそうなユーザーを自動的に選択し、広告を表示することができる
データセグメント	過去に自社のWebサイトやアプリにアクセスしたユーザーやコンバージョンを達成したユーザー、YouTubeチャンネルの登録者や動画視聴ユーザーなどに対して広告を表示できる、リマーケティングと呼ばれるセグメント。例えば、ECサイトの広告であれば、「過去に自社サイトで商品を閲覧したユーザー」というセグメントをターゲットにすることができる
詳しいユーザー属性	子どもの有無、配偶者の有無、最終学歴といった教育に関するもの、住宅所有状況などに基づいてユーザーを自動的に選択し、広告を表示することができる
ライフイベント	マイホームの購入、引っ越し、結婚、定年退職、転職や起業など人生のライフイベントなどに基づいてユーザーを自動的に選択し、広告を表示できる
統合セグメント（組み合わせのセグメント）	複数のセグメントを指定して1つにまとめることができる。複数のセグメントを組み合わせることで、特定の顧客像（ペルソナ）を複数構築することができ、それぞれをターゲットとして広告を表示させることが可能

セグメント名	詳　細
キーワード	特定のキーワードに関連したコンテンツが提供されているWebサイト上に広告を表示することができる。例えば、旅行会社の広告であれば、「海外旅行」や「格安航空券」といったキーワードを指定することで、旅行関連のコンテンツを閲覧中のユーザーに広告を表示することができる
トピック	Google広告が予め指定したトピック群の中から特定のトピックを選択することで、そのトピックとメインテーマが一致したWebサイトに広告を表示することができる。例えば、ファッションブランドの広告であれば、「ファッション」や「アパレル」といったトピックを選択することで、ファッション関連コンテンツのWebページに広告を表示することができる
WebサイトのURL	サイトのURLを指定することで、広告を表示する場所を直接指定することができる。例えば、特定のニュースサイトに広告を表示したい場合に有効
YouTubeチャンネルや動画	チャンネルや動画のURLを指定することで、広告を表示する場所を直接指定できる。例えば特定のYouTuberのチャンネルに広告を表示したい場合に有効
モバイルアプリ	特定のモバイルアプリを指定することで、広告を表示するアプリを直接指定することができる。例えば、ゲームアプリに広告を表示したい場合に有効

> なお、コンテンツセグメントで指定したセグメントに関連するWebサイトやコンテンツに広告枠が存在しないなどの場合、広告を表示することはできません

○ セグメントの組み合わせに注意する

複数のセグメントを組み合わせてターゲティングを行う場合、どの種類のセグメントを組み合わせるかによって、広告が表示されるユーザーや広告掲載の場所が変わってきます。オーディエンスセグメントに分類されるセグメント同士の組み合わせ、コンテンツセグメント同士の組み合わせ、指定したセグメントのいずれかに当てはまるか、それらの組み合わせによって絞られた掲載場所の両方に広告が表示され、オーディエンスセグメントとコンテンツセグメントの組み合わせなど異なる分類のセグメントを組み合わせた場合は、オーディエンスセグメントでターゲティングしたユーザーかつコンテンツセグメントで指定された広告枠をターゲットとして広告が表示されます。

ユーザー属性を指定する場合は、年齢や性別など異なる属性を組み合わせる場合は両方に当てはまるユーザーに、性別などそれぞれの項目の中で複数選択肢が存在する場合は選択した項目のいずれかに当てはまるユーザーに広告が表示されます（図表41-4）。

NEXT PAGE ➡

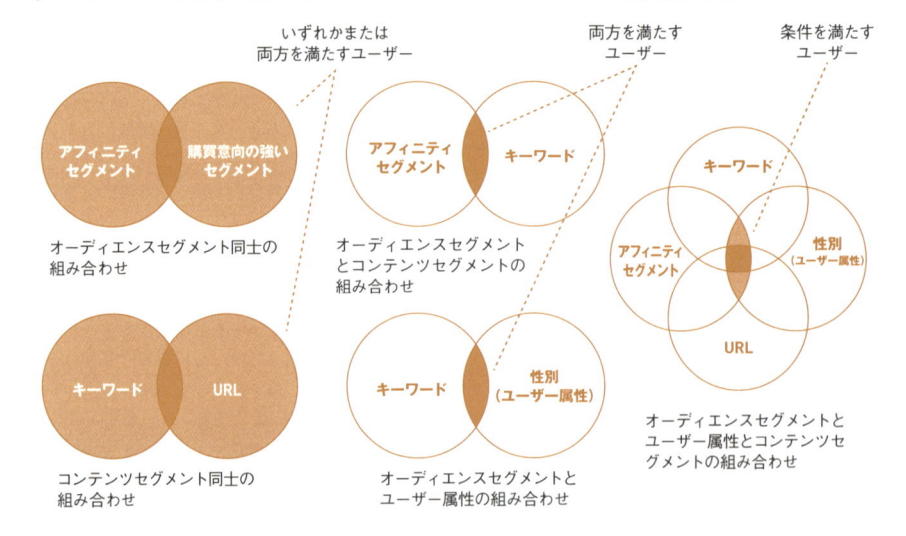

いずれかまたは両方を満たすユーザー

両方を満たすユーザー

条件を満たすユーザー

アフィニティセグメント／購買意向の強いセグメント

オーディエンスセグメント同士の組み合わせ

アフィニティセグメント／キーワード

オーディエンスセグメントとコンテンツセグメントの組み合わせ

キーワード／性別（ユーザー属性）／アフィニティセグメント／URL

オーディエンスセグメントとユーザー属性とコンテンツセグメントの組み合わせ

キーワード／URL

コンテンツセグメント同士の組み合わせ

キーワード／性別（ユーザー属性）

オーディエンスセグメントとユーザー属性の組み合わせ

▶ オーディエンスの組み合わせ条件を選択する際のANDとORの適用の仕組み

図表41-5

セグメントの種類	セグメントの分類									
オーディエンス	アフィニティセグメント	OR	購買意向の強いセグメント	OR	カスタムセグメント	OR	データセグメント	OR	詳しいユーザー属性	OR	ライフイベント
	AND									
コンテンツ	キーワード	OR	トピック	OR	WebサイトのURL	OR	YouTubeチャンネル	OR	YouTube動画	OR	モバイルアプリ
	AND									
ユーザー属性	性別（女性 OR 男性 OR 不明）									
	AND									
ユーザー属性	年齢（18〜24歳 OR 25〜34歳 OR 35〜44歳 OR 45〜54歳 OR 55〜64歳 OR 65歳以上 OR 不明）									
	AND									
ユーザー属性	世帯収入（上位10% OR 11〜20% OR 21〜30% OR 31〜40% OR 41〜50% OR 下位50% OR 不明）									
	AND									
ユーザー属性	子供の有無（子供あり OR 子供なし OR 不明）									

ちなみに、オーディエンスやコンテンツセグメントとは別に、性別、年齢、世帯収入、子供の有無に応じてユーザーをターゲティングすることができます。これは「デモグラフィックターゲティング」とも呼ばれます。ユーザー属性ではあらかじめGoogle広告が定義した年齢帯や性別などから選択して設定する仕組みになっています

⭕ すべてのターゲティングをお任せする「最適化されたターゲティング」

「どのようなセグメントを用いてターゲティングを設定すればいいかわからない」という方向けに「最適化されたターゲティング」という機能が提供されています。これは、広告に設定しているランディングページの内容や広告として設定している見出しや説明文といったテキストや画像、動画などの情報を参考にして、コンバージョンなどの目標を達成できそうなオーディエンスを自動的に探し出します。ターゲットを自動で選定するにあたっては、これらの情報に加えてオーディエンスセグメントやキーワードを追加することで、それらの情報も加味した上で広告表示の対象となるオーディエンスを特定することができるようになっています。

▶ ターゲティングとして選択できるセグメントとその種類 図表41-6

セグメントの種類	セグメント方法	主なセグメント
オーディエンス	人（ユーザー自身）の興味関心や行動	アフィニティセグメント、購買意向の強いセグメント、カスタムセグメント、データセグメント、詳しいユーザー属性、ライフイベント
コンテンツ	コンテンツを閲覧している状況	キーワード、トピック、WebサイトのURL、YouTubeチャンネルや動画、モバイルアプリ
組み合わせ（統合オーディエンス）	オーディエンスセグメントやコンテンツセグメントの中から組み合わせる	オーディエンスセグメントやコンテンツセグメントで指定できるセグメント
ユーザー属性	人（ユーザー自身）の属性	性別、年齢、世帯収入、子供の有無
最適化されたオーディエンス	Google広告が自動的に決定する	Google広告が自動的に決定する

👍 ワンポイント 思いもよらない潜在顧客を発見する

ターゲティングは、広告の目標（コンバージョンなど）を達成しそうなユーザーを狙うために設定するものですが、時には、想定外のオーディエンスから大きな成果が得られることもあります。例えば、高級腕時計の広告が、所得の高い中高年だけではなく、若年層のファッション感度の高い層に響くといっ

たケースも珍しくありません。
手動でターゲティングするだけでなく、最適化されたターゲティングを活用することで、このような思いもよらないオーディエンスへのアプローチが可能となり、新たな顧客層の開拓や、さらなる成果向上に繋がる可能性があります。

［ディスプレイ広告］圧倒的多数のユーザーに接触できる

ディスプレイキャンペーンで利用できるターゲティング一覧

人をターゲティングするオーディエンス、広告を表示する場所をターゲティングするコンテンツ、Google AIが自動ターゲティングする最適化されたターゲティングを一覧にまとめたものが 図表41-7 となります。

実際にはこれにデバイスをターゲティングするセグメントも可能であるため、区分としてはデバイスもこれに加えています。

▶ ディスプレイキャンペーンで利用できるターゲティング一覧 図表41-7

区 分	セグメント名		概 要
人をターゲティングする（オーディエンス）	ユーザー属性		性別や年齢、子供の有無、世帯収入を指定できる
	詳しいユーザー属性		大学生、住宅所有者、最近子供が生まれたユーザーなど、共通の特徴を持つユーザー層を指定できる
	アフィニティ		関連するトピックにすでに強い関心を持っているユーザー層を指定できる
	購買意向の強い		広告主が提供するサービスや商品に似たものを調べている、あるいは購入しようと積極的に考えているユーザー層を指定できる
	ライフイベント		引越し、大学卒業、結婚などの人生の節目において、購入行動やブランドの好みが変わるタイミングにあるユーザー層を指定できる
	データセグメント	組み合わせリスト	複数のセグメントを組み合わせたリストを指定できる
		Webサイトを訪れたユーザー	Webサイトを訪問したことがあるユーザー層を指定できる
		YouTubeユーザー	広告主の持つYouTubeチャンネルや動画などと接触したことがあるユーザー層を指定できる（要：YouTubeチャンネルとGoogle広告アカウントのリンク）
		顧客リスト	広告主が持つ顧客リストと合致するGoogleアカウントのユーザー層を指定できる
		アプリユーザー	広告主の持つモバイルアプリと接触したことがあるユーザー層を指定できる（要：Google PlayアカウントとGoogle広告アカウントのリンク）
	最適化されたターゲティング		ランディングページやアセットなどの情報を使用して、自動でターゲットとなるユーザーを決定する
広告を表示する場所をターゲティングする（コンテンツ）	プレースメント		チャンネル、動画、アプリ、Webサイト、サイト内のプレースメントをターゲットに指定できる
	トピック		選択したトピックに関連するさまざまな動画、チャンネル、Webサイトに広告を表示できる
	キーワード		指定したキーワード（単語やフレーズ）に基づいて、YouTube動画、YouTubeチャンネル、ユーザーが関心を持ちそうなサイトに広告を表示できる
デバイスをターゲティングする	デバイス		パソコン、スマートフォン、モバイルデバイス、テレビ画面を使用するデバイス（ChromecastやAndroid TVなど）を利用中のユーザーを指定できる

42

[広告を設定しよう]

ディスプレイ広告で使用できる
広告フォーマット

**このレッスンの
ポイント**

ディスプレイキャンペーンではレスポンシブディスプレイ広告とイメージ広告を配信できます。クリエイティブとしてどのようなアセットが設定できるか、準備すべき画像のサイズやフォーマットの技術的仕様などを学んでいきましょう。

⭕ ディスプレイ広告で使用できる広告フォーマットは2種類

ディスプレイ広告で使用できる広告フォーマットは主に、「レスポンシブディスプレイ広告」と「イメージ広告」の2種類です。レスポンシブディスプレイ広告は見出しと説明文からなるテキストと広告画像、ブランドロゴ画像、動画といった複数のクリエイティブアセットを設定することで、広告が表示される広告枠のサイズに合わせて自動的に調整されます。ある広告枠ではテキスト中心、ある広告枠では広告画像とテキストの組み合わせというように、表示可能な広告枠やフォーマットに応じて広告の見え方が変わる広告フォーマットです（**図表42-1**）。ディ

スプレイキャンペーンで達成したい目標に応じて、掲載結果の履歴から最適なクリエイティブアセットの組み合わせでの表示も行ってくれます。

イメージ広告フォーマットはバナー広告とも呼ばれる広告画像のみで構成される広告フォーマットです（**図表42-2**）。ディスプレイ広告が表示される広告枠のサイズごとに広告用イメージ画像を用意する必要があるため、広告配信までの準備に時間がかかりやすいというデメリットもあります。なお、それぞれのフォーマットの技術仕様については、**図表42-3**、**図表42-4** を参照してください。

▶ **レスポンシブディスプレイ広告フォーマットの例** **図表42-1**

NEXT PAGE ➡

▶ イメージ広告フォーマットの例 図表42-2

▶ レスポンシブディスプレイ広告の技術仕様 図表42-3

分　類	タイプ	最大文字数	設定できる数	必須かどうか
テキスト	広告見出し	全角15文字 （半角30文字）	1〜5個	○
	長い広告見出し	全角45文字 （半角90文字）	1個	○
	説明文	全角45文字 （半角90文字）	1〜5個	○
	ビジネスの名前	全角12文字 （半角25文字）	1個	○
	行動を促す フレーズ	自　動	1個	○

分　類	アスペクト比	推奨されるサイズ	設定できる数	必須かどうか
画　像	横向き 1.91：1	1,200×628ピクセル （最小600×314ピクセル）	1〜15枚 推奨：5枚	○
	ロゴ 1：1	1,200×1,200ピクセル （最小128×128ピクセル）	1〜15枚 推奨：1枚	○
	ロゴ 4：1	1,200×300ピクセル （最小512×128ピクセル）	1〜5枚 推奨：1枚	×
	スクエア 1：1	600×600ピクセル （最小300×300ピクセル）	1〜15枚 推奨：5枚	×

※ファイル形式：PNG、JPG
※ファイルサイズ上限：5,120KB

分　類	アスペクト比	推奨される長さ	設定できる数	必須かどうか
動　画	横向き 16：9	制限なし 推奨：30秒	1〜2本 推奨：2本	×
	スクエア 1：1	制限なし 推奨：30秒	1〜5本 推奨：2本	×
	縦向き 2：3	制限なし 推奨：30秒	1〜5本 推奨：2本	×

※動画はYouTubeにアップロードされたものを指定します

▶ イメージ広告の技術仕様 図表42-4

スクエアとレクタングル	
サイズ	**名　称**
200×200	スクエア（小）
240×400	レクタングル（縦長）
250×250	スクエア
250×360	トリプル ワイドスクリーン
300×250	レクタングル
336×280	レクタングル（大）
580×400	ネットボード

ビッグバナー	
サイズ	**名　称**
468×60	バナー
728×90	ビッグバナー
930×180	トップバナー
970×90	ラージ ビッグバナー
970×250	ビルボード
980×120	パノラマ

スカイスクレイパー	
サイズ	**名　称**
120×600	スカイスクレイパー
160×600	ワイド スカイスクレイパー
300×600	ハーフページ広告
300×1,050	縦

モバイル	
サイズ	**名　称**
300×50	モバイルバナー
320×50	モバイルバナー
320×100	モバイルバナー（大）

※アニメーション広告（GIF）：アニメーションの長さは30秒以下。アニメーションをループさせる場合でも、30秒経ったら停止。GIF形式のアニメーション広告は毎秒5フレーム未満
※フォーマット：GIF、JPG、PNG
※最大サイズ：150KB

○ 表示される広告フォーマットのほとんどがレスポンシブディスプレイ広告

ディスプレイキャンペーンでは、レスポンシブディスプレイ広告とイメージ広告のどちらのフォーマットも利用できますが、一般的にレスポンシブディスプレイ広告の方が表示頻度が高い傾向にあります。これは、レスポンシブディスプレイ広告がさまざまな広告枠に自動的に最適化されるため、より多くの表示機会を獲得できるためと考えられます。

もちろん、イメージ広告も特定の目的に合わせて活用することで効果を発揮する場合があります。例えば、レスポンシブディスプレイ広告のように自動的にクリエイティブアセットの組み合わせを決めてほしくない場合や、特定のサイズや形式の広告枠にのみ配信したい場合は、イメージ広告が適していると言えるでしょう。

しかし、広告費用対効果の最大化を目指すのであれば、まずはレスポンシブディスプレイ広告に注力し、そのパフォーマンスを最大限に引き出すことをおすすめします。

Lesson

［入札戦略を設定しよう］

43
ディスプレイ広告で使用できる
入札戦略とおすすめ

このレッスンの
ポイント

ディスプレイ広告の配信面やオークション、ターゲティング、広告フォーマットについて理解をしたら、いよいよ広告の配信を計画していきます。まず、ディスプレイキャンペーンではどのような入札戦略が選択できるのかを知りましょう。

○ ディスプレイキャンペーンで利用できる入札戦略

ディスプレイキャンペーンでは、広告の目的に合わせて様々な入札戦略を使い分けることができます（**図表43-1**）。

目標がコンバージョン（購入や会員登録など）を増やすことなら、コンバージョン数の最大化やコンバージョン値の最大化といった入札戦略がおすすめです。これらの戦略は、GoogleのAIが自動的に最適な入札単価を調整してくれるので、手間をかけずに効果的な広告配信が可能です。

Webサイトへの訪問数を増やしたい場合は、クリック数の最大化や個別クリック単価制を選択しましょう。これらの戦略は、クリック単価を自分で設定できるため、予算に合わせて柔軟に運用できます。

ブランドや特定サービスなどの認知度を高めたい場合は、視認可能なインプレッション単価が効果的です。この戦略では、広告が実際にユーザーに閲覧された回数に対して課金されるため、広告費をムダにすることなく認知度向上を目指せます。

それぞれの入札戦略には、メリットとデメリットがあります。例えば、コンバージョン数の最大化は効果が高い一方で、目標を達成するために予算が多くかかる場合があります。また、個別クリック単価制は上限クリック単価を細かく管理できる反面、最適な入札単価を見つけるのが難しいという側面もあります。どの入札戦略を選ぶべきか迷った場合は、まずはコンバージョン数の最大化を試してみるのがおすすめです。その後、広告の成果を見ながら、他の戦略に切り替えることも検討してみましょう。

Chapter 5

［ディスプレイ広告］圧倒的多数のユーザーに接触できる

172

▶ ディスプレイキャンペーンで選択できる入札戦略 図表43-1

目 的	入札戦略の名称	課金の対象	働き方
広告からの コンバージョンを増やす	コンバージョン数の 最大化	インタラクション	予算内でコンバージョン 数を最大化させる
	コンバージョン数の 最大化 （目標コンバージョン単価）	インタラクション	目標となるコンバージョ ン単価を維持しながらコ ンバージョン数を最大化 させる
		視認可能な インプレッション	
		コンバージョンごと （成果に応じた課金）	
	拡張クリック単価	インタラクション	上限入札単価をコント ロールしながら、コンバー ジョン数を最大化させる
広告からの 売上を増やす	コンバージョン値の 最大化	インタラクション	予算内でコンバージョン 値を最大化させる
	コンバージョン値の 最大化 （目標広告費用対効果）	インタラクション	目標となる広告費用対効 果（ROAS）を維持しなが らコンバージョン値を最 大化させる
広告からの トラフィックを増やす	クリック数の最大化	インタラクション	予算内でクリック数を最 大化させる
広告の閲覧回数を 増やす	視認範囲の インプレッション単価	視認可能な インプレッション 1,000回あたり	視認範囲のインプレッショ ン単価を手動でコント ロールする
その他	個別クリック単価	インタラクション	上限クリック単価を手動 でコントロールする

※インタラクションには、広告のクリック、Gmailでの広告開封、広告動画の視聴など、広告に対する操作が含ま
れます

○ ディスプレイキャンペーンではコンバージョン課金が選択できる

ディスプレイキャンペーンでは、特定の条件を満たせば、クリック数や視認範囲のインプレッション数ではなくコンバージョン数に応じて広告費を支払う「コンバージョン課金」を選択できます。コンバージョン課金を利用するには、過去30日間にアカウント全体で100件以上のコンバージョンがあり、その90％以上が広告クリックから7日以内に発生しているなどの条件を満たす必要があります。コ

ンバージョン課金を選択すると、例えば目標コンバージョン単価を5,000円に設定した場合、1カ月で10件のコンバージョンが発生すれば、50,000円をGoogleに支払うことになります。コンバージョン課金は、すでに多くのコンバージョンを獲得しており、さらにコンバージョン数を増やしたいが、広告費用対効果が悪化することが心配な場合に有効な手段です。

［キャンペーン設定］

44 ディスプレイキャンペーンを作成しよう

**このレッスンの
ポイント**

ディスプレイ広告を配信する目的とそのターゲティングを決め、広告として表示させたいクリエイティブの準備ができたら、実際にキャンペーンを作成して広告を入稿していきましょう。

○ コンバージョン獲得を目的としたディスプレイキャンペーンの設定方法

ディスプレイキャンペーンの設定方法をすべて手順で示します。初めての方はこれを参考に、カスタマイズしながら設定してみてください。

▶ ディスプレイキャンペーンの設定 図表44-1

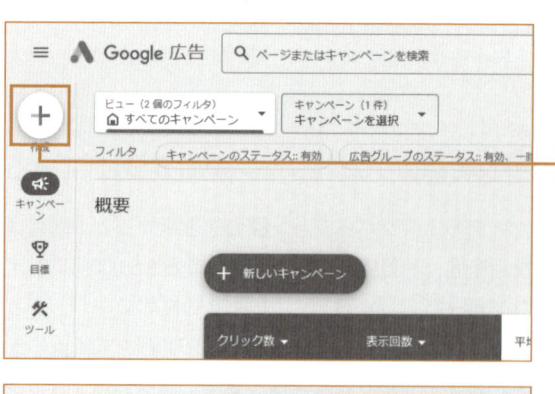

1 キャンペーンの追加を行う

1 ⊕ボタンをクリックします。

2 ［キャンペーン］をクリックします。

引き続き、次のページで操作を続けます。

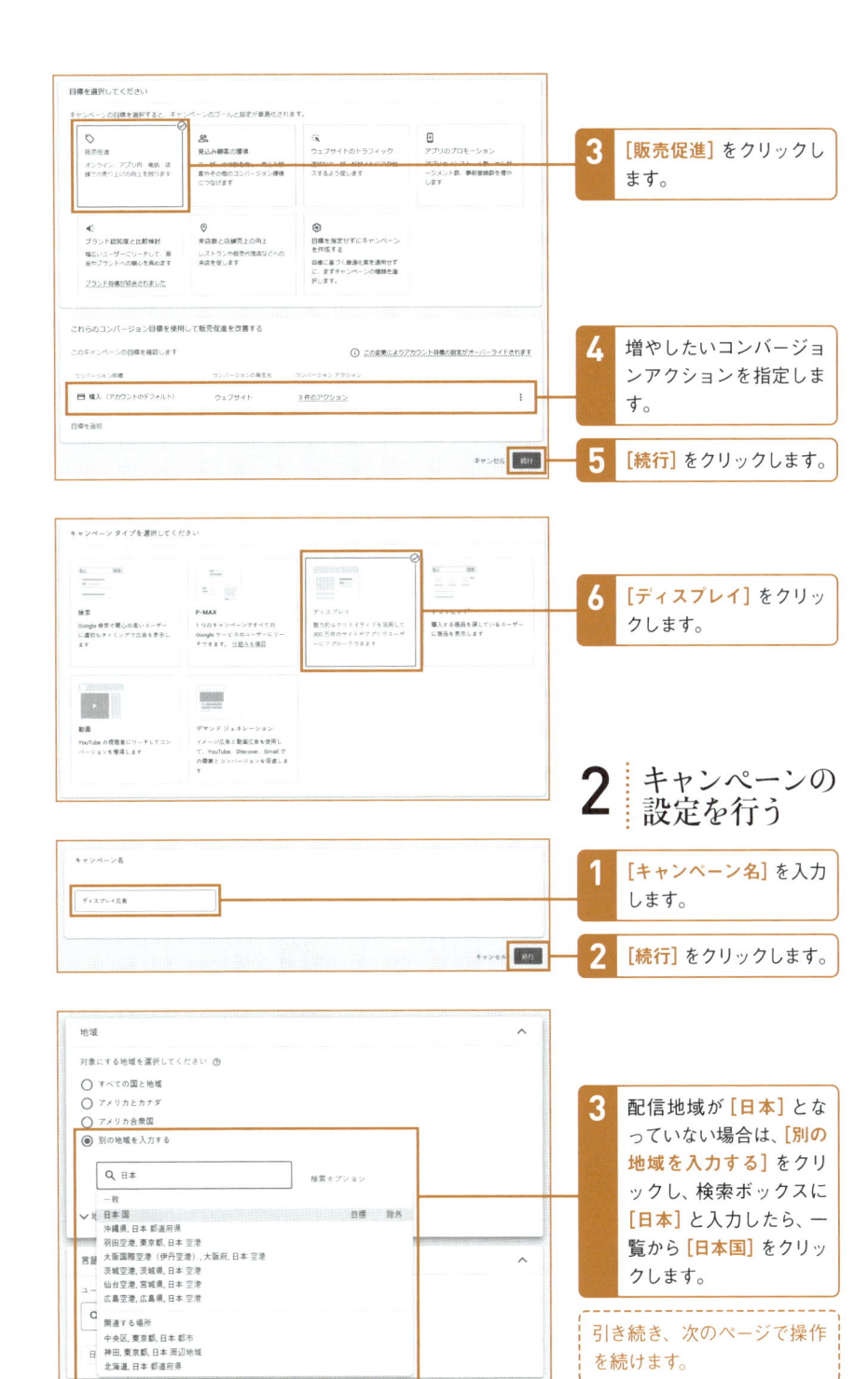

3 [販売促進] をクリックします。

4 増やしたいコンバージョンアクションを指定します。

5 [続行] をクリックします。

6 [ディスプレイ] をクリックします。

2 キャンペーンの設定を行う

1 [キャンペーン名] を入力します。

2 [続行] をクリックします。

3 配信地域が [日本] となっていない場合は、[別の地域を入力する] をクリックし、検索ボックスに [日本] と入力したら、一覧から [日本国] をクリックします。

引き続き、次のページで操作を続けます。

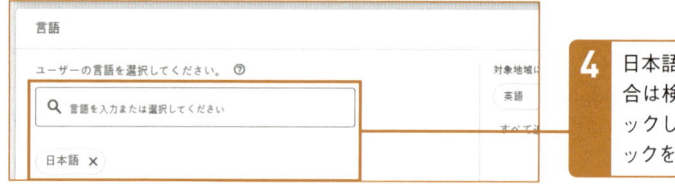

4 日本語となっていない場合は検索ボックスをクリックし、[**日本語**] にチェックをします。

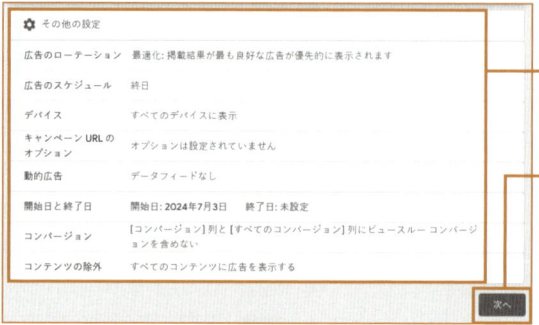

5 広告を配信したいデバイスの変更など、必要に応じてその他の設定を行います。

6 [**次へ**] をクリックします。

7 キャンペーン予算を入力します。

8 目標に応じて利用したい入札戦略の種類や目標などを設定します。

画面右下の [次へ] をクリックします。

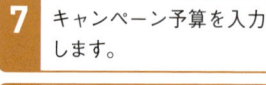

3 ターゲティングの設定を行う

1 最適化されたターゲティングのみを利用して、ターゲティングを自動で行いたい場合は、[**次へ**] をクリックします。

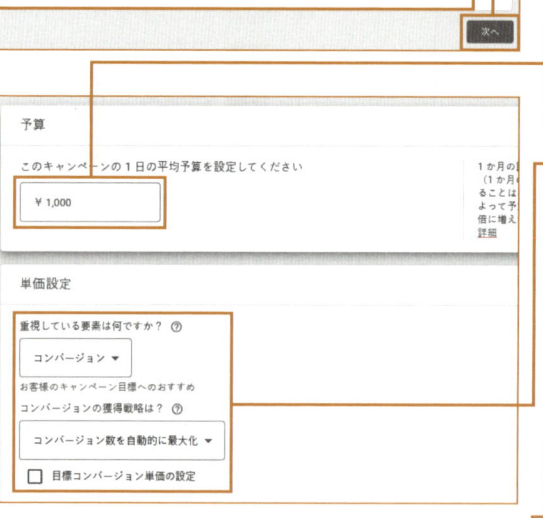

最適化されたターゲティングを利用する場合は、後から手動で追加したセグメント（ターゲティングシグナル）が加味されてオーディエンスが決定されます。

引き続き、次のページで操作を続けます。

2 最適化されたターゲティング以外のターゲティングを行いたい場合は、セグメントを選択してターゲティングを追加します。セグメントは複数選択可能です。

3 最適化されたターゲティングを利用しない場合は [最適化されたターゲティングを使用する] のチェックを外します。チェックを外すと、手動で指定したセグメントに基づいてターゲティングされます。

画面右下の [次へ] をクリックします。

引き続き、次のページで操作を続けます。

👆ワンポイント ターゲティングシグナルを追加することも可能

ディスプレイキャンペーンでは、最適化されたターゲティングを利用する際に、ターゲティングシグナルを追加することも可能です。例えば、最適化されたターゲティングで幅広いユーザー層にアプローチしつつ、手動で設定したターゲティングシグナルを追加する

ことで、そのシグナルを加味したオーディエンスに広告の表示をします。手動で追加したターゲティングシグナルのうち、目標の達成に貢献しないと判断された場合は手動で追加されたターゲティングシグナルが自動的にオフになります。

4 広告の設定を行う

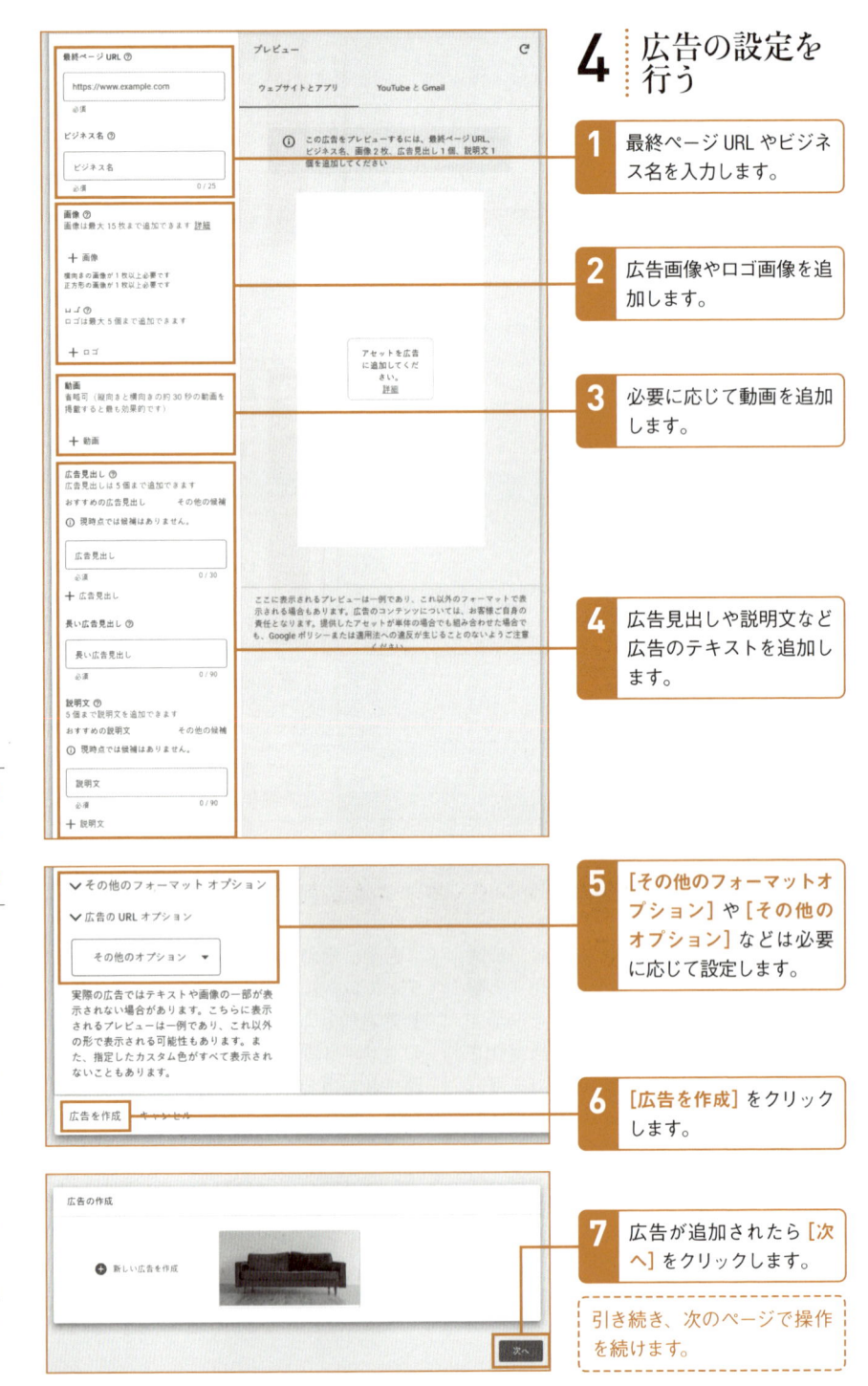

1 最終ページ URL やビジネス名を入力します。

2 広告画像やロゴ画像を追加します。

3 必要に応じて動画を追加します。

4 広告見出しや説明文など広告のテキストを追加します。

5 [その他のフォーマットオプション] や [その他のオプション] などは必要に応じて設定します。

6 [広告を作成] をクリックします。

7 広告が追加されたら [次へ] をクリックします。

引き続き、次のページで操作を続けます。

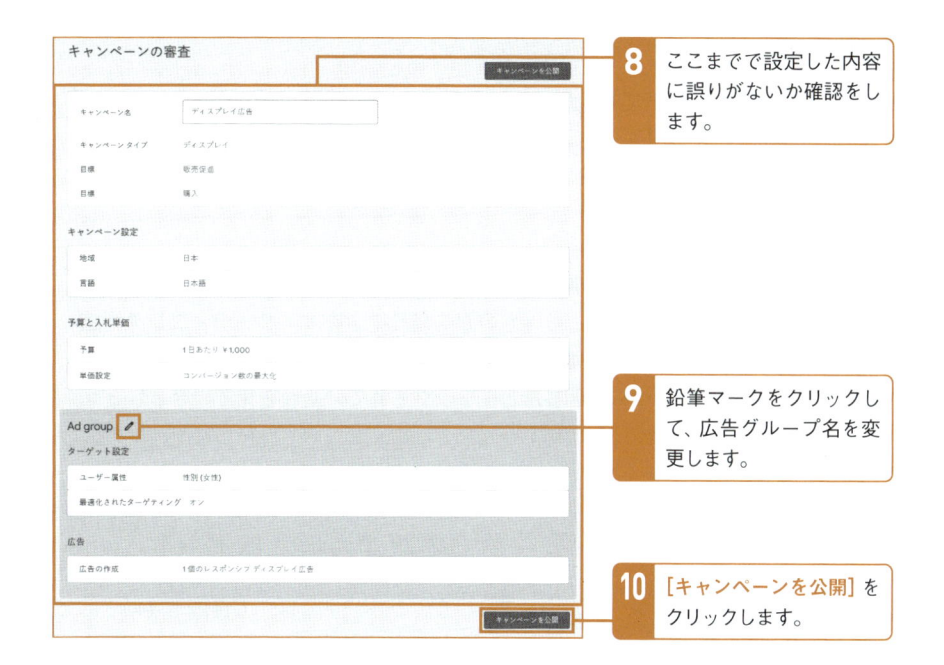

8 ここまでで設定した内容に誤りがないか確認をします。

9 鉛筆マークをクリックして、広告グループ名を変更します。

10 ［キャンペーンを公開］をクリックします。

◯ 広告表示による認知獲得を目的とした設定方法

広告表示による認知獲得を目的とする場合のキャンペーン設定は、目標の選択画面では「ブランド認知と比較検討」を選択し、重視している要素として「閲覧できるインプレッション」を選択して上限としたい視認範囲のインプレッション単価を入力します。これらの点以外は、コンバージョン獲得を目的とした場合のキャンペーン設定方法とほぼ同じ手順で進めることができます。

▶ 認知獲得を目的とした場合 図表44-2

目標の選択画面では［ブランド認知度と比較検討］をクリック

重視している要素として［閲覧できるインプレッション］を選択し、上限としたい視認範囲のインプレッション単価を入力

配信先を確認して最適化しよう

このレッスンの
ポイント

実際に広告が表示されていたオーディエンスや広告の掲載場所がどこだったのかを確認できます。オーディエンスや広告の掲載場所と表示された広告に関連性があったのか、ユーザーにきちんとクリックされていたかを見ていきましょう。

⭕ ディスプレイキャンペーンで確認するべきレポート

ディスプレイキャンペーンのパフォーマンスを評価する上で特に重要なのは、「広告が表示された日時と場所」「オーディエンス」「コンテンツ」の3つのレポートです。「広告が表示された日時と場所」レポートでは、広告が実際に表示されたWebサイトやモバイルアプリ、YouTubeチャンネルなどを確認できます。本書での詳細な説明は割愛しますが、パソコンやスマホなどデバイスごとのパフォーマンスも確認できます。「オーディエンス」レポートでは、ターゲティングに指定したセグメントごと、広告が表示されたユーザー層（年齢、性別、興味関心など）ごとのパフォーマンスを把握できます。「コンテン

ツ」レポートでは、広告表示場所として設定したコンテンツ（キーワード、トピック、WebサイトのURLなど）ごとにパフォーマンスを確認できます。

ディスプレイ広告は、検索広告とは異なり、ユーザーが能動的に情報を求めているとは限りません。そのため、ユーザーの興味関心に合った広告を、適切なタイミングで適切な場所に表示することが重要です。これらのレポートを活用することで、広告の掲載状況やターゲット層を詳細に分析し、より効果的なディスプレイ広告戦略を展開できるようになるでしょう。

ディスプレイ広告はターゲティングに使えるセグメントが多岐にわたるので、検索広告と比べると確認するべきレポートも多くなります。中でもどのレポートを重点的に確認するべきかのポイントを押さえましょう

⭘ 実際に広告が表示された場所を確認するレポート

広告が実際に表示された場所を確認したい場合は、「キャンペーン」メニューの「分析情報とレポート」から「広告が表示された日時と場所」レポートを確認しましょう。

このレポートでは、広告が表示されたプレースメント（Webサイト、モバイルアプリ、YouTubeチャンネルなど）や、具体的なドメイン名、モバイルアプリ名、YouTubeチャンネル名などが確認できます。例えば、コンテンツのセグメントを使ってターゲティングしている場合は、広告が想定した掲載場所に表示されていたかを確認しましょう。また、オーディエン

スのセグメントを使ってターゲティングしている場合は、コンバージョンなどの目標を達成したユーザーがどのようなWebサイトやYouTubeチャンネルを閲覧しているか、モバイルアプリを利用しているかなどを分析することで、より効果的なターゲティング戦略を立てることができます。さらに、広告のクリック数が多いにもかかわらず、コンバージョンにつながりにくい掲載場所がないかどうかも確認してみましょう。そのような掲載場所が見つかった場合は、ターゲティング設定を見直すことで、広告費用対効果を改善できる可能性があります。

▶ **「広告が表示された日時と場所」のレポートを確認** 図表45-1

1 ｜ レポートを開く

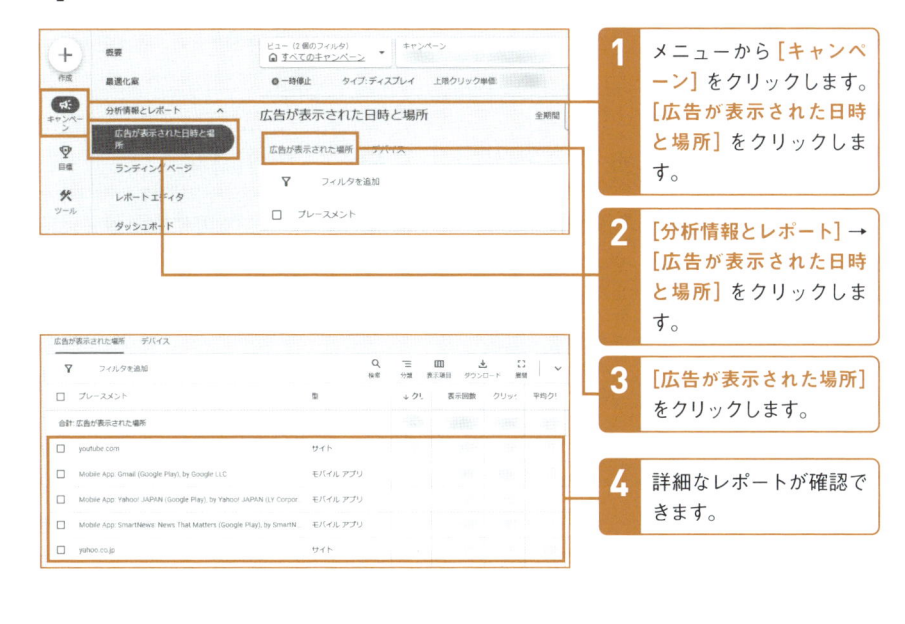

1 メニューから［キャンペーン］をクリックします。［広告が表示された日時と場所］をクリックします。

2 ［分析情報とレポート］→［広告が表示された日時と場所］をクリックします。

3 ［広告が表示された場所］をクリックします。

4 詳細なレポートが確認できます。

⚪ 広告が表示された場所の詳細をもっと詳しく見るには？

広告が表示された場所のレポートで、もっと詳しい情報を知りたい場合は、「プレースメント」列のチェックボックスをオンにして「詳細を表示」をクリックしてみましょう。すると、実際に広告が掲載されたWebサイトのURLやYouTube動画を確認できます。

ただし、掲載場所によっては詳細情報が見られない場合もあります。例えば、Webサイトの一部ページやモバイルアプリに広告が表示された場合は、具体的なURLやアプリ名までは表示されません。これは、プライバシー保護や技術的な制約によるものです。

▶ 詳細情報を確認する 図表45-2

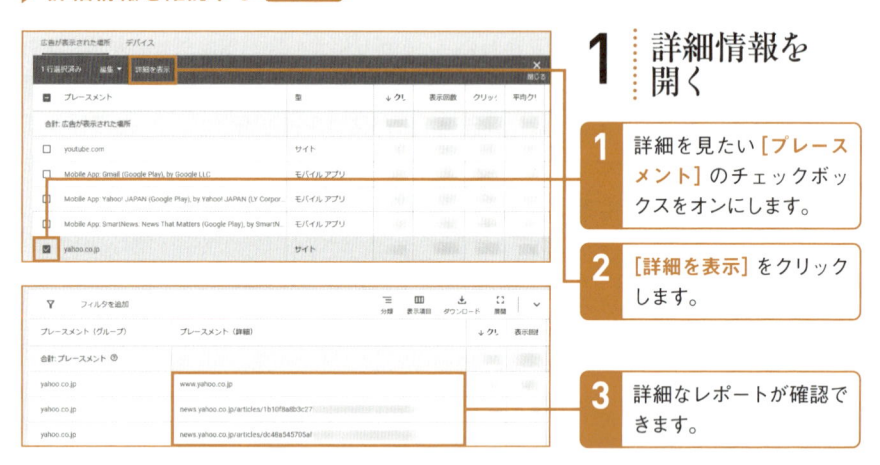

⚪ 特定の掲載場所を広告表示の対象から除外する

プレースメント列の項目を選択し「編集▼」をクリックすると、キャンペーンもしくは広告グループ単位で、広告表示の対象から除外することができます。広告

と掲載先のコンテンツの相性が悪い、コンバージョンにつながりにくいといった場合に設定してみましょう（図表45-3）。

▶ プレースメント（広告の掲載先）を除外する 図表45-3

［編集▼］をクリックすると、［広告グループから除外］または［キャンペーンから除外］が選択できる

オーディエンスやコンテンツごとの広告パフォーマンスを確認する

ディスプレイ広告の効果を最大限に引き出すには、ターゲットとするオーディエンスやコンテンツごとにパフォーマンスを分析することが重要です。

「オーディエンス」のレポートでは、年齢や性別、興味関心など、あなたがターゲットとして設定したオーディエンスのセグメントごとに、広告のパフォーマンスを確認できます。「コンテンツ」のレポートでは、「キーワード」「トピック」「Webサイトの URL など」といった、あなたが選択したコンテンツをターゲティングするためのセグメントごとに、広告のパフ

ォーマンスを詳しく分析できます。例えば、特定のキーワードでターゲティングした場合のクリック率やコンバージョン率、特定のトピックに関心を持つユーザーへの広告のリーチ状況などを確認できます（**図表45-4**）。

最適化されたターゲティングを利用している場合は、ターゲティングシグナルの追加による影響もレポートとして確認することができます。「オーディエンスのパフォーマンス」レポートの「オーディエンス名」列を確認して、今後のターゲティング戦略に活かしましょう。

▶ オーディエンスとコンテンツのレポートの確認方法 図表45-4

[キャンペーン] メニューから [概要] → [オーディエンス] をクリックして確認する

[キャンペーン] メニューから [概要] → [コンテンツ] をクリックして確認する

[運用のコツ]

思いどおりの成果を出すための
ディスプレイ広告の運用のコツ

このレッスンの
ポイント

ディスプレイ広告最後となるこのレッスンでは、目標を達成してくれそうなユーザーをどう見つけるか、ムダな広告表示や広告費の支出をどう抑えるか、どう広告の訴求を高めていくかを考えていくためのポイントを紹介します。

◯ 最適化されたターゲティングの活用

「最適化されたターゲティング」は、GoogleのAIがあなたの代わりに広告を表示するのに最適なユーザーを見つけてくれる便利な機能です。AIは、広告アセットのテキストや画像、ランディングページの内容などを分析して、どんな人が興味を持ちそうか判断します。もし広告やランディングページの情報が少なすぎると、AIは正確な判断ができなくなってしまいます。例えば、広告で商品の魅力を十分に伝えられていなかったり、ランディングページに情報がほとんどなかったりすると、AIは誰に広告を表示すればいいのかわからず、効果が下がってしまうかもしれません。最適化されたターゲティングを最大限に活用するには、広告とランディングページを充実させることが大切です。商品の魅力が伝わるように、広告にはわかりやすいキャッチコピーや高画質な画像を使いましょう。ランディ

ングページには、商品の詳細情報やメリットなどを詳しく記載しましょう。

もし、広告やランディングページだけで情報を伝えきれない場合は、「ターゲティングシグナル」を活用してみましょう。ターゲティングシグナルとは、最適化されたターゲティングに追加できるオーディエンスやキーワードのリストで、AIが最適なユーザーを見つけるためのヒントとして利用されます。例えば、「20代女性」「旅行好き」といったオーディエンスセグメントや、「旅行関連のキーワード」といったコンテンツセグメントを追加で設定することで、AIがより的確なターゲティングを行えるようになります。最適化されたターゲティングのオン／オフの切り替えやターゲティングシグナルの編集方法は 図表46-1 、 図表46-2 を参照してください。

▶ 最適化されたターゲティングのオン／オフ 図表46-1

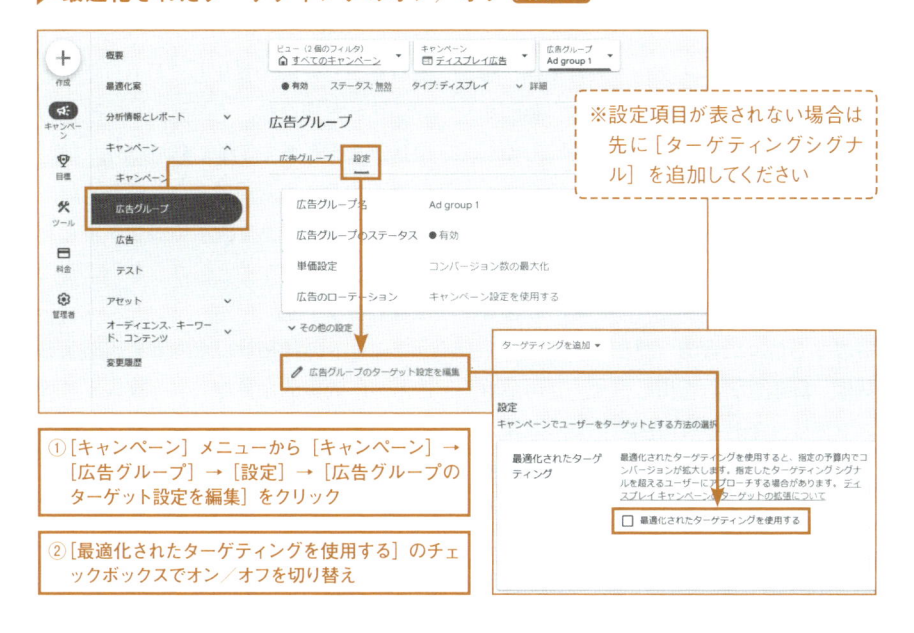

※設定項目が表されない場合は
先に［ターゲティングシグナ
ル］を追加してください

①［キャンペーン］メニューから［キャンペーン］→
［広告グループ］→［設定］→［広告グループの
ターゲット設定を編集］をクリック

②［最適化されたターゲティングを使用する］のチェ
ックボックスでオン／オフを切り替え

▶ ターゲティングシグナルの追加 図表46-2

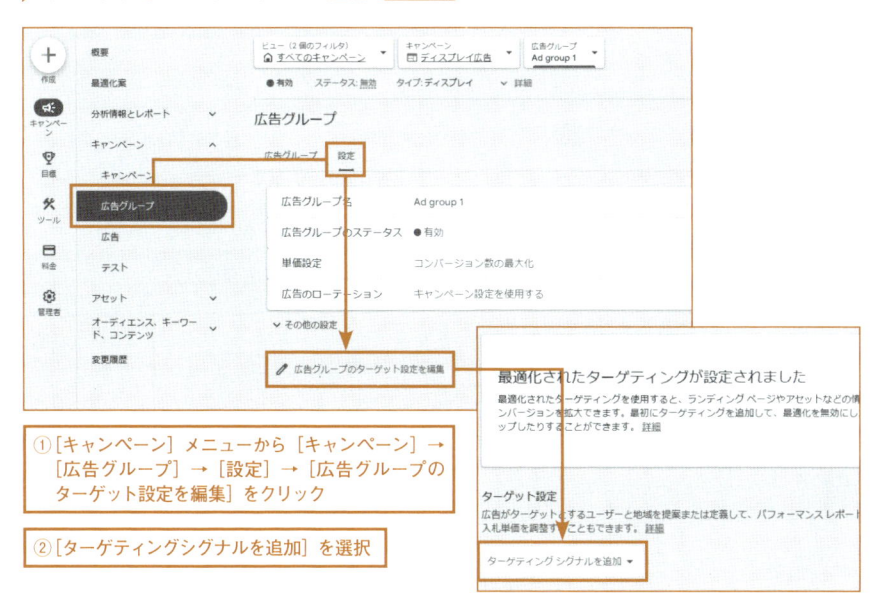

①［キャンペーン］メニューから［キャンペーン］→
［広告グループ］→［設定］→［広告グループの
ターゲット設定を編集］をクリック

②［ターゲティングシグナルを追加］を選択

NEXT PAGE →

◯ アセットの詳細レポートで効果的な広告を目指す

レスポンシブディスプレイ広告では、複数の広告見出し、説明文、画像、動画などを組み合わせることができます。しかし、どのアセットが効果的なのかを把握することは容易ではありません。そこで活用したいのが、「アセットの詳細」レポートです（**図表46-3**）。アセットとは、広告を構成する個々の要素（見出し、説明文、画像、動画など）を指します。このレポートでは、それぞれの広告アセットが、同じタイプの他のアセットと比べてどれくらいのパフォーマンスを発揮しているのかを相対的に評価できます。例えば、

ある見出しが他の見出しよりも「低」と評価された場合は、その見出しは改善の余地があると考えられます。しかし、「低」を修正することが目的となってしまい、結果的に似たような訴求や表現が多くなってしまうようなことにならないように注意しましょう。

「アセットの詳細」レポートを活用することで、効果的なアセットと改善すべきアセットを特定し、より魅力的な広告を作成することができます。ぜひ、定期的にレポートをチェックして、広告のパフォーマンス向上に役立ててください。

▶ アセットごとのレポートを確認する **図表46-3**

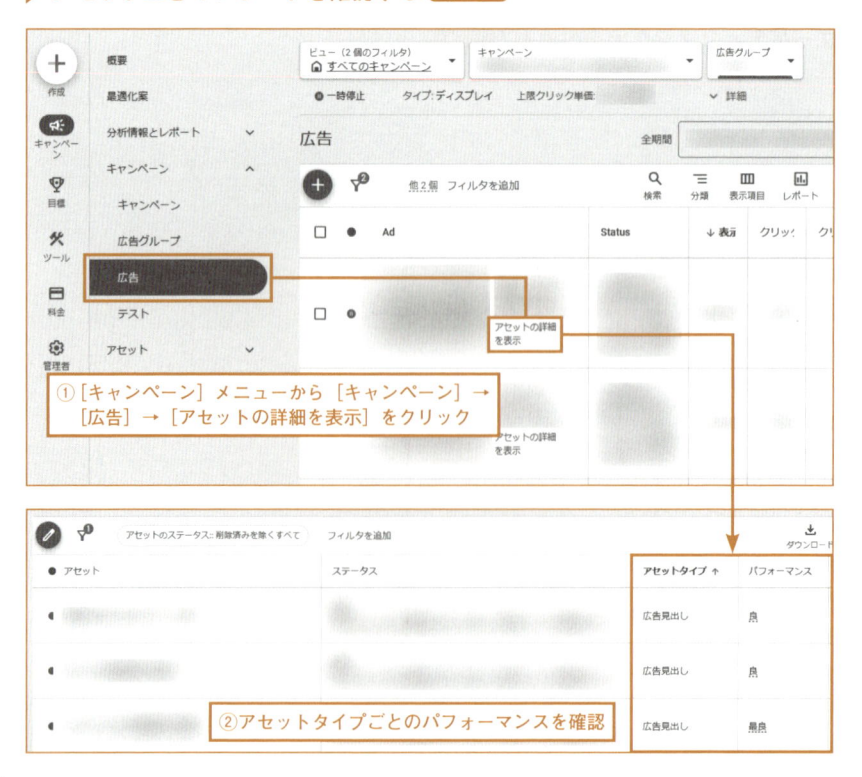

① [キャンペーン] メニューから [キャンペーン] → [広告] → [アセットの詳細を表示] をクリック

② アセットタイプごとのパフォーマンスを確認

パフォーマンス	意　味
学習中	データが少ないためパフォーマンスの算出ができない状態
低	同じタイプのアセットの中でもパフォーマンスが特に低い
良　好	同じタイプのアセットと比較してパフォーマンスが良好
最　良	同じタイプのアセットと比較してパフォーマンスが特に高い
評価なし（ー）	同じタイプのアセットの登録が少ないため評価ができない状態

● 広告アセットは推奨設定を満たすようにしよう

レスポンシブディスプレイ広告フォーマットは、GoogleのAIが登録されたアセットを組み合わせることで広告効果の最大化を目指してくれることから、多くのタイプのアセットを登録することが推奨されています（レッスン42を参照）。
必要最小限のアセットタイプや数を登録することでも広告表示自体は可能ですが、登録されたアセット数が少ないと取り得る組み合わせパターンも多くはならないため、最大の成果が得られない可能性があります。また、画像のサイズについても推奨サイズを登録することで広告表示機会の向上が期待できます。

● 除外設定で広告効果をさらに高めよう

レッスン45で解説した「広告が表示された日時と場所」レポートを活用することで、広告が実際に表示されたWebサイトやモバイルアプリ、YouTubeチャンネルなどを把握できます。しかし、これらの掲載場所は日々変化するため、定期的な確認が必要です。
例えば、自社のブランドイメージにそぐわないサイトに広告が表示されてしまうと、逆効果になる可能性があります。また、クリックは多いがコンバージョンにつなが

らないサイトも存在するかもしれません。このような意図しない掲載場所を発見した場合は、キャンペーンまたは広告グループ単位で除外設定を行いましょう。除外設定を行うことで、広告はより関連性の高い場所に表示されるようになり、クリック率やコンバージョン率の向上につながることが期待できます。
定期的なレポート確認と適切な除外設定は、ディスプレイ広告の効果を最大限に引き出すための重要なポイントです。

● ディスプレイ広告の目的と目標を明確にしよう

ディスプレイ広告の成功には、目的と目標の設定が不可欠です。しかし、目的と目標を混同してしまうと、効果的な広告
戦略を立てることができません。
例えば、ブランド認知度向上を目的とした場合、クリック数やコンバージョン数

を目標にするのは適切ではありません。なぜなら、これらの指標は直接的な成果であり、認知度向上とは必ずしも一致しないからです。

ブランド認知度向上を目指すのであれば、ブランド関連キーワードの検索数やSNSでの言及数の増加、来店数などを目標として設定すると良いでしょう。これらの指標は、広告を見た人がブランドに興味を持ち、行動を起こしたことを示すため、より適切な目標と言えます。ただし、これらの指標は広告の直接的な成果ではないため、計測方法や評価基準を事前に検討しておく必要があります。

👍 ワンポイント デザインスキル不要！効率的な広告クリエイティブ作成

手軽に利用できるツールが増えてきた

レスポンシブディスプレイ広告では、画像サイズのパターンをそれほど気にせず、訴求や見せ方のパターンを増やすことに注力できます。しかし、バリエーション豊かな広告画像を、限られた時間とリソースでどのように作成すれば良いのでしょうか？

従来は、Adobe Photoshopのような専門的なデザインツールが必要とされてきましたが、近年では、Webブラウザ上で手軽にクリエイティブを作成できるサービスが登場しています。Canvaはその代表的な1つであり、デザインの知識や経験がなくても、プロ並みの広告画像を簡単に作成できる機能が充実しています。例えば、「マジック生成」機能を使えば、いくつかのキーワードを入力するだけで、AIが自動的に複数のデザイン案を提案してくれます。

生成AIも選択肢の1つ

Canvaの「マジック生成」機能以外にも、OpenAIのChatGPT上で利用できるDALL-E 3や、Adobe Fireflyなど、テキストから画像を生成できるAIツールが続々と登場しています。これらのツールは、簡単な指示を与えるだけで、高品質な画像を生成できるため、デザインスキルがない方でも気軽に広告クリエイティブを作成できます。

ただし、生成AIで生成した画像を使用する際には、著作権侵害のリスクに注意が必要です。生成した画像が既存の著作物に酷似していないか、事前に確認するようにしましょう。

▶ Canvaの「マジック生成」機能を利用している例 図表46-5

6

［動画広告］
YouTubeに広告を
配信しよう

商品やサービスを探す、あるいは実際に購入する際にも動画を参考にする生活者が増えています。動画キャンペーンを使ってYouTubeで広告を配信して販売促進や見込み顧客の獲得を実現しましょう

［動画キャンペーンの基礎知識①］

動画を視聴している 見込み顧客層にアプローチ

このレッスンの ポイント

Google広告は世界最大級の動画共有プラットフォームであるYouTubeで、動画を視聴している見込み顧客層に対して動画広告によってアプローチできます。動画広告の重要性やメリットについて確認しましょう。

○ クリエイターエコノミーの拡大とYouTube

近年、クリエイターエコノミーが注目されています。クリエイターエコノミーは、YouTubeやInstagram、TikTokなどのプラットフォームで活躍するクリエイターとその支援サービスを中心に展開する経済圏であり、国内外で大きな注目を集めています。

Googleの親会社であるAlphabet社の2024年第1四半期の収支報告によると、YouTubeの広告収入は前年比21%増、サブスクリプション関連収入は18%増を記録しました。特にYouTubeショートは、毎月20億人以上のログインユーザーによって視聴され、日々700億回以上の視聴回数に上るそうです。YouTubeはAI技術を活用し、動画広告フォーマットの改善と新機能の提供に力を入れており、企業が動画広告で高い広告費用対効果を達成することを目指して支援しています。クリエイターエコノミーの拡大は、YouTubeだけでなく、動画広告市場にもポジティブな影響を与えており、視聴者に高品質なコンテンツを提供することで、ブランドとの接点を深める機会を提供しています。

動画広告はGoogle広告の中で特にアップデートが盛んなプロダクトです。YouTubeを利用するクリエイターや視聴者の利用状況に合わせ、広告主のニーズに応えるようなアップデートがこれからも頻繁に提供されるでしょう

⚫ YouTubeのコンテンツは商品やサービスの購入の参考にもされる

Googleの調査によれば、YouTubeの活用によって「YouTubeで目にしたものを購入する可能性は通常の2倍」[1]「視聴者の70％以上がYouTubeで新しいブランドを認知した上で購入に至った」[2]「ブランドや商品・サービスを探すために他の動画共有プラットフォームの4倍高い頻度で YouTubeを利用する」[3]とされています。また、1分間の動画は180万文字相当の情報を伝えられるとされています。つまり、そのブランドに出逢ったことのない視聴者に対して短時間の間に豊富な情報を伝えられるのが、動画広告の大きなメリットであると言えます。

※1＆3：YouTube広告「オンライン動画広告キャンペーン」調べ（※1＝競合他社の平均との比較。出典：Google/Talkshoppe、米国、whyVideo study、n=2,000、18〜64歳の一般動画ユーザー、2020年2月。 ※3＝出典：Google/Talkshoppe、米国、whyVideo study、n=2,000、18〜64歳の一般動画ユーザー、2020年2月）
※2：Google広告ヘルプ「商品フィードが、より多くの動画キャンペーンタイプに対応しました」

⚫ 知らないブランドは検索されない

新商品や新サービスについて広告でプロモーションを行う場合、広告費用対効果が高い検索広告をまず実施しようと考える方も多いかと思います。例えば、新しいベッドマットレスのブランドを立ち上げたので、新ブランドの名前や商品名で検索広告を配信したいとしても、その新ブランドを知らない人からは検索されません。結果的に「ベッドマットレス」といった一般的なフレーズや、認知されている競合他社のブランド名で検索されてしまいます。一般的なフレーズで検索されればあらゆる競合ブランドの広告が表示されるので、それらの競合の中から選んでもらえるような広告や商品である必要が出てきます。

▶ **ブランドが想起されない場面では検討の選択肢に挙がってこない** 図表47-1

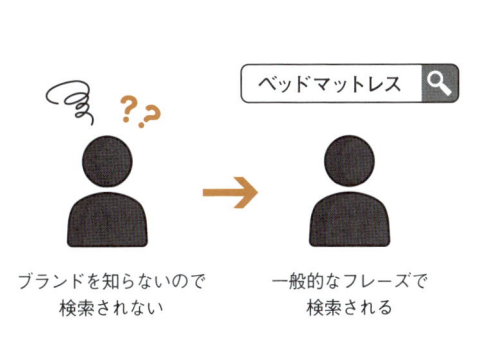

ブランドを知らないので
検索されない

一般的なフレーズで
検索される

表示された広告

ベッドマットレス

競合ブランドA
競合ブランドB
競合ブランドC
自社ブランド

競合が多いので競争が激しくなる

○ 動画広告の目的をしっかり立てよう

動画なら短時間に多い情報を伝えられるとは言え、情報をあまりに詰め込みすぎてしまうと本当に伝えたいことがぼやけてしまいがちです。ブランドを認知してもらった上で検討のテーブルに載せてほしいのか、ブランドを認知している視聴者に視聴後すぐに購入してほしいのかなど、ブランドと視聴者の関係性や視聴後に求める行動によって動画で訴求する内容や評価指標（リーチ数や視聴後のブランド名検索数、購入数など）が変わってくるはずです。何となく動画広告を配信するのではなく、「誰に何を伝えるのか」といったターゲットや目的などはしっかりと決めておきましょう。

▶ **購買行動の例** 図表47-2

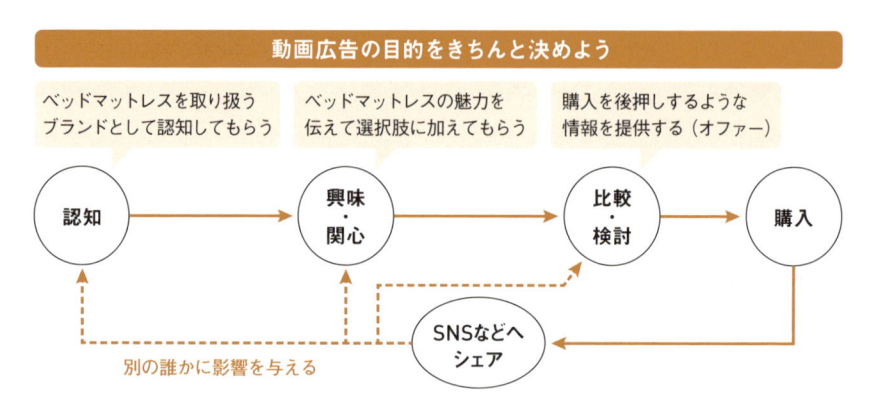

動画広告の目的をきちんと決めよう

ベッドマットレスを取り扱うブランドとして認知してもらう

ベッドマットレスの魅力を伝えて選択肢に加えてもらう

購入を後押しするような情報を提供する（オファー）

認知 → 興味・関心 → 比較・検討 → 購入

SNSなどへシェア

別の誰かに影響を与える

○ 動画広告の評価方法をあらかじめ決めておこう

動画広告はユーザーを引きつける力があり効果的ですが、検索広告やディスプレイ広告など、他のキャンペーンタイプと異なり、必ずしも動画広告の視聴中に行動を起こすとは限りません。例えば、ブランド認知度の向上を目指すキャンペーンでは、リーチ数を最大化させることが目的となるため、視聴完了率やリーチ数などの指標が重要となります。直接的なコンバージョンの増加を目的とするキャンペーンでは、動画広告を視聴したユーザーがどのくらいコンバージョンに至ったかのコンバージョン率に焦点を当てるべきです。

動画広告は目的によって評価すべき指標が変わります。動画広告を配信する前にどのような指標を用いて評価をするのか、マーケティング担当者やチーム関係者の間でミーティングを行ったり、目標を文章化して共有したりするなどして明確に合意を得ておくと良いでしょう。

［動画キャンペーンの基礎知識②］

動画キャンペーンの配信面

**このレッスンの
ポイント**

> 動画キャンペーンは主にYouTubeのWebサイト、YouTubeの
> モバイルアプリ、YouTube コネクテッドテレビ、Google 動
> 画パートナーに表示されます。このレッスンでは動画広告が
> 「どの画面に」「どのようにして」表示されるかを解説します。

○ 動画キャンペーンのほとんどはYouTubeサービス内で表示される

Google広告の動画キャンペーンで配信で
きる動画広告のほとんどはYouTubeのサ
ービス内で配信されます。YouTubeのトッ
プページ、YouTube内の動画検索結果ペ
ージ、YouTube動画の再生画面など、閲

覧している画面によって再生される動画
広告は異なってきます。動画のフォーマ
ットの詳細についてはレッスン49で解説
します。

▶ YouTubeトップおよびホームフィード内や検索結果

YouTubeのホームの最上部および各種フィード内に動画広告が表示されます。

▶ トップページや検索結果に表示される広告 図表48-1

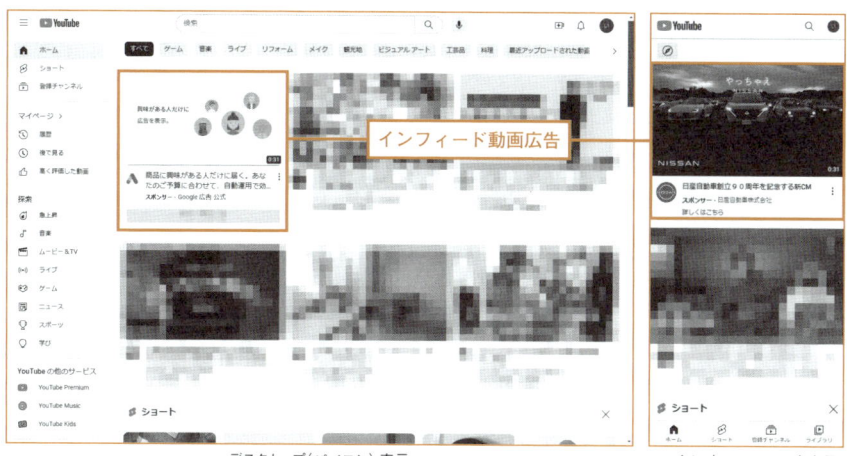

デスクトップ（パソコン）表示　　　　　　　モバイル（スマートフォン）表示

▶ YouTube動画再生画面

YouTubeの再生画面にて、動画本編が再生される前に動画広告が表示されます。

▶ 動画が再生される前に表示される広告 図表48-2

デスクトップ（パソコン）表示

モバイル（スマートフォン）表示

スキップ可能なインストリーム広告

▶ YouTube動画再生画面に表示される関連動画

YouTube動画再生画面の右側または直下に表示される関連動画の1つとして広告が表示されます。

▶ 動画再生画面で表示される広告 図表48-3

デスクトップ（パソコン）表示

モバイル（スマートフォン）表示

インフィード動画広告

▶ YouTubeショート

YouTubeショートのフィード内にYouTubeショート形式の動画広告が表示されます。

▶ YouTubeショートで表示される広告 図表48-4

ショート広告

モバイル（スマホ）表示の例

▶ YouTubeコネクテッドテレビ

コネクテッドテレビ（インターネットに接続することができるテレビ）のうち、テレビ向けYouTubeアプリ利用時に動画広告が表示されます。

▶ コネクテッドテレビで表示される広告 図表48-5

スキップ可能なインストリーム広告

▶ Google動画パートナー

Google動画パートナーとなっているWebサイトやアプリに動画広告が表示されます。

▶ Google動画パートナーのサービス内で表示される広告 図表48-6

デスクトップ（パソコン）表示

アウトストリーム動画広告

⭕ 動画広告はキャンペーンの目的やフォーマットに応じて配信面が変わる

動画広告の配信面はレッスン49〜50で紹介する動画広告フォーマット、レッスン52〜55で紹介するキャンペーンの目的、それに配信先のデバイスに応じて決定されます。そのため、特定の動画広告フォーマットで特定の配信面に絞って広告を表示させたいということができない組み合わせも存在します。

動画広告の成果を最大のものとするためには、キャンペーンの目的に応じて対応したフォーマットの動画を広告として設定することが望ましいですが、動画キャンペーンの作成時に「目標を指定せずにキャンペーンを作成する」を選ぶことにより、選択可能なキャンペーンのサブタイプすべてが表示されるので、選択肢によっては配信面や広告フォーマットの指定をある程度行うことも可能です。本書ではすべての組み合わせについての紹介は割愛しますので、動画広告の管理にある程度慣れてきたら広告の目的に応じて組み合わせてみてください。

Lesson 49

［動画キャンペーンの基礎知識③］

動画広告のフォーマットと課金の仕組み

**このレッスンの
ポイント**

検索広告やディスプレイ広告では、フォーマットによらずクリック単価制が基本となりますが、動画キャンペーンでは動画広告フォーマットごとに課金形態が異なります。動画広告のフォーマットの種類と選択できる課金形態について解説します。

◯ 動画広告フォーマットは7つある

Google広告の動画キャンペーンでは、スキップ可能なインストリーム広告、スキップ不可のインストリーム広告、インフィード動画広告、バンパー広告、アウトストリーム広告、YouTubeショート広告、マストヘッド広告の7つのフォーマットが用意されています。

それぞれのフォーマットごとに適した活用法が存在するだけではなく、動画広告の配信先や選べる課金形態、広告として使用できる動画の技術要件などの違いが存在します。目的や用途に合わせてフォーマットを決定し、広告の配信を行うことが重要です。

👍 ワンポイント YouTubeの動画が広告動画として使われる

広告用の動画はYouTubeにアップロードされている必要がありますが、動画広告自体は動画パートナーとなっているYouTube以外のアプリやWebサイトにも表示されます。また、YouTubeにアッ

プロードされた広告用の動画は、限定公開などURLを知っている一部の視聴者のみが視聴できる状態になっていても大丈夫です。

▶【注意】マストヘッド広告について

動画広告フォーマットのうちマストヘッド広告については、Google広告の営業担当者を通じて申し込む、予約型の広告メニューを利用する場合にのみ利用可能なフォーマットになっているため、一般には利用することができません。

NEXT PAGE →

⬤ 動画広告フォーマットごとに選べる課金形態

検索広告やディスプレイ広告はフォーマットによらずクリック課金で掲載することが多いのに対し、動画広告はフォーマットによって課金の形態が異なります。動画広告は、視聴ごとに課金される広告視聴単価制（CPV：Cost Per View）、また は広告表示回数に対して課金されるインプレッション単価制のいずれかを選択することになります。動画広告フォーマットによって課金形態を選択できるものもあれば、課金形態を選べない広告フォーマットも存在します。

▶ 広告視聴単価制の仕組み

広告視聴単価制では、動画の視聴とインタラクション（Call-To-Actionオーバーレイ、カード、コンパニオンバナーのクリックなど）に対して料金が支払われます。ユーザーが動画広告を30秒間（広告動画が 30秒未満であれば最後まで）視聴するか、広告に対してインタラクションを行うか、タイミングが早かったいずれかがカウントされます。

▶ 30秒以上の広告動画における視聴時間の違いによる課金の有無 図表49-1

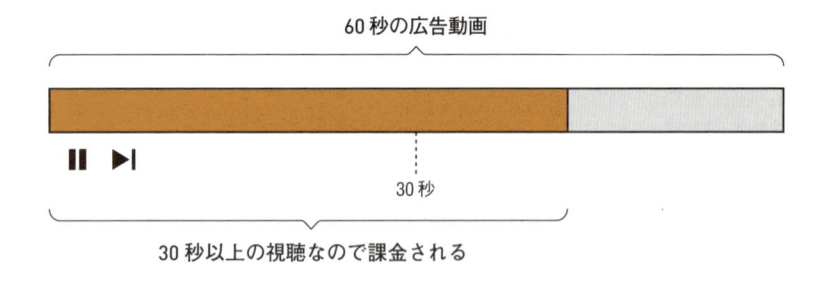

60秒の広告動画

30秒

30秒以上の視聴なので課金される

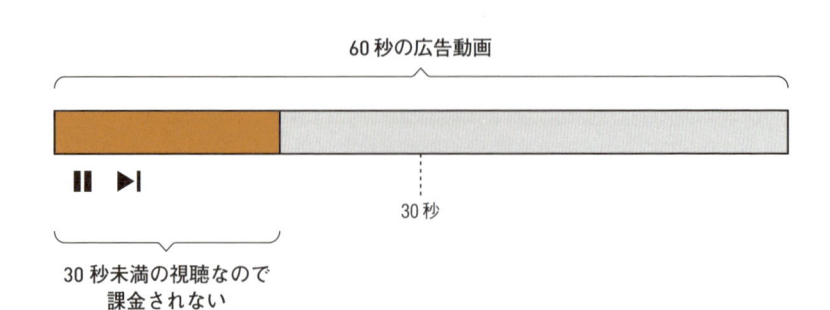

60秒の広告動画

30秒

30秒未満の視聴なので
課金されない

▶ 30秒未満の広告動画における視聴時間の違いによる課金の有無 図表49-2

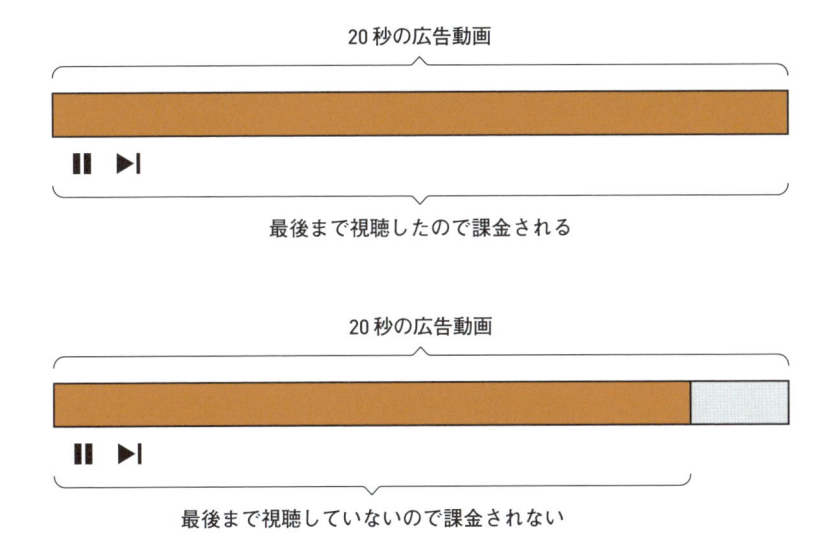

20秒の広告動画

最後まで視聴したので課金される

20秒の広告動画

最後まで視聴していないので課金されない

▶ インタラクションによる課金の有無 図表49-3

30秒または最後まで視聴していなくても、
詳細をクリック（インタラクション）したので課金される

60秒の広告動画

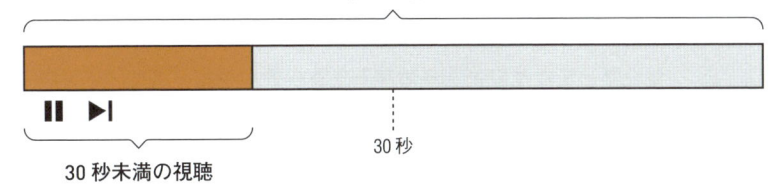

30秒

30秒未満の視聴

▶ インプレッション単価制の仕組み

広告を表示した回数に応じて課金されます。表示された広告1,000回当たりの費用のことをインプレッション単価（CPM：Cost Per Mille）と呼びます。

50 各動画広告フォーマットの概要

このレッスンの
ポイント

レッスン49でGoogle広告の動画キャンペーンで提供される動画広告フォーマットは、7つあると解説しました。このレッスンでは各フォーマットの特徴などを詳しく解説します。

⭕ ①スキップ可能なインストリーム広告

▶ ポイントと特徴 図表50-1

ポイント	解 説
特 徴	ユーザーが広告をスキップできるため、請求対象は視聴回数のみになる
フォーマットの仕組み	広告ではない動画視聴時の前後、または視聴途中に再生される動画広告。再生開始から5秒が経過すると、ユーザーは広告をスキップできるようになる
広告が表示される場所	YouTube動画再生ページまたは Google動画パートナー上のWebサイトやアプリに表示される
広告の課金形態	広告視聴単価制、またはインプレッション単価制のいずれかを利用することができる
広告に利用できる長さの制限	長さの上限はないが、3分未満であることが推奨される

どの動画広告フォーマットを使って広告を配信したかによって、その広告が配信できる場所が変わってきます。ユーザーがどの画面を見ていてどのようなタイミングで動画広告を視聴して欲しいか、またどのような訴求をするべきかなどを踏まえてプロモーションの計画を立てましょう

▶ スキップ可能なインストリーム広告の表示例 図表50-2

デスクトップ（パソコン）表示　　　　　　モバイル（スマートフォン）表示

●②スキップ不可のインストリーム広告

▶ ポイントと特徴 図表50-3

ポイント	解　説
特　徴	ユーザーが広告をスキップできないため、メッセージ全体を視聴してもらえる
フォーマットの仕組み	広告ではない動画視聴時の前後、または視聴途中に再生される15秒以下の動画広告。この広告をスキップすることはできない
広告が表示される場所	YouTube動画再生ページまたは Google動画パートナー上のWebサイトやアプリに表示される
広告の課金形態	インプレッション単価制のみ利用できる
広告に利用できる長さの制限	15秒未満の動画を広告に利用できる

▶ スキップ不可のインストリーム広告の表示例 図表50-4

デスクトップ（パソコン）表示　　　　　　モバイル（スマートフォン）表示

○ ③インフィード動画広告

▶ ポイントと特徴 図表50-5

ポイント	解　説
特　徴	情報収集や検索の段階で関心の高いユーザーに広告を表示できる
フォーマットの仕組み	動画のサムネイル画像とテキストで構成される。この広告のサイズと見え方は表示先によって変わるが、インフィード動画広告はユーザーがクリックすることで動画が再生される仕組み。広告がクリックされると、YouTubeの動画再生ページかチャンネルホームページで動画が再生される
広告が表示される場所	YouTubeの検索結果、YouTubeの関連動画の横、YouTubeモバイルのトップページに表示される
広告の課金形態	ユーザーがサムネイルをクリックして広告を視聴した場合のみ課金される
広告に利用できる長さの制限	動画の長さの上限はない

▶ インフィード動画広告の表示例 図表50-6

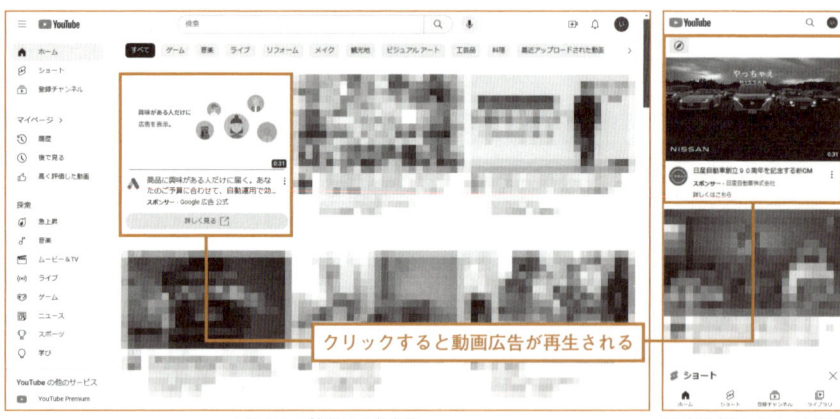

デスクトップ（パソコン）表示　　　　モバイル（スマートフォン）表示

インフィード動画広告はユーザーが視聴したい動画を探している段階でアプローチできる動画広告フォーマットです。ホームフィードや関連動画の中に自然な形で表示される上に、関連性が高い動画広告を配信することで視聴率を高めることができ、ブランドの認知を高めることにも役立ちます

④バンパー広告

▶ ポイントと特徴 図表50-7

ポイント	解　説
特　徴	スキップできない短いメッセージで、認知度の向上や他の広告の効果を高めることに役立つ
フォーマットの仕組み	広告ではない動画視聴時の前後、または視聴途中に再生される6秒以下の動画広告。この広告をスキップすることはできない
広告が表示される場所	YouTube動画再生ページまたはGoogle動画パートナー上のWebサイトやアプリに表示される
広告の課金形態	インプレッション単価制のみ利用できる
広告に利用できる長さの制限	6秒以下の動画を広告に利用できる

> バンパー広告とスキップ不可のインストリーム広告とでは広告表示のされ方は変わらないものの、バンパー広告は再生できる時間がより短いため、動画による瞬間的なインパクトを与えることができ、それによるブランド認知に適しています

⑤アウトストリーム広告

▶ ポイントと特徴 図表50-8

ポイント	解　説
特　徴	Google以外のWebサイトを閲覧しているユーザーに認知してもらえるため、比較的安い費用で動画のリーチを拡大することを目的とする場合に適している
フォーマットの仕組み	音声なしで再生が開始され、ユーザーがタップするとミュートが解除される
広告が表示される場所	Google動画パートナー上のWebサイトやアプリに表示される
広告の課金形態	視認範囲のインプレッション単価（vCPM：viewable Cost Per Mille）に基づいて請求が行われるため、動画が2秒以上再生された場合にのみ料金が発生する
広告に利用できる長さの制限	動画の長さの上限はない

▶ アウトストリーム広告の表示例 図表50-9

デスクトップ（パソコン）表示

⑥YouTubeショート広告

▶ ポイントと特徴 図表50-10

ポイント	解　説
特　徴	モバイルファーストのユーザーに向けて設計されており、特に短い動画コンテンツを好むユーザーにアプローチができる
フォーマットの仕組み	モバイルYouTubeアプリのショートフィード内にて、ショート動画とショート動画の合間に表示される
広告が表示される場所	モバイルYouTubeアプリのショートフィード
広告の課金形態	インプレッション単価制のみ利用できる
広告に利用できる長さの制限	60秒以下の動画を広告に利用できる

▶ YouTubeショート広告の表示例 図表50-11

ショート広告

短尺動画を使った動画広告はGoogle広告以外にも、Meta社が提供するInstagramのリール広告、TikTok社の動画広告でも提供されているため、他社の広告プラットフォームでも同じ縦向き動画を活用できます

○ ⑦マストヘッド広告

▶ ポイントと特徴 図表50-12

ポイント	解　説
特　徴	マストヘッド広告は、Googleの担当者経由でしか利用を申し込めないため、ごく一部の広告主しか利用できない
フォーマットの仕組み	YouTube ホームフィードの上部で最大30秒間音声なしで自動再生される
広告が表示される場所	YouTube ホームフィード、YouTube アプリ、テレビ向け YouTube アプリ
広告の課金形態	インプレッション単価制のみ利用できる
広告に利用できる長さの制限	30秒以下の動画を広告に利用できる

▶ マストヘッド広告の表示例 図表50-13

51

[動画キャンペーンのターゲティング]

動画キャンペーンで
利用できるターゲティング

**このレッスンの
ポイント**

動画キャンペーンで指定できるターゲティングの種類は幅広く、さまざまなターゲティングを指定したくなりますが、認知獲得か視聴か視聴後の行動重視かなどの目的に応じてターゲティングは変わってくるはずです。適切に選択していきましょう。

○ 動画キャンペーンで指定できるターゲティング

動画キャンペーンでは、人をターゲティングするオーディエンスと広告を表示する場所をターゲティングするコンテンツ、パソコンやモバイルデバイスやテレビなどの端末をターゲティングするデバイスについてターゲティングすることが可能です。また、これらは除外ターゲティングにも利用できます。**図表51-1** に動画キャンペーンで利用できるターゲティングの一覧を示します。

👍 ワンポイント 最適化されたターゲティングに注意しよう

改めてレッスン52以降で動画広告の目的ごとのキャンペーン作成方法について解説をしますが、動画キャンペーンの作成時に販売促進、見込み顧客の獲得、Webサイトのトラフィックを選択した場合、ターゲティング設定のデフォルトが最適化されたターゲティングとなります。キャンペーンを作成した後に最適化されたターゲティングを利用せず、意図したターゲットのみに配信する方法に切り替えることも可能で

す。

最適化されたターゲティングで指定するセグメントはターゲティングを行うものではなく、Googleがターゲティングを決めるために加味してほしいデータを指定しましょう。特にコンバージョンに至ったユーザーや顧客リストなど実際に購買したユーザーのデータを指定することで、さらなる広告効果が高まることが期待できます。

▶ 動画キャンペーンで利用できるターゲティング一覧 図表51-1

区 分	セグメント名		概 要
人をターゲティングする（オーディエンス）	ユーザー属性		性別や年齢、子供の有無、世帯収入を指定できる
	詳しいユーザー属性		大学生、住宅所有者、最近子供が生まれたユーザーなど、共通の特徴を持つユーザー層を指定できる
	アフィニティ		関連するトピックにすでに強い関心を持っているユーザー層を指定できる
	購買意向の強い		広告主が提供するサービスや商品に似たものを調べている、あるいは購入しようと積極的に考えているユーザー層を指定できる
	ライフイベント		引越し、大学卒業、結婚などの人生の節目において、購入行動やブランドの好みが変わるタイミングにあるユーザー層を指定できる
	データセグメント	組み合わせリスト	複数のセグメントを組み合わせたリストを指定できる
		Webサイトを訪れたユーザー	Webサイトを訪問したことがあるユーザー層を指定できる
		YouTubeユーザー	広告主の持つYouTubeチャンネルや動画などと接触したことがあるユーザー層を指定できる（要：YouTubeチャンネルとGoogle広告アカウントのリンク）
		顧客リスト	広告主が持つ顧客リストと合致するGoogleアカウントのユーザー層を指定できる
		アプリユーザー	広告主の持つモバイルアプリと接触したことがあるユーザー層を指定できる（要：Google PlayアカウントとGoogle広告アカウントのリンク）
	最適化されたターゲティング		ランディングページやアセットなどの情報を使用して、自動でターゲットとなるユーザーを決定する
広告を表示する場所をターゲティングする（コンテンツ）	プレースメント		チャンネル、動画、アプリ、Webサイト、サイト内のプレースメントをターゲットに指定できる
	トピック		選択したトピックに関連するさまざまな動画、チャンネル、Webサイトに広告を表示できる
	キーワード		指定したキーワード（単語やフレーズ）に基づいて、YouTube 動画、YouTube チャンネル、ユーザーが関心を持ちそうなサイトに広告を表示できる
デバイスをターゲティングする	デバイス		パソコン、スマートフォン、モバイル デバイス、テレビ画面を使用するデバイス（Chromecastや Android TVなど）を利用中のユーザーを指定できる

Lesson

52

［目的に応じた動画キャンペーンの設定①］

認知度とリーチを高める
動画リーチキャンペーン

**このレッスンの
ポイント**

動画リーチキャンペーンは、リーチや認知度の向上を目標としている場合に向いている動画キャンペーンの1つで、複数の動画広告フォーマットを使ってより多くのユーザーに動画を届けることが可能です。

○ 動画リーチキャンペーンを使用するべき場面

動画リーチキャンペーンは、できるだけ費用を抑えながら、ブランドに接触したことがないユーザーへのリーチや認知度を高めたり、同じユーザーに複数回リーチして広告想起を高めたり、商品やサービスの比較検討を促したりしたい場合に効果を発揮します。

目的が認知度や広告想起を高めることな

ので、評価はリーチ数や広告配信期間中におけるブランド名の検索数、SNSなどでの言及数が増えたかが指標となります。動画リーチキャンペーンは購買などのアクションに直接つなげるための広告ではないため、広告の目的と評価方法を見誤らないことが大切です。

▶ **動画リーチキャンペーンの活用方法** 図表52-1

● 動画リーチキャンペーンの仕組み

動画リーチキャンペーンでは、どのようにリーチの拡大や認知の向上といった目標達成を進めるかを選択できます。複数の動画広告フォーマットを使って広告接触機会を高めて効率的にリーチする「動画のリーチ（効率的なリーチ）」、最大15秒間のスキップ不可のインストリーム動画広告を使ってリーチしたユーザーに動画を視聴してもらう「スキップ不可でのリーチ（スキップ不可のインストリーム）」、バンパー広告とスキップ可能なインストリーム動画広告とスキップ不可なインストリーム動画広告を使って、同じユーザーに複数回リーチをする「フリークエンシー目標設定」の3つが用意されています。利用できる入札戦略やクリエイティブ（テキストと動画）の仕様、利用できる動画広告フォーマットは 図表52-2 ～ 図表52-5 にまとめています。

▶ 利用可能な動画の技術的仕様 図表52-2

動画の技術的仕様	推 奨	許容設定	注意点
解像度	1080p（フル HD） HD の推奨ピクセル（px）： ・1,920×1,080px（横向き） ・1,080×1,920px（縦向き） ・1,080×1,080px（正方形）	720p（標準 HD） 最小ピクセル： ・1,280×720px（横向き） ・720×1,280px（縦向き） ・480×480px（正方形） SD の最小ピクセル： ・640×480px（横向き） ・480×640px（縦向き） ・480×480px（正方形）	最適な画質を確保するため、SD は使用しないほうがいい
アスペクト比	・横向き：16:9 ・縦向き：9:16 ・正方形：1:1	・横向き：4:3（SD） ・縦向き：2:3	
形 式	.MPG （MPEG-2 または MPEG-4）	.WMV、.AVI、.MOV および .FLV、.MPEG-1、.MP4、.MPEGPS、3GPP、WebM、DNxHR、ProRes、CineForm、HEVC（h265）	音声ファイル（MP3、WAV、PCM ファイルなど）は YouTube にアップロードできない
ファイルサイズ	256GB	—	—

Chapter 6

［動画広告］YouTube に広告を配信しよう

▶ **利用可能な動画広告フォーマット** 図表52-3

利用できる 動画広告フォーマット	推 奨	許容設定	注意点
動画のリーチ（効率的な リーチ） ・スキップ可能なインス 　トリーム ・バンパー ・インフィード動画 ・ショート動画	おすすめの向きとおすす めの広告の長さ ・（1個）横向き 15 秒、（1 　個）横向き 6 秒 ・（1個）縦向き 6〜60秒	・スキップ可能なインスト 　リーム：長さの制限なし ・バンパー：6 秒未満の 　任意の長さ ・インフィード動画：長さ 　の制限なし ・ショート動画：長さの制 　限なし（縦向きを推奨）	推奨される画面の向 きと広告の長さに沿 って設定すると、対 象となるすべての広 告枠に広告を掲載で きる
スキップ不可でのリーチ ・スキップ不可のインス 　トリーム	おすすめの向きとおすす めの広告の長さ ・（1個以上）横向き 15秒	・スキップ可能なインスト 　リーム：横向き、長さの 　制限なし	
フリークエンシー目標 設定 ・スキップ可能なインス 　トリーム ・スキップ不可のインス 　トリーム ・バンパー	おすすめの向きとおすす めの広告の長さ ・（1個以上）横向き15秒、 　（1個）横向き6秒	・スキップ可能なインスト 　リーム：横向き、長さの 　制限なし ・スキップ不可のインスト 　リーム：横向き：6〜15 　秒（特定の市場では 6〜 　20秒） ・バンパー：横向き 6 秒 　未満	

▶ **利用可能な要素** 図表52-4

要 素	仕 様
広告見出し	・半角90文字（全角45文字）以内 ※マルチフォーマット動画広告を利用する場合
説明文	・半角70文字（全角35文字）以内 ※マルチフォーマット動画広告を利用する場合
表示 URL	・半角15文字（全角7文字）以内
行動を促すフレーズ（省略可）	・半角10文字（全角5文字）以内 ・行動を促すフレーズに付属する半角15文字（全角7文字）以内の広 　告見出し（省略可）
オプション（省略可）	・Google Merchant Centerの商品フィード

▶ **利用可能な入札戦略** 図表52-5

利用できる入札戦略	注意点
目標インプレッション単価	「効率的なリーチ」「スキップ不可のリーチ」「フリークエンシー目標 設定」のいずれを選択しても同じ

▶ 動画リーチキャンペーンの設定方法 図表52-6

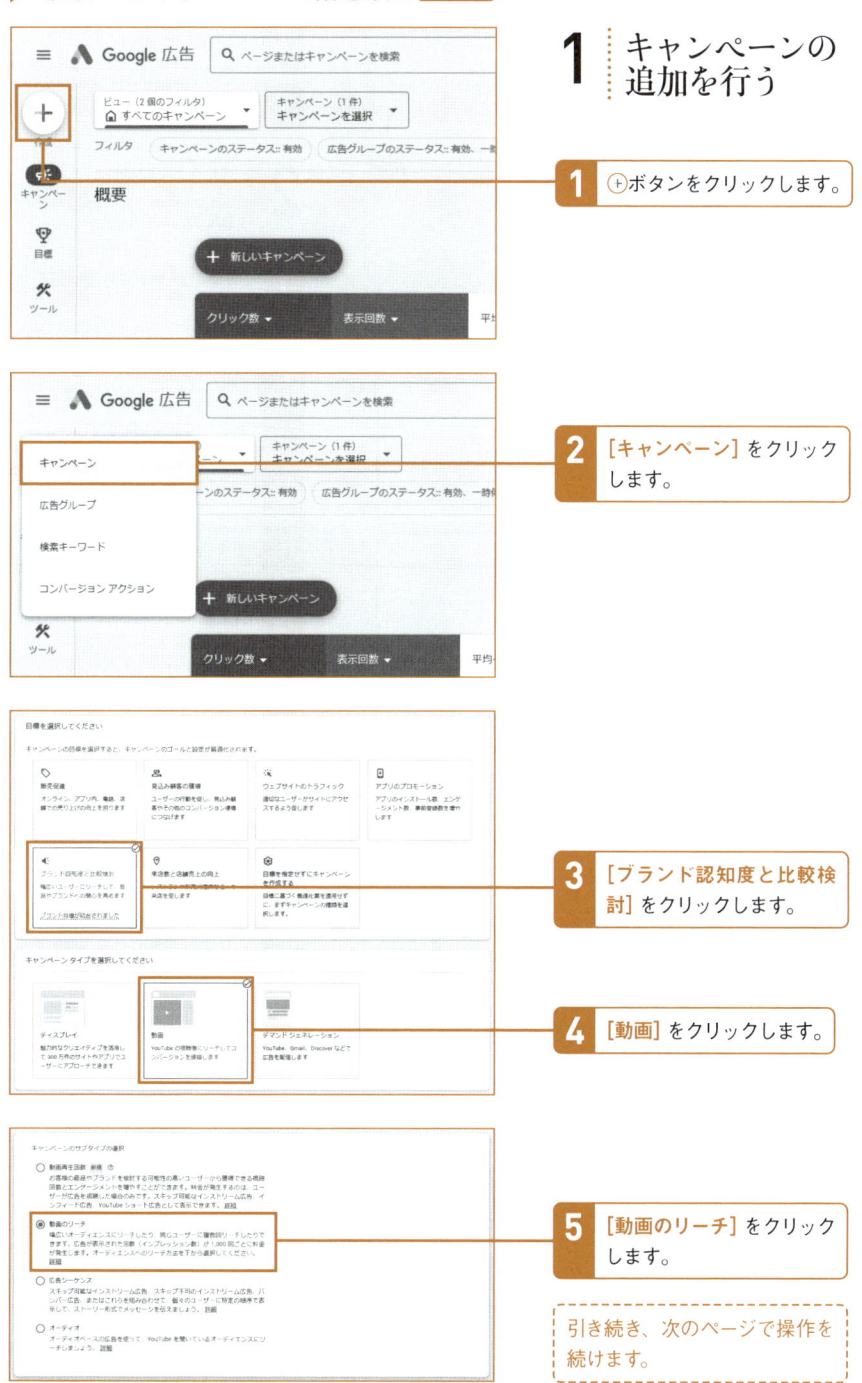

1 キャンペーンの追加を行う

1 ⊕ボタンをクリックします。

2 ［キャンペーン］をクリックします。

3 ［ブランド認知度と比較検討］をクリックします。

4 ［動画］をクリックします。

5 ［動画のリーチ］をクリックします。

引き続き、次のページで操作を続けます。

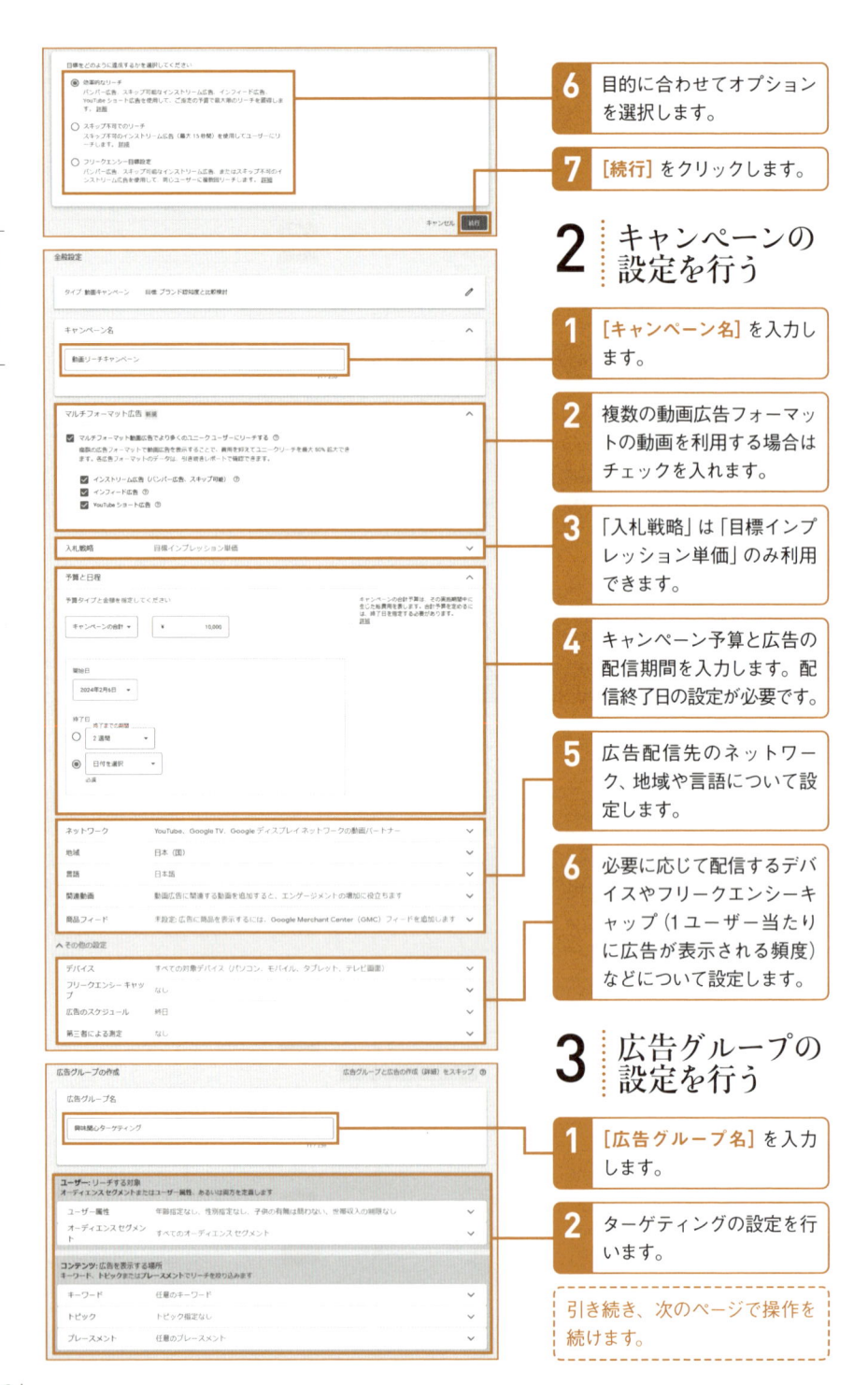

6 目的に合わせてオプション を選択します。

7 [続行] をクリックします。

2 キャンペーンの 設定を行う

1 [キャンペーン名] を入力します。

2 複数の動画広告フォーマットの動画を利用する場合はチェックを入れます。

3 「入札戦略」は「目標インプレッション単価」のみ利用できます。

4 キャンペーン予算と広告の配信期間を入力します。配信終了日の設定が必要です。

5 広告配信先のネットワーク、地域や言語について設定します。

6 必要に応じて配信するデバイスやフリークエンシーキャップ（1ユーザー当たりに広告が表示される頻度）などについて設定します。

3 広告グループの 設定を行う

1 [広告グループ名] を入力します。

2 ターゲティングの設定を行います。

引き続き、次のページで操作を続けます。

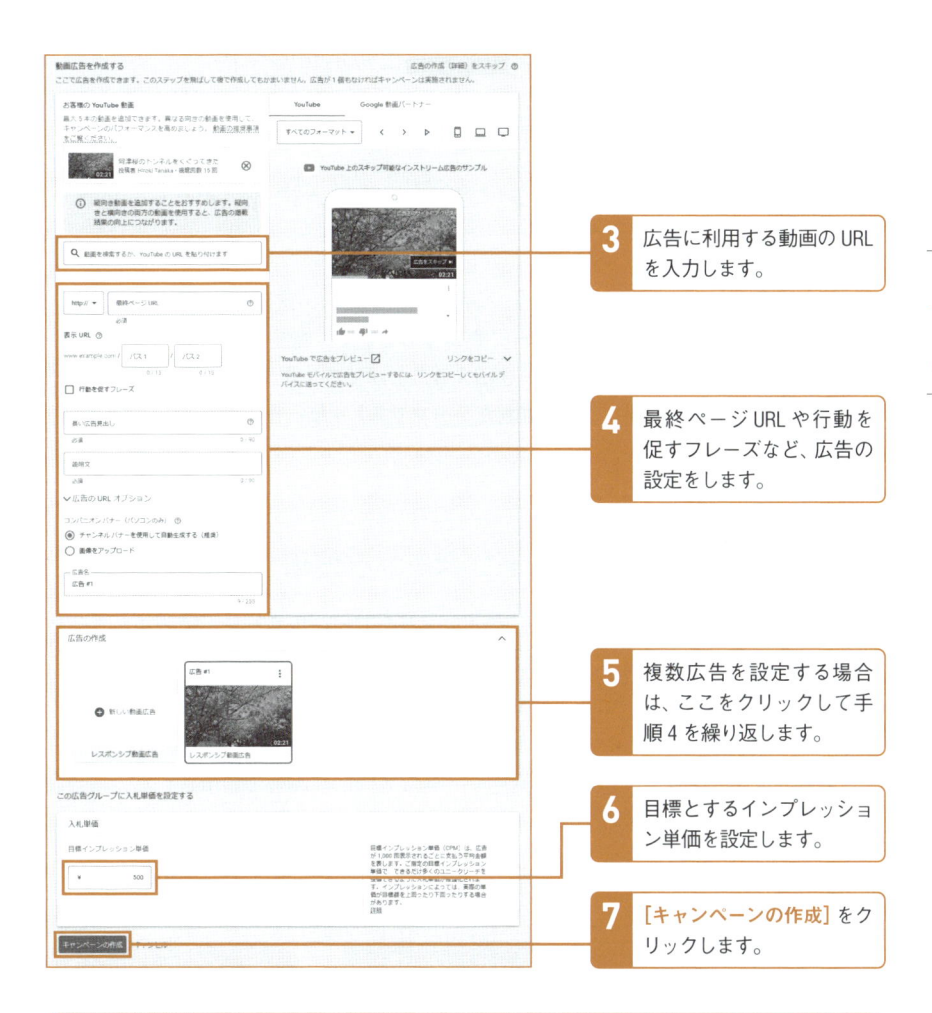

3 広告に利用する動画の URL を入力します。

4 最終ページ URL や行動を促すフレーズなど、広告の設定をします。

5 複数広告を設定する場合は、ここをクリックして手順 4 を繰り返します。

6 目標とするインプレッション単価を設定します。

7 ［キャンペーンの作成］をクリックします。

👍 ワンポイント インプレッション単価や視聴単価は何円に設定するべき？

よく「インプレッション単価や視聴単価はいくらにすれば良いか？」という質問を受けますが、これに関して明確な金額はありません。ターゲティングによって競合する広告主は変わってきますし、広告する動画の推定視聴率が低ければ広告の表示に必要な単価は高くなるため、一概にいくらの広告単価で表示できるということが言えないためです。

そのため、目標から逆算して設定し、実際の配信状況に応じて調整することをおすすめします。それでも何らかの数値を決めたい場合、インプレッション単価制であれば数百円程度、視聴単価制ならば5円程度からスタートしてみて後から調整してみるのも良いでしょう。

［目的に応じた動画キャンペーンの設定②］

53 複数の動画を順番に表示する 動画広告シーケンスキャンペーン

このレッスンの
ポイント

動画広告シーケンスキャンペーンは、定義した順序で一連の動画をユーザーに表示することで、商品やサービス、ブランドのストーリーを伝えることができます。このキャンペーンを活用して統一されたテーマでストーリーを伝えてみましょう。

〇 動画広告シーケンスキャンペーンを使用するべき場面

動画広告シーケンスキャンペーンは、定義した順序で一連の動画をユーザーに表示することで、商品やサービス、ブランドのストーリーを伝えることができます。動画広告シーケンスキャンペーンを活用してユーザーの関心を高めたり、メッセージをアピールしたり、統一されたテーマを作成したりすることが可能です。1回の動画広告だけでは商品やサービスの良さが伝えきれない場合、複数の動画広告を意図的な順番で表示させたい場合などに有効な動画キャンペーンです。

▶ **動画広告シーケンスの動作イメージ** 図表53-1

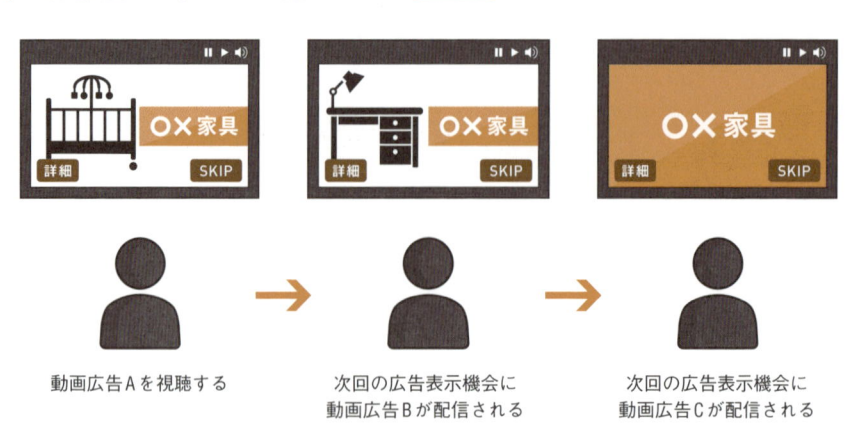

動画広告Aを視聴する

次回の広告表示機会に
動画広告Bが配信される

次回の広告表示機会に
動画広告Cが配信される

● 動画広告シーケンスキャンペーンの仕組み

動画広告シーケンスキャンペーンでは、シーケンスと呼ばれるユーザーに表示する一連の動画広告で構成されます。動画シーケンスキャンペーンはステップと呼ばれる単位で構成され、ステップの中に広告グループと動画広告が含まれます。入札戦略やターゲティングなどはキャンペーン単位で設定しますが、使用する動画広告の動画広告フォーマットと入札単価は各ステップの中で設定することになります。シーケンスキャンペーンは定義した順序で広告が表示されます。

2番目のステップ以降では、1つ前の動画を「表示した」「視聴した」「スキップした」といった条件を使った分岐による動画の広告の出し分けも可能です。例えば、ユーザーがシーケンスの2番目のステップに移るには、最初のステップの動画でインプレッションがカウントされる必要があります（次のステップに進むための条件としてインプレッションを選択した場合）図表53-2。

動画広告シーケンスキャンペーンでは、Ipsosによる調査から得られたインサイト※をもとに、物語構造を利用した効果的なストーリー伝達と広告制作の手法を反映したテンプレートも用意されているので、選択したテンプレートと共に表示されるガイダンスに沿って必要な動画を選択するだけで効果的なシーケンスを作成することもできます。

※参考：https://www.ipsos.com/sites/default/files/ct/publication/documents/2019-05/how-sequencing-ads-drive-impact.pdf

▶ 動画シーケンスキャンペーンの仕組み 図表53-2

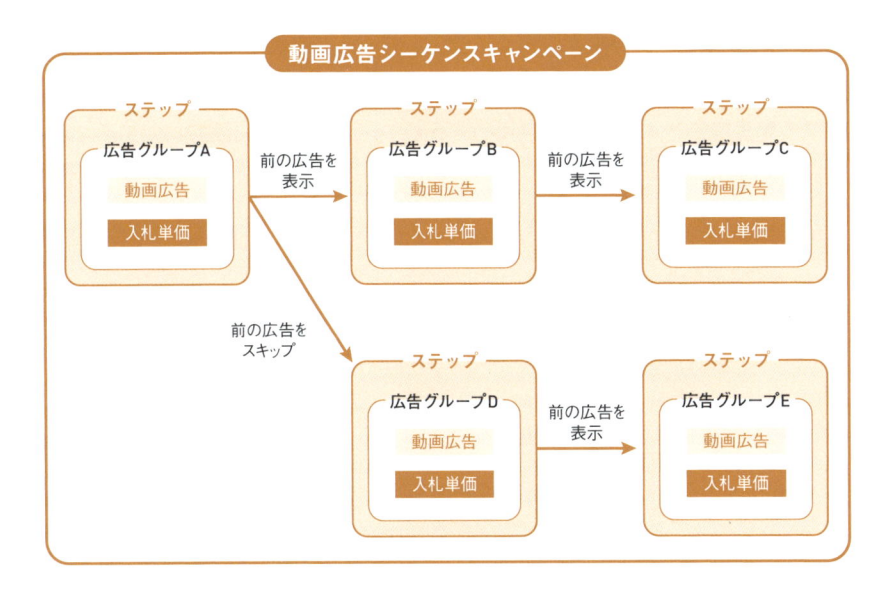

◯ 動画広告シーケンスキャンペーンで用意されているテンプレート

シーケンスの設定においては広告主が動画広告を自由に組み合わせて独自のシーケンスを作成することもできますが、Googleが自動で組み合わせる「自動シーケンス」、Ipsosの調査から得られたインサイトを元に構成される「紹介と補強」

「興味をかき立て触発する」「引きつけて誘導する」「エンゲージメントと差別化」といったテンプレートも用意されているので、目的に合わせてテンプレートを選択することもできます。

▶ **動画広告シーケンスキャンペーンで用意されているテンプレート** 図表53-3

テンプレート名	概　要
カスタムシーケンス	動画広告を自由に組み合わせて独自のシーケンスを作成する
自動シーケンス	動画広告を任意に組み合わせて使用すると、Google で順序が最適化される
紹介と補強	長い動画広告（30 秒以上）でブランドを紹介した後、短い動画広告（30 秒未満）でメッセージを補強する
興味をかき立て触発する	短い動画広告（30 秒未満）で視聴者の興味をかき立て、長い動画広告（30 秒以上）で視聴者の行動を促す
引き付けて誘導する	短い動画広告（30 秒未満）で視聴者を引き付けて、長い動画広告（30 秒以上）で視聴者の行動を促し、さらに別の短い動画広告（30 秒未満）で視聴者が行動を起こすように働きかける
エンゲージメントと差別化	ブランドのストーリーを複数のパーツに分けるか、4 本の短い動画広告（30 秒未満）を使って同じストーリーをさまざまな角度から伝える

◯ 利用可能な入札戦略とクリエイティブに関するガイドライン

動画広告シーケンスキャンペーンでは、利用する入札戦略によって動画広告として利用できる動画広告フォーマットが変わってきます。図表53-4、図表53-5 に対応表を示します。

▶ 利用できる入札戦略と動画広告フォーマット 図表53-4

利用できる入札戦略と 動画広告フォーマット	推 奨	許容設定	注意点
目標インプレッション単価（推奨） ・スキップ可能なインストリーム ・スキップ不可のインストリーム ・バンパー ・上記の組み合わせ	おすすめの広告の長さ ・スキップ可能なインストリーム： 　認知向上：15〜20秒 　比較検討：2〜3分 　行動を起こしてもらう： 　15〜20秒 ・スキップ不可インストリーム：15秒	・スキップ可能なインストリーム：長さの制限なし ・スキップ不可のインストリーム：横向き：6〜15秒（特定の市場では6〜20秒） ・バンパー：6秒未満の任意の長さ	推奨される画面の向きと広告の長さに沿って設定すると、対象となるすべての広告枠に広告を掲載できる
上限広告視聴単価 ・スキップ可能なインストリーム	おすすめの広告の長さ ・スキップ可能なインストリーム 　認知向上：15〜20秒 　比較検討：2〜3分 　行動を起こしてもらう： 　15〜20秒	・スキップ可能なインストリーム：横向き、長さの制限なし	

▶ 利用できる動画の技術的仕様 図表53-5

動画の 技術的仕様	推 奨	許容設定	注意点
解像度	1080p（フル HD） HD の推奨ピクセル（px）： ・1,920×1,080px（横向き） ・1,080×1,920px（縦向き） ・1,080×1,080px（正方形）	720p（標準 HD） 最小ピクセル： ・1,280×720px（横向き） ・720×1,280px（縦向き） ・480×480px（正方形） SD の最小ピクセル： ・640×480px（横向き） ・480×640px（縦向き） ・480×480px（正方形）	最適な画質を確保するため、SD は使用しないほうがいい
アスペクト比	・横向き：16:9 ・縦向き：9:16 ・正方形：1:1	・横向き：4:3（SD） ・縦向き：2:3	
形 式	.MPG （MPEG-2 または MPEG-4）	.WMV、.AVI、.MOV および.FLV、.MPEG-1、.MP4、.MPEGPS、3GPP、WebM、DNxHR、ProRes、CineForm、HEVC（h265）	音声ファイル（MP3、WAV、PCM ファイルなど）はYouTube にアップロードできない
ファイルサイズ	256GB	—	—

▶ 動画シーケンスキャンペーンの設定方法 図表53-6

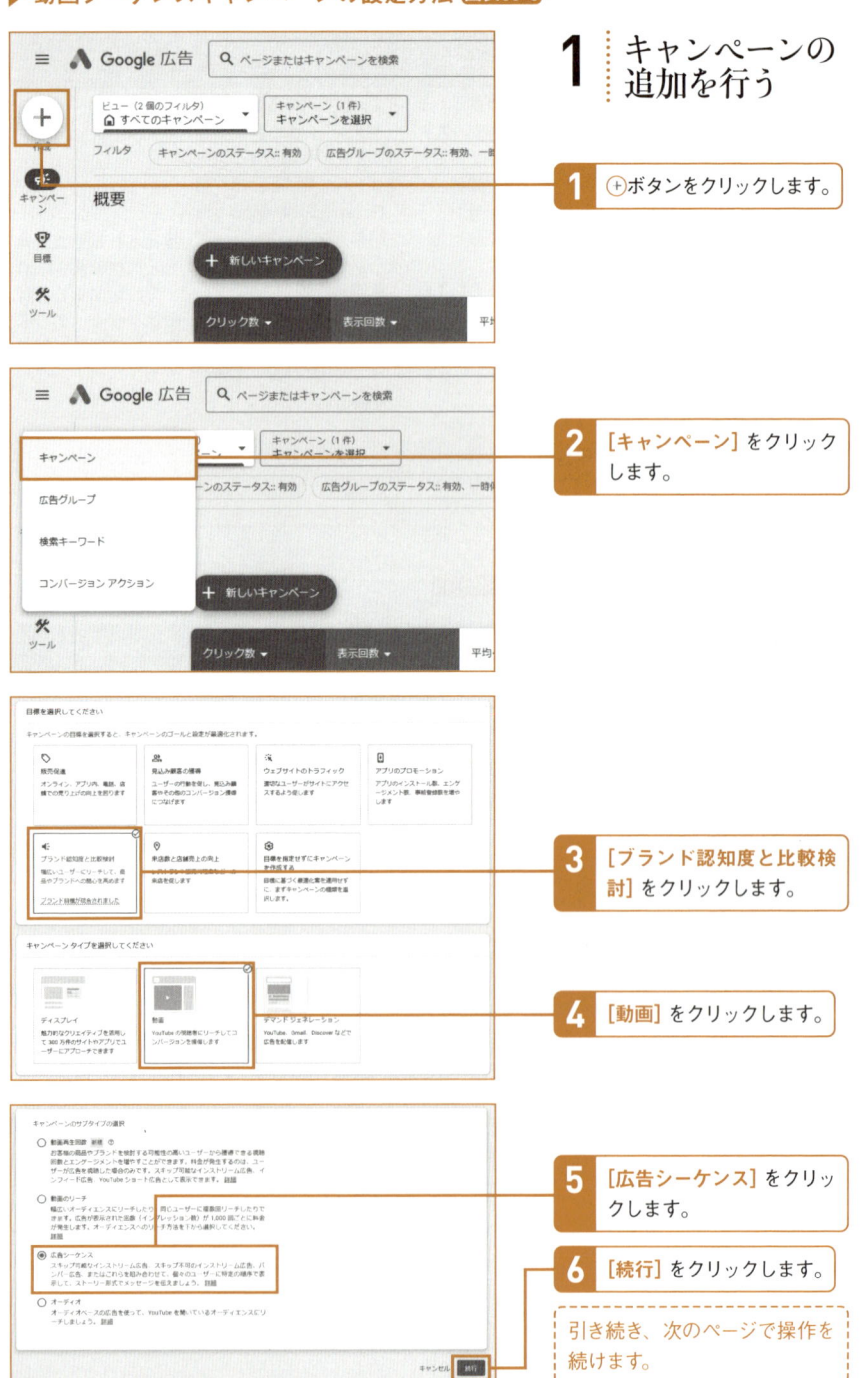

1 キャンペーンの追加を行う

1 ⊕ボタンをクリックします。

2 [キャンペーン] をクリックします。

3 [ブランド認知度と比較検討] をクリックします。

4 [動画] をクリックします。

5 [広告シーケンス] をクリックします。

6 [続行] をクリックします。

引き続き、次のページで操作を続けます。

2 キャンペーンの設定を行う

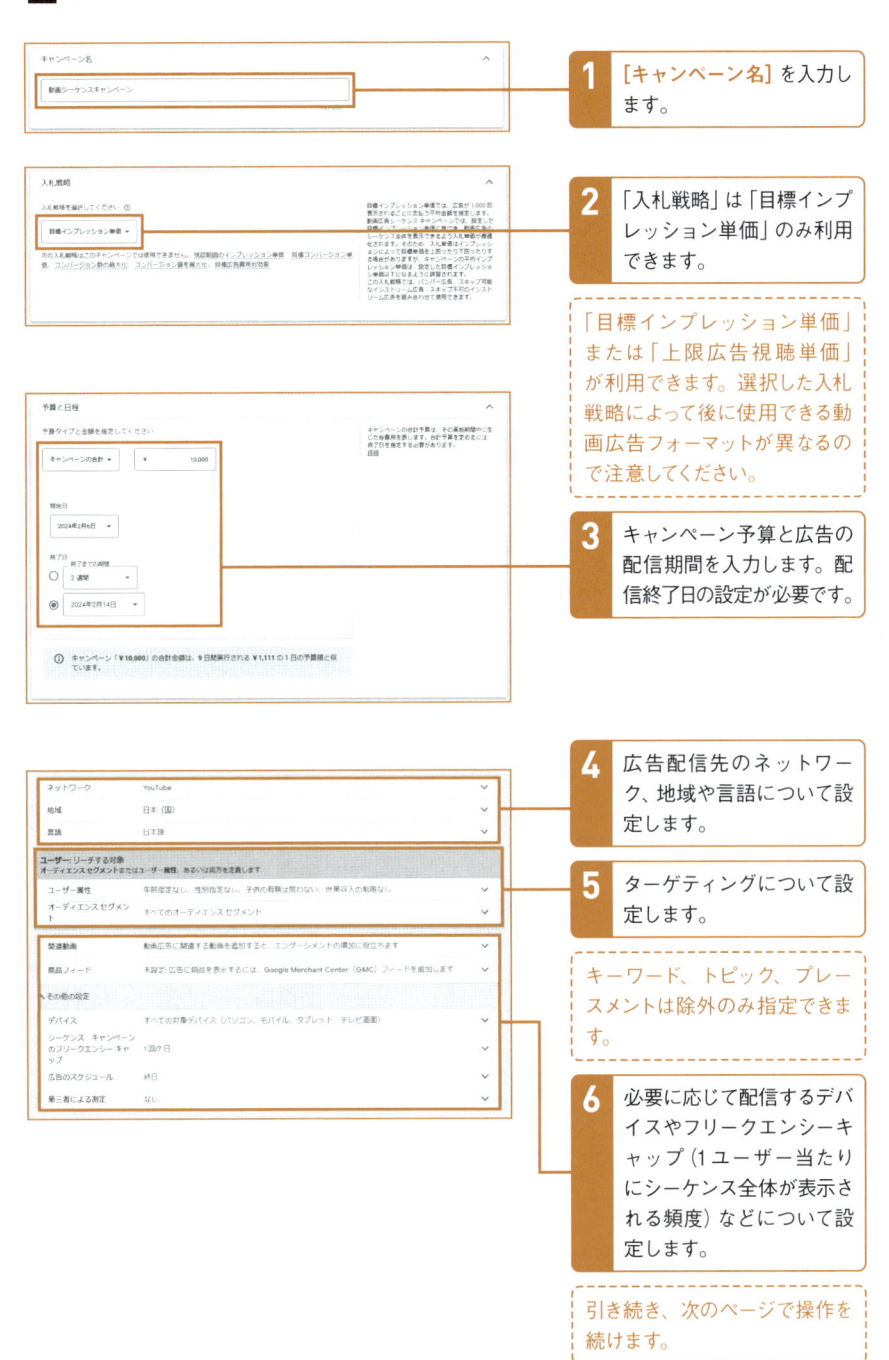

1 [キャンペーン名] を入力します。

2 「入札戦略」は「目標インプレッション単価」のみ利用できます。

「目標インプレッション単価」または「上限広告視聴単価」が利用できます。選択した入札戦略によって後に使用できる動画広告フォーマットが異なるので注意してください。

3 キャンペーン予算と広告の配信期間を入力します。配信終了日の設定が必要です。

4 広告配信先のネットワーク、地域や言語について設定します。

5 ターゲティングについて設定します。

キーワード、トピック、プレースメントは除外のみ指定できます。

6 必要に応じて配信するデバイスやフリークエンシーキャップ（1ユーザー当たりにシーケンス全体が表示される頻度）などについて設定します。

引き続き、次のページで操作を続けます。

NEXT PAGE →

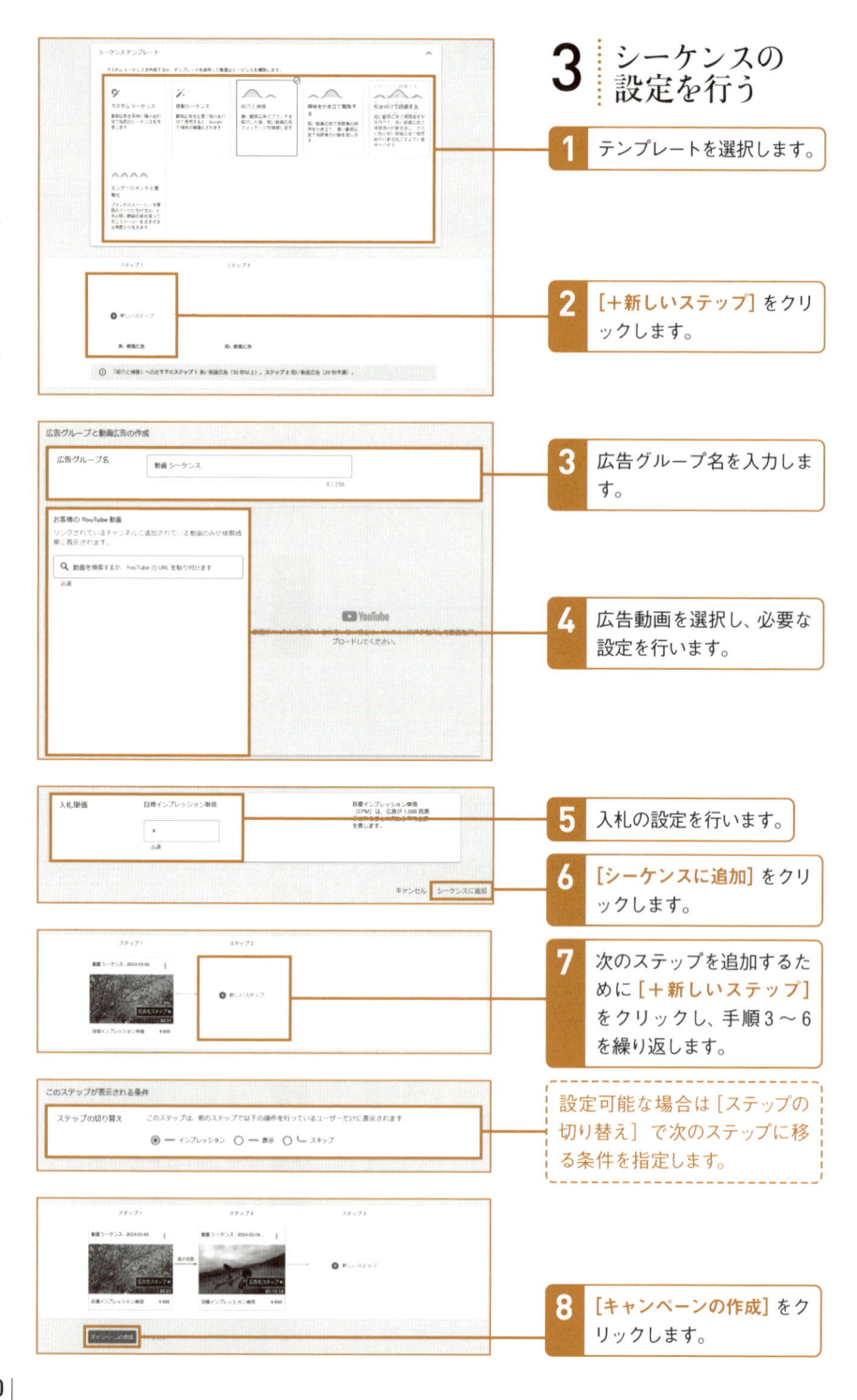

3 シーケンスの設定を行う

1 テンプレートを選択します。

2 [＋新しいステップ] をクリックします。

3 広告グループ名を入力します。

4 広告動画を選択し、必要な設定を行います。

5 入札の設定を行います。

6 [シーケンスに追加] をクリックします。

7 次のステップを追加するために [＋新しいステップ] をクリックし、手順3〜6を繰り返します。

設定可能な場合は [ステップの切り替え] で次のステップに移る条件を指定します。

8 [キャンペーンの作成] をクリックします。

Lesson 54

[目的に応じた動画キャンペーンの設定③]

コンバージョンを促進する 動画アクションキャンペーン

このレッスンの ポイント

動画を通じて商品やサービスのコンバージョンを増やしたい場合は、動画アクションキャンペーンを活用してみましょう。このレッスンでは動画アクションキャンペーンのメリットや仕組み、設定方法について解説をします。

○ 動画アクションキャンペーンを使用するべき場面

動画アクションキャンペーンは、商品やサービスのコンバージョン増加を目的に、動画を活用する機能です。このキャンペーンは、予算内でコンバージョンを最大化したいときや、特定のコンバージョン単価を維持しつつコンバージョンを増加させたい場合におすすめです。

このキャンペーンの目標は、コンバージョンの増加に焦点を当てることなので、動画の内容はブランド認知や想起よりも、具体的なアクションを促す方向性にあることが重要です。また、商品やサービスにすでに関心を持っている潜在顧客に焦点を絞ることが重要になるため、適切なターゲット設定も必要になってきます。

▶ **動画アクションキャンペーンの仕組み** 図表54-1

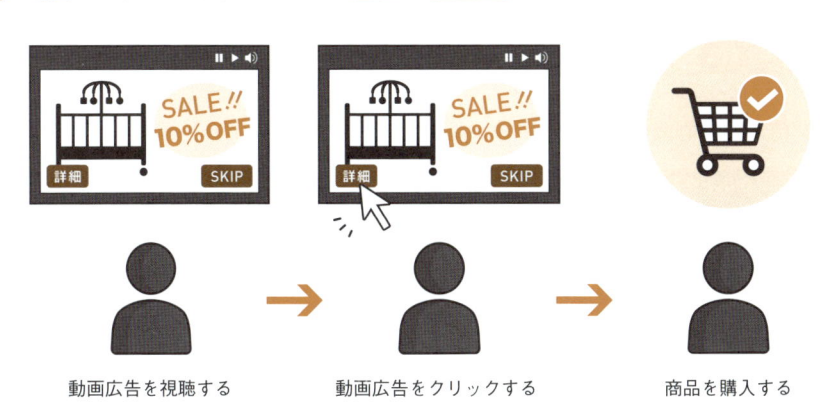

動画広告を視聴する　　　動画広告をクリックする　　　商品を購入する

○ 動画アクションキャンペーンの仕組み

動画アクションキャンペーンでは、スキップ可能なインストリーム広告フォーマットとインフィード動画広告フォーマットを使い、より多くのユーザーにリーチを試みます。特徴として、広告のクリエイティブに行動を促すフレーズ（CTA：Call-To-Action）や広告見出し、説明文を含められるだけでなく、サイトリンク、リードフォームなどのアセットを合わせて利用できます。

利用できる入札戦略やクリエイティブ（動画とテキスト）の仕様、利用できる動画広告フォーマットは 図表54-2 〜 図表54-5 にまとめています。

▶ 利用可能な動画の技術的仕様 図表54-2

動画の技術的仕様	推 奨	許容設定	注意点
解像度	1080p（フル HD） HD の推奨ピクセル (px)： ・1,920×1,080px（横向き） ・1,080×1,920px（縦向き） ・1,080×1,080px（正方形）	720p（標準 HD） 最小ピクセル： ・1,280×720px（横向き） ・720×1,280px（縦向き） ・480×480px（正方形） SD の最小ピクセル： ・640×480px（横向き） ・480×640px（縦向き） ・480×480px（正方形）	最適な画質を確保するため、SD は使用しないほうがいい
アスペクト比	・横向き：16:9 ・縦向き：9:16 ・正方形：1:1	・横向き：4:3（SD） ・縦向き：2:3	
形 式	.MPG （MPEG-2 または MPEG-4）	.WMV、.AVI、.MOV および .FLV、.MPEG-1、.MP4、.MPEGPS、3GPP、WebM、DNxHR、ProRes、CineForm、HEVC（h265）	音声ファイル（MP3、WAV、PCM ファイルなど）は YouTube にアップロードできない
ファイルサイズ	256GB 以下	—	—

▶ 利用可能な動画広告フォーマット 図表54-3

利用できる動画広告フォーマット	推 奨	許容設定	注意点
スキップ可能なインストリーム	・おすすめの広告の長さ：15〜20秒 ・設定する広告動画の数：5本	長さの制限なし	推奨される画面の向きと広告の長さに沿って設定すると、対象となるすべての広告枠に広告を掲載できる
インフィード動画広告	・おすすめの広告の長さ：10秒以上 ・設定する広告動画の数：1本以上		

▶ 利用可能な要素 図表54-4

要　素	仕　様
広告見出し	・広告見出し：半角30文字（全角15文字）以内 ・長い広告見出し：半角90文字（全角45文字）以内
説明文	・半角90文字（全角45文字）以内
表示 URL	・半角15文字（全角7文字）以内
行動を促すフレーズ（省略可）	・半角10文字（全角5文字）以内 ・行動を促すフレーズに付属する半角15文字（全角7文字）以内の広告見出し（省略可）
オプション（省略可）	・サイトリンクアセット ・リードフォームアセット ・Google Merchant Centerの商品フィード （1つのキャンペーンで1度に配信できるオプションは1つのみ）

▶ 利用可能な入札戦略 図表54-5

利用できる入札戦略	注意点
目標コンバージョン単価	キャンペーンでコンバージョンが 30 件以上発生している場合にのみ利用できる
コンバージョン数の最大化	
目標広告費用対効果	キャンペーンでコンバージョンが 30 件以上発生している場合にのみ利用できる
コンバージョン値の最大化	

▶ 動画アクションキャンペーンの設定方法 図表54-6

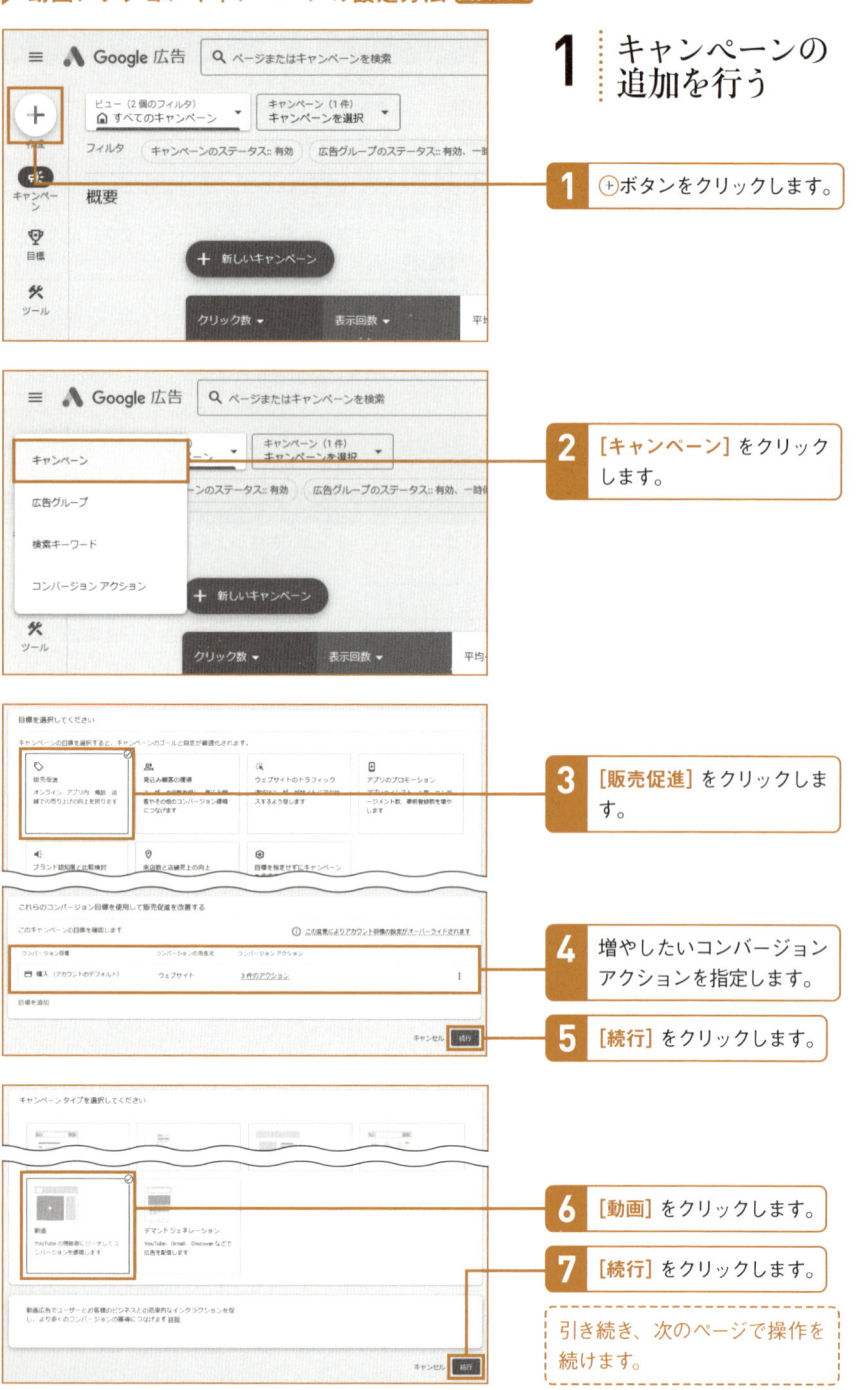

1 キャンペーンの追加を行う

1 ⊕ボタンをクリックします。

2 ［キャンペーン］をクリックします。

3 ［販売促進］をクリックします。

4 増やしたいコンバージョンアクションを指定します。

5 ［続行］をクリックします。

6 ［動画］をクリックします。

7 ［続行］をクリックします。

引き続き、次のページで操作を続けます。

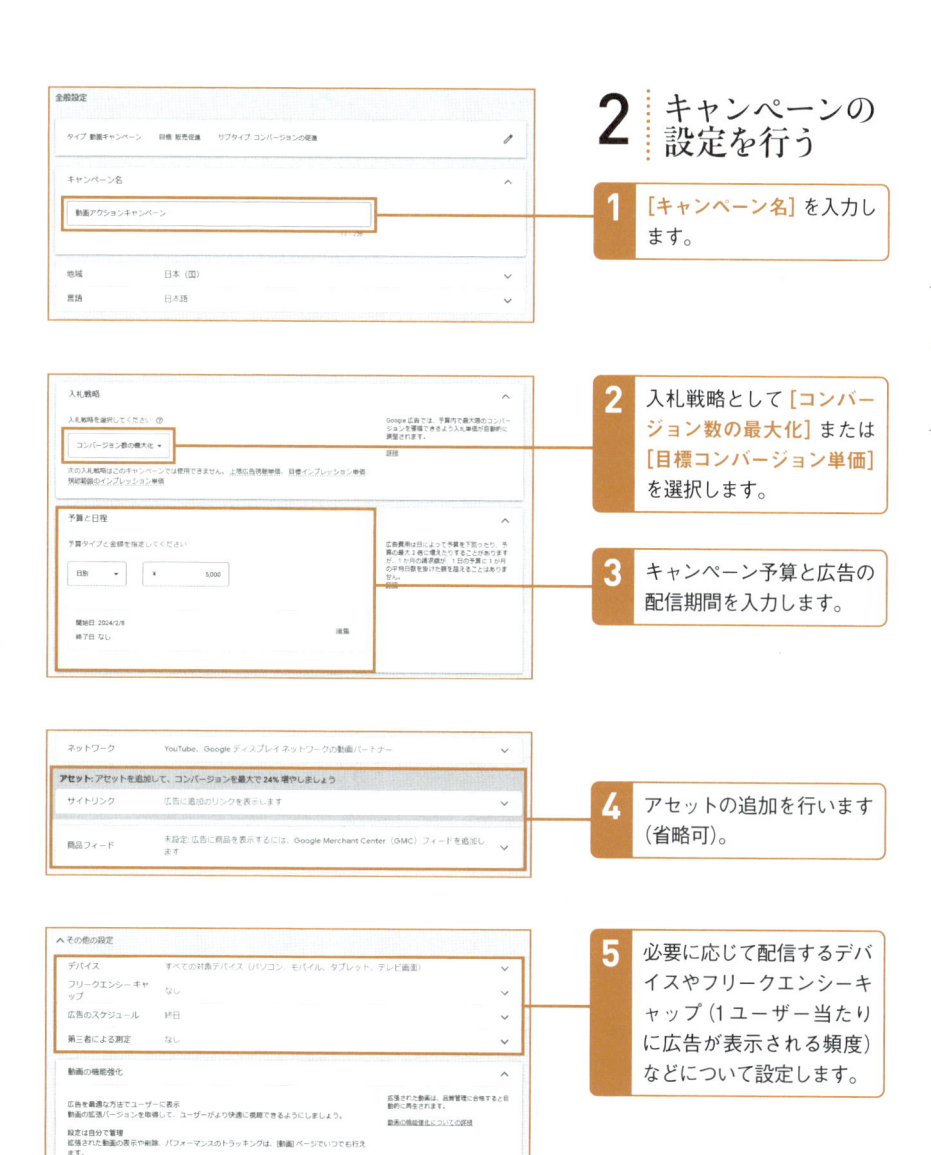

2 キャンペーンの設定を行う

1 [キャンペーン名]を入力します。

2 入札戦略として[コンバージョン数の最大化]または[目標コンバージョン単価]を選択します。

3 キャンペーン予算と広告の配信期間を入力します。

4 アセットの追加を行います（省略可）。

5 必要に応じて配信するデバイスやフリークエンシーキャップ（1ユーザー当たりに広告が表示される頻度）などについて設定します。

6 広告に利用する動画が横長のもの1つしかないなどの場合、[許可する]にチェックを入れると広告配信面のサイズに合わせた動画を自動生成してくれます（デフォルトで[許可]）。

引き続き、次のページで操作を続けます。

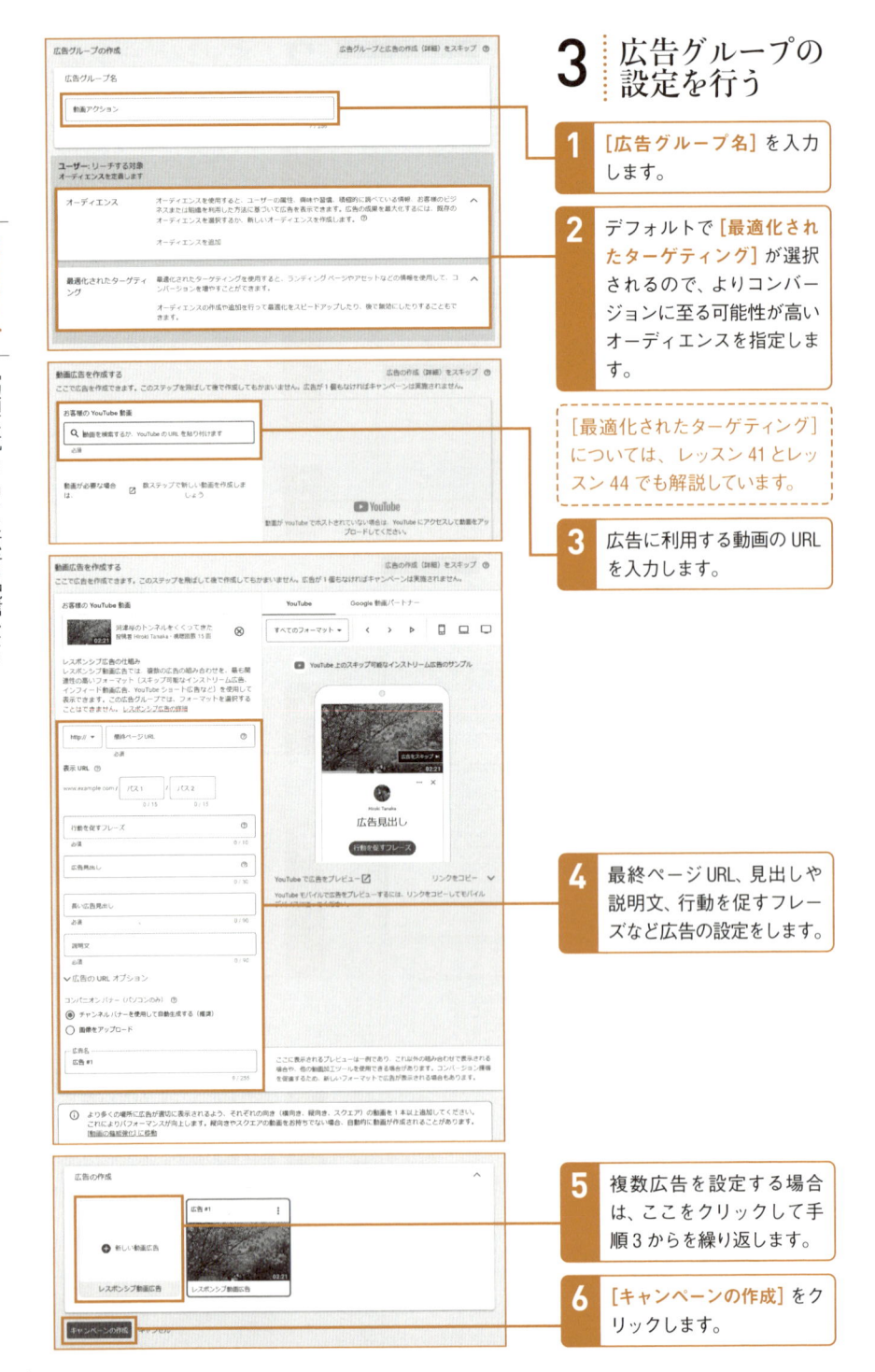

3 広告グループの設定を行う

1 [広告グループ名] を入力します。

2 デフォルトで [最適化されたターゲティング] が選択されるので、よりコンバージョンに至る可能性が高いオーディエンスを指定します。

[最適化されたターゲティング] については、レッスン41とレッスン44でも解説しています。

3 広告に利用する動画のURLを入力します。

4 最終ページURL、見出しや説明文、行動を促すフレーズなど広告の設定をします。

5 複数広告を設定する場合は、ここをクリックして手順3から繰り返します。

6 [キャンペーンの作成] をクリックします。

Lesson

55

［目的に応じた動画キャンペーンの設定④］

予算内で視聴回数を最大化する動画視聴キャンペーン

**このレッスンの
ポイント**

動画視聴キャンペーンを使うと、購買意向の高いユーザーにYouTube上のさまざまな動画フォーマットを通じて、自社ブランドの動画を効果的に配信し、視聴回数を増やすことが可能です。特に、ストーリーをじっくり伝えたい場合に効果的です。

○ 動画視聴キャンペーンを使用するべき場面

動画視聴キャンペーンは、限られた予算の中で動画の視聴回数を最大限に増やしたい場合におすすめです。長尺コンテンツをブラウジングしたり、探したり、視聴したりしている視聴者や、ショート動画を楽しんだり、発見したりしている視聴者に広告を表示することで、ブランドの比較検討を促進できます。

このキャンペーンで表示する動画広告は、横長であれば1～3分、縦長動画であれば10秒～1分程度の長さが推奨されており、動画の視聴から直接アクションに導くというよりも、じっくり視聴してもらって比較検討を促進したい場面での利用に向いています。

▶ **動画視聴キャンペーンの仕組み** 図表55-1

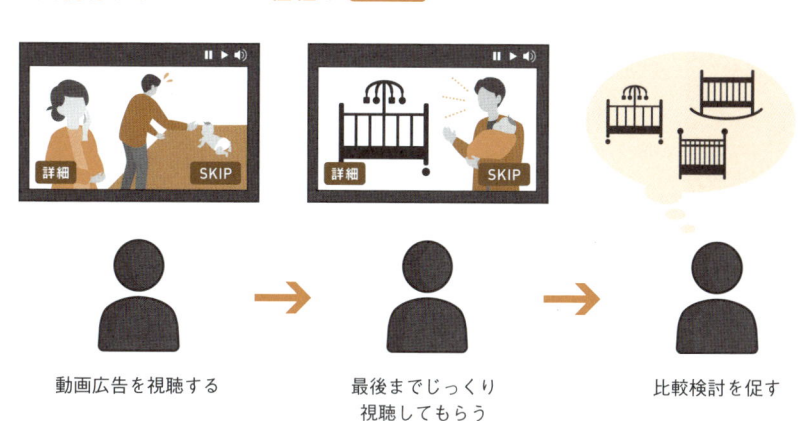

動画広告を視聴する　　最後までじっくり
視聴してもらう　　比較検討を促す

NEXT PAGE ➡

○ 動画視聴キャンペーンの仕組み

動画視聴キャンペーンでは、スキップ可能なインストリーム広告フォーマットとインフィード動画広告フォーマットを使い、より多くのユーザーにリーチすることを目指します。

このキャンペーンでは複数の広告フォーマットに動画広告を組み合わせ、広告のパフォーマンスを最大化するために最適な配信先を自動で判断するマルチフォーマット動画広告を利用でき、その場合はYouTubeショートにも動画広告を表示させることができます。マルチフォーマット動画広告を利用しない場合はYouTubeショートには動画広告が表示されないため注意が必要です。

マルチフォーマット動画広告を使用しない場合でも、スキップ可能なインストリーム広告用の広告グループまたはインフィード動画広告用の広告グループを作成することで、個々の動画広告を設定できます。ただし、同じ設定で異なる広告グループを使用すると、広告が互いに競合し、キャンペーンで獲得できる見込みのある視聴回数の合計が減少する可能性があります。それぞれのフォーマットの動画を用意できる場合は、マルチフォーマット動画広告を使用して、1つの広告グループですべてのフォーマットに広告を配信することで、獲得できる合計視聴回数を最大化できます。

利用できる入札戦略やクリエイティブ（動画）の仕様、利用できる動画広告フォーマットは 図表55-2 〜 図表55-4 にまとめています。

▶ 利用可能な動画の技術的仕様 図表55-2

動画の技術的仕様	推　奨	許容設定	注意点
解像度	1080p（フル HD） HD の推奨ピクセル（px）： ・1,920×1,080px（横向き） ・1,080×1,920px（縦向き） ・1,080×1,080px（正方形）	720p（標準 HD） 最小ピクセル： ・1,280×720px（横向き） ・720×1,280px（縦向き） ・480×480px（正方形） SD の最小ピクセル： ・640×480px（横向き） ・480×640px（縦向き） ・480×480px（正方形）	最適な画質を確保するため、SD は使用しないほうがいい
アスペクト比	・横向き：16:9 ・縦向き：9:16 ・正方形：1:1	・横向き：4:3（SD） ・縦向き：2:3	
形　式	.MPG （MPEG-2 または MPEG-4）	.WMV、.AVI、.MOV および .FLV、.MPEG-1、.MP4、.MPEGPS、3GPP、WebM、DNxHR、ProRes、CineForm、HEVC（h265）	音声ファイル（MP3、WAV、PCM ファイルなど）は YouTube にアップロードできない
ファイルサイズ	256GB 以下	—	—

▶ 利用可能な動画広告フォーマット 図表55-3

利用できる 動画広告フォーマット	推 奨	許容設定	注意点
スキップ可能なインストリーム インフィード動画広告	おすすめの向きと動画の長さ ・横向き：1〜3分を1つ以上 ・横向き：15秒を1つ以上 ・縦向き：10秒〜1分を1つ以上	長さの制限なし	推奨される画面の向きと広告の長さに沿って設定すると、対象となるすべての広告枠に広告を掲載できる

▶ 利用可能な入札戦略 図表55-4

利用できる入札戦略	注意点
目標広告視聴単価	マルチフォーマット動画広告を「使用する」場合に選択される
上限広告視聴単価	マルチフォーマット動画広告を「使用しない」場合に選択される

👍 ワンポイント 登録者数を増やすなら動画アクションキャンペーン

YouTubeチャンネルの登録者数を増やしたい場合も動画キャンペーンを活用することができます。YouTubeチャンネルの登録者数の増加を目標というと、動画視聴キャンペーンで視聴回数の最大化や、動画リーチキャンペーンでリーチ数の最大化を目指すイメージがありますが、実際は動画アクションキャンペーンを使うことになります。

YouTubeチャンネルとGoogle広告アカウントをリンクすると、コンバージョンアクションとして「YouTubeチャンネルの登録（YouTube channel subscriptions）」が自動作成（図表55-5）されるので、コンバージョンアクションが確認できたら動画キャンペーンを作成時にキャンペーンのサブタイプとして「YouTubeのチャンネル登録とエンゲージメント」を選択します（図表55-6）。その上で目標とするコンバージョンを「YouTubeチャンネルの登録」とし、動画やターゲティングの設定を行います。

▶ YouTubeチャンネル登録を計測するためのコンバージョンアクション 図表55-5

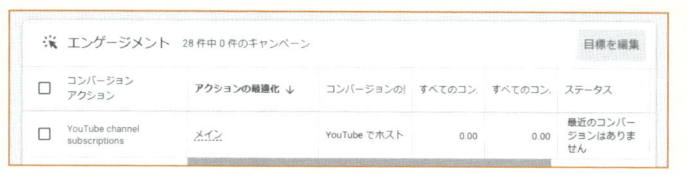

▶ キャンペーンのサブタイプ 図表55-6

◉ YouTube のチャンネル登録とエンゲージメント 新規
価値の高いユーザー行動を促進する動画広告を使って、YouTube チャンネルの登録者数とユーザー行動を増やしましょう。 詳細

▶ 動画視聴キャンペーンの設定方法　図表55-7

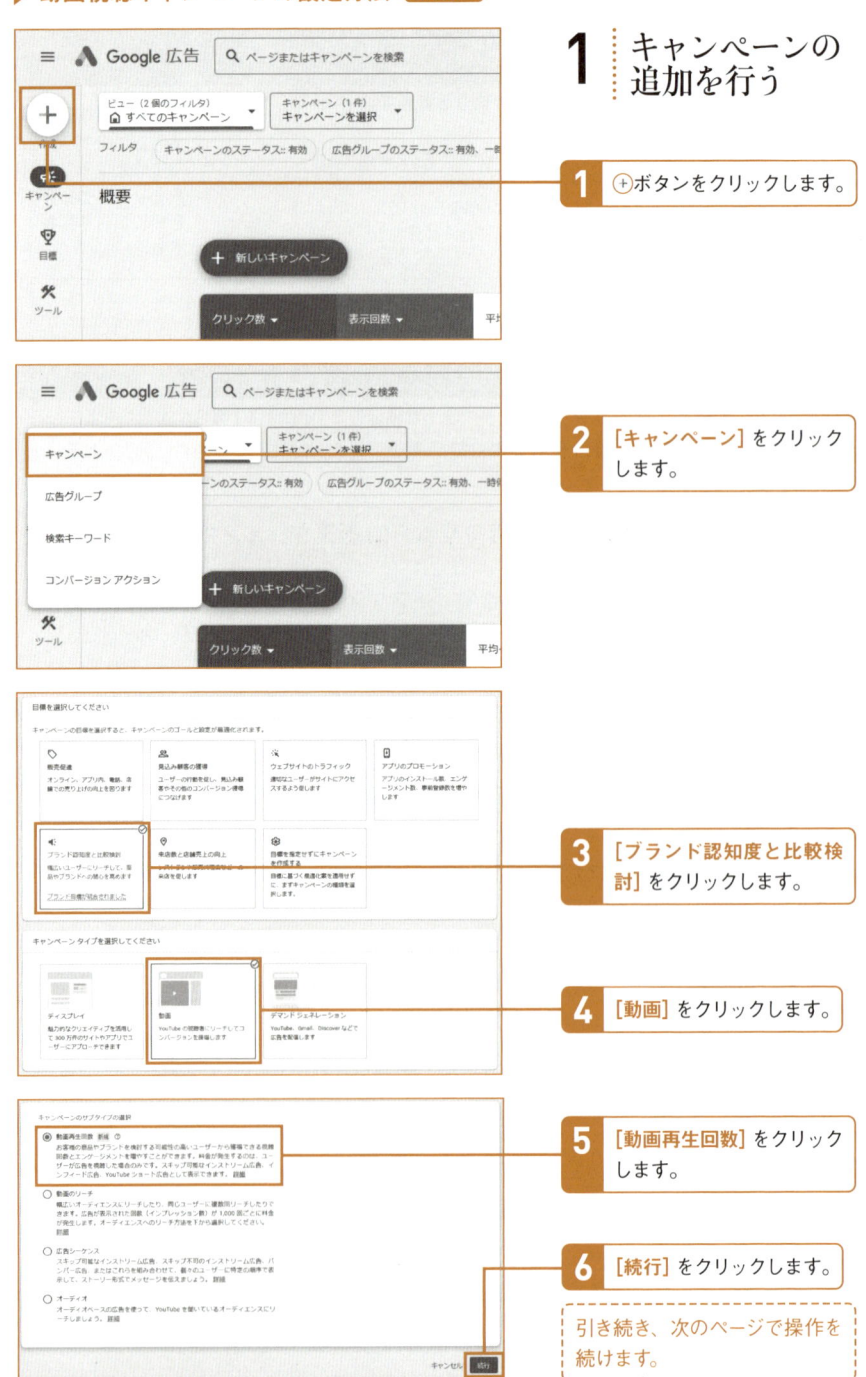

1 キャンペーンの追加を行う

1 ⊕ボタンをクリックします。

2 [キャンペーン] をクリックします。

3 [ブランド認知度と比較検討] をクリックします。

4 [動画] をクリックします。

5 [動画再生回数] をクリックします。

6 [続行] をクリックします。

引き続き、次のページで操作を続けます。

2 キャンペーンの設定を行う

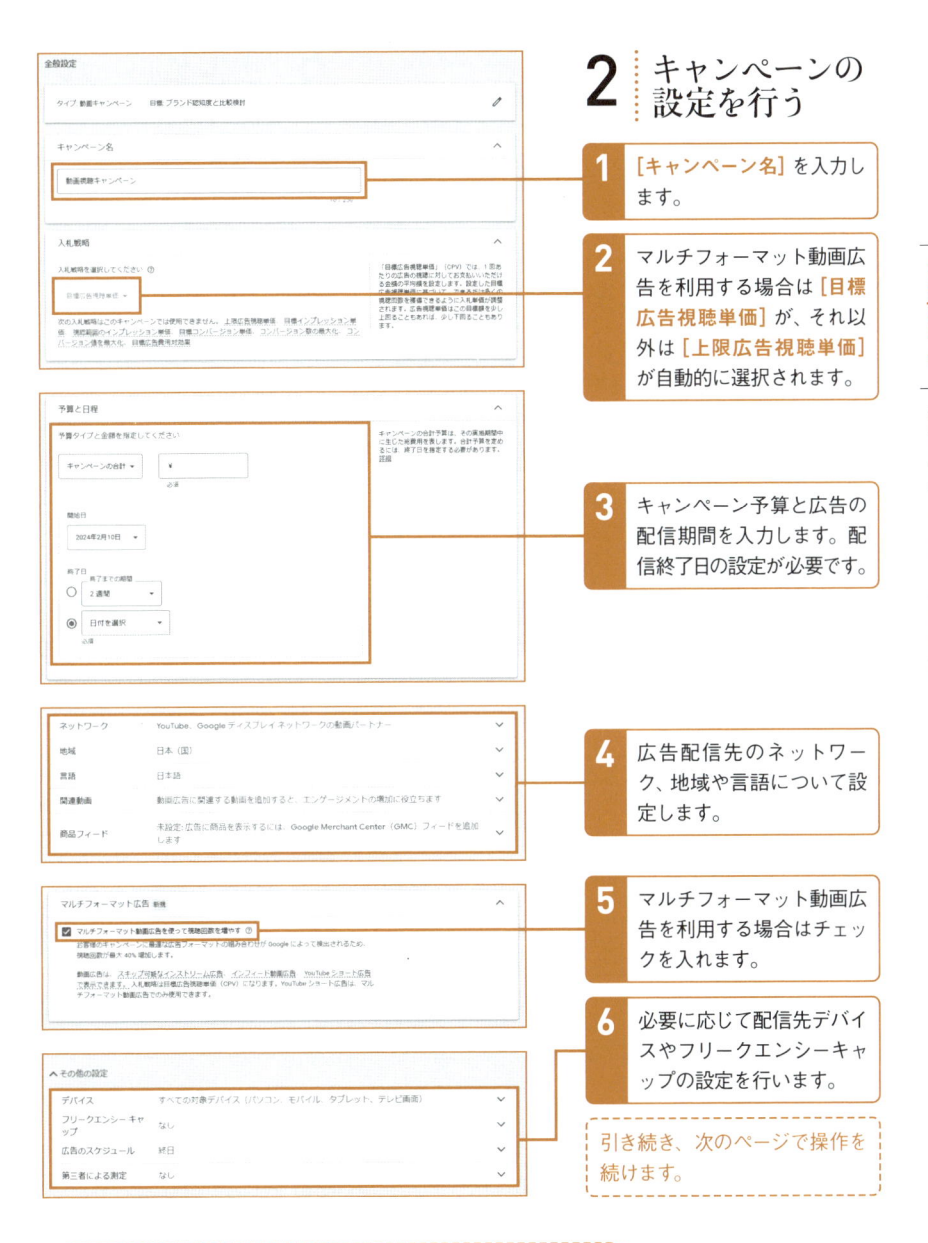

1 ［キャンペーン名］を入力します。

2 マルチフォーマット動画広告を利用する場合は［目標広告視聴単価］が、それ以外は［上限広告視聴単価］が自動的に選択されます。

3 キャンペーン予算と広告の配信期間を入力します。配信終了日の設定が必要です。

4 広告配信先のネットワーク、地域や言語について設定します。

5 マルチフォーマット動画広告を利用する場合はチェックを入れます。

6 必要に応じて配信先デバイスやフリークエンシーキャップの設定を行います。

引き続き、次のページで操作を続けます。

マルチフォーマット動画広告を実施することで視聴回数が最大40%増加するとされています。視聴回数を最大化するために、1〜3分の長さの横向き動画を1つ、15秒の長さの横向き動画を1つ、10秒〜1分の長さの縦向き動画を1つの計3種類の動画を用意するようにしましょう

3 広告グループの 設定を行う

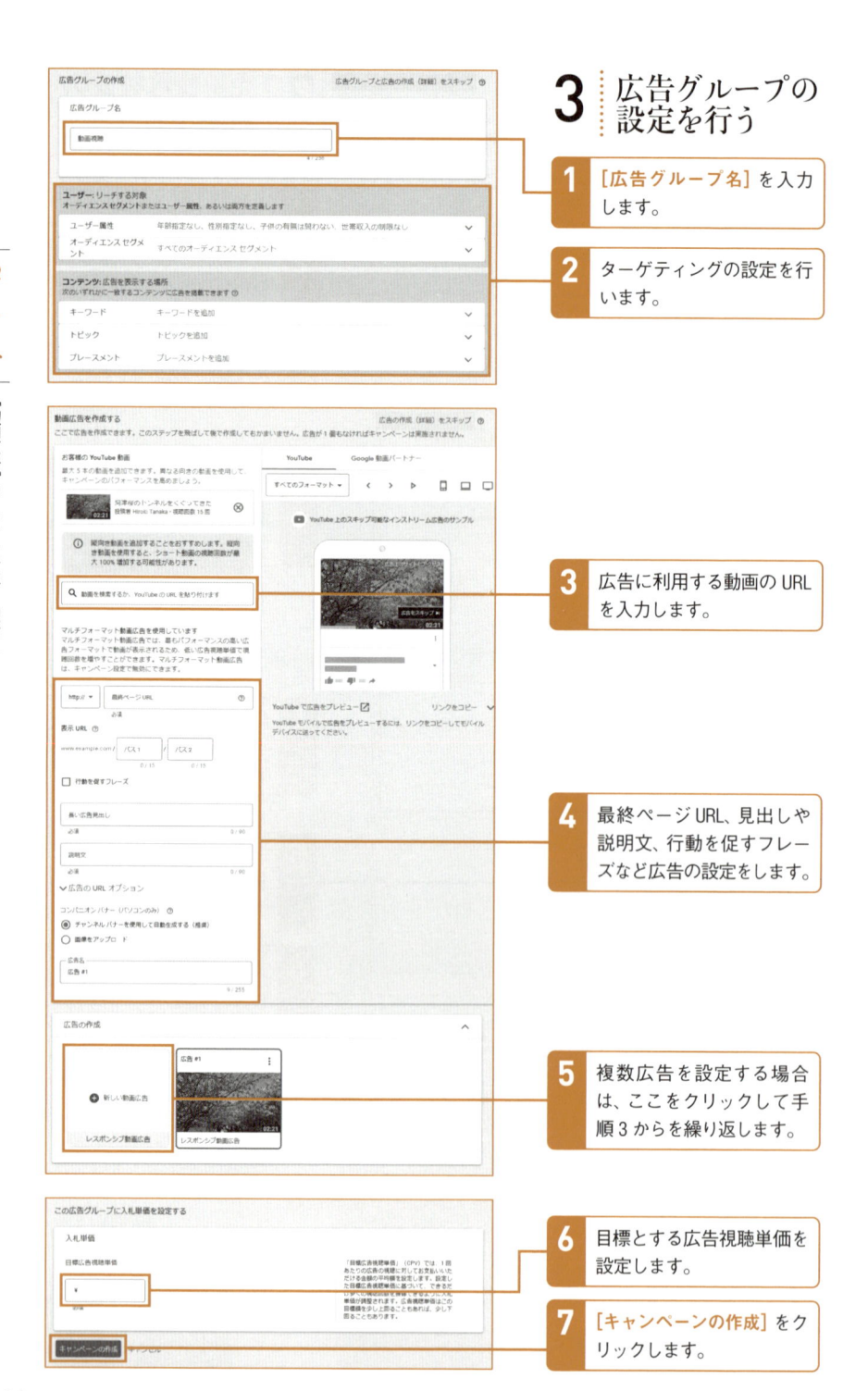

1 [広告グループ名] を入力 します。

2 ターゲティングの設定を行 います。

3 広告に利用する動画の URL を入力します。

4 最終ページ URL、見出しや 説明文、行動を促すフレー ズなど広告の設定をします。

5 複数広告を設定する場合 は、ここをクリックして手 順 3 から繰り返します。

6 目標とする広告視聴単価を 設定します。

7 [キャンペーンの作成] をク リックします。

56 ［レポートを使いこなそう］ 動画広告で使用すると便利なレポート

**このレッスンの
ポイント**

> 動画広告により、認知や想起を高める、比較検討のために
> じっくり動画を視聴してもらう、動画の視聴により購入や
> 申し込みのアクションにつなげるなど目的はさまざまです。
> 目的に応じてレポートを使い分けて分析してみましょう。

⭕ 動画キャンペーンで見るべき基本の指標

動画広告は、検索広告やディスプレイ広告とは異なり、視聴回数や視聴率、再生時間の割合など特有の指標を用いて効果を測定する必要があります。これらの指標について理解し、動画広告の目的に応じて適切に評価することが大切です。目標に応じて、リーチ数やアクション数、視聴回数の最大化など、注目すべき指標が異なりますが、どの目標でも共通で確認しておきたい基本の指標は、表示回数、視聴回数、視聴率、視聴単価（CPV）、インプレッション単価（CPM）の5つです（**図表56-1**）。

動画広告の視聴有無の観点で成果を見るのに役立つのは「視聴回数」です。これは動画広告フォーマットによって視聴の定義が異なるので注意が必要です。視聴回数はそもそも動画広告の表示がないと増えていきません。表示回数が少ない場合はターゲティングを狭めていないか、入札単価または自動入札で設定して目標値が低すぎないかを確認します。

ユーザーが動画にどのくらい興味を示したかの観点で成果を見るのに役立つのは「視聴率」です。視聴率が低い場合は、クリエイティブである動画の冒頭部分での訴求力が十分でない可能性があります。2024年現在、Googleによれば「視聴率は10〜15%がすべての業界での平均であると考えられる」とされていますが、大きく変動することもあります[※]。

※：Google 広告 ヘルプより（https://support.google.com/google-ads/answer/2375431?hl=ja）

▶ 動画の視聴回数にまつわる基本の指標 図表56-1

表示回数

動画の再生が開始されたり、動画のサムネイルが表示された場合にカウントされる

視聴回数

広告が単に表示されただけでなく、視聴者が広告の大部分または全部を視聴するとカウントされる

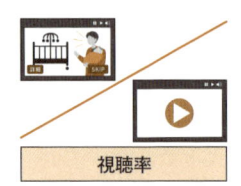

視聴率

広告が表示された回数のうち、動画広告が視聴された回数の割合

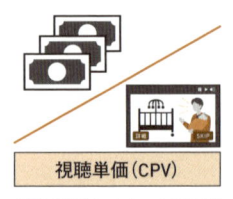

視聴単価（CPV）

1回の視聴にかかった広告費

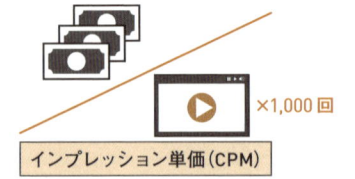

インプレッション単価（CPM）

広告表示1,000回あたりの広告費

⭕ 目的別に見るべき指標が異なる

動画広告では広告の目的に応じて、基本の指標の他にも確認しておきたい指標があります。例えば、視聴回数の最大化を目標としたキャンペーンでは、レポート上ではコンバージョン数も確認ができますが主な成果指標として評価するべきではありませんし、アクション数の最大化を目標としたキャンペーンでは、広告の表示回数や広告動画の再生時間を主な指標として評価するべきではありません。キャンペーンの目的に応じて評価すべき指標と参考にする指標とを決めて分析を行いましょう。

Google広告では目的に応じた指標が事前にセットされたレポートテンプレートが用意されているので、これらのテンプレートを使って目的別の分析を行ってみましょう（図表56-2）。

▶ テンプレートの開き方 図表56-2

①[キャンペーン] をクリック

②[動画キャンペーン] をクリック

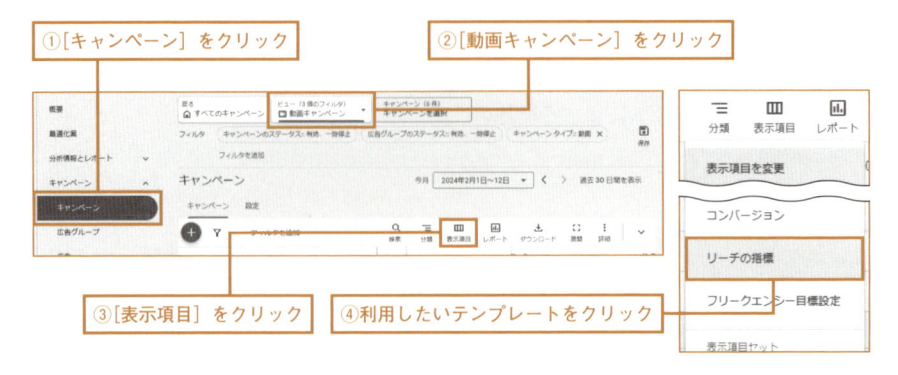

③[表示項目] をクリック

④利用したいテンプレートをクリック

○ ブランドの認知やリーチ数の最大化が目的の場合

ブランド認知やリーチ数の最大化を行うことを目的とした場合（動画リーチキャンペーン、動画シーケンスキャンペーン、動画視聴キャンペーン）では、動画広告をできるだけ多くのユーザーに表示させること、または同じ視聴者に複数回表示させることが目的になります。そのため、確認するべき重要な指標としては、動画広告が表示された「ユニークユーザー数」や、1人当たり何回広告が表示されたかの「平均表示頻度（フリークエンシー）」になります。

「ユニークユーザー数」は、とあるユーザーがパソコン、モバイル、コネクテッドテレビの3つのデバイスで表示していたとすると、表示回数は3回とカウントされますが、ユニークユーザー数は1人としてカウントされます。「平均表示頻度（フリークエンシー）」は、その動画キャンペーンで1人のユーザーに対して動画広告が平均的に何回表示されたかがカウントされます **図表56-3**。

ブランドの認知であれば、見るのに役立つのは「ユニークユーザー数」です。ユニークユーザー数の増加は広告が表示された見込み顧客となるユーザーが増えていることを表しており、認知度の向上に寄与しているか評価できます。ブランドの認知から実際の想起につながっているかは、例えば動画広告を掲載している期間中の指名検索の変化やSNSなどでの言及数の変化、認知度調査の実施など、複数の観点で分析を行うことが重要です。加えて、視聴回数や視聴率も確認し、動画広告が表示されただけではなく視聴されているかも確認すると良いでしょう。

リーチ数の最大化であれば「ユニークユーザー数」に加えて「平均表示頻度（フリークエンシー）」も確認しましょう。動画広告の表示回数が増えているにもかかわらずユニークユーザー数が増えていない場合は、平均表示頻度が増えている可能性があります。動画広告のターゲティングを狭めてしまうと、ユニークユーザー数は伸び悩みを見せることがあります。これを改善するにはターゲティングを広めたりフリークエンシーキャップの設定をしたりすることでユーザー当たりの広告表示回数に上限を設定することが有効です。

▶ ユニークユーザー数と平均表示頻度のカウント方法 図表56-3

 同一のユーザーが、それぞれの端末で同じ動画広告を1回視聴した場合

表示回数：3回、ユニークユーザー数：1人、平均表示頻度：3回

⭕ アクションの獲得最大化が目的の場合

動画広告の表示や視聴後に購入や申し込みといったアクションを獲得することを目的とした動画アクションキャンペーンで、効果を見るのに役立つのは「コンバージョン率」です。動画キャンペーンの場合、コンバージョン率は「コンバージョン数÷インタラクション（動画の視聴や動画広告のクリックなど）」で表されます。他のキャンペーンタイプのように「コンバージョン数÷クリック数」ではないことに注意しましょう。

コンバージョン率を高めるためには、動画の内容を購入や申し込みを後押しするような魅力的なオファーを強調する、訴求内容とWebサイトのオファー内容に一貫性を持たせる、視聴したユーザーがWebサイト上でオファーをすぐ見つけられるようにするなどが挙げられます。動画広告がスキップされずに視聴されるように、インパクトのある表現や構成にすることも大切です。訴求を変えた動画広告を複数設定してA/Bテストをすることも有用です。また、ターゲティングしているオーディエンスやコンテンツが適正か

どうかの見直しも有効です。

動画キャンペーンにおけるコンバージョン数のカウントのされ方は、検索広告やディスプレイ広告と比較して独特です。動画広告では動画の視聴に対してコンバージョンがカウントされるため、「動画広告の視聴時に操作を行ってWebサイトを訪問してコンバージョンした」場合のみならず「動画広告の視聴をしたが、時間をおいて検索エンジンでオーガニック検索（広告じゃない部分のクリック）をしたなど、別の方法でWebサイトを訪問してコンバージョンした」場合もコンバージョンとしてカウントされます（図表56-4）。ユーザーは必ずしも動画広告の視聴時にクリックや操作をしてWebサイトに訪問するとは限りません。多くの場合は動画広告の視聴後に行動を起こすため、動画キャンペーンにおけるコンバージョンは、動画広告の視聴時にアクションを起こさなかったユーザーが後日コンバージョンに至った場合もコンバージョンとしてカウントするような仕組みになっています。

▶ **動画キャンペーンのコンバージョンカウントの例** 図表56-4

「動画広告を視聴」して商品を購入した

「動画広告をクリック」して商品を購入した

○ その他見るべきレポート

動画広告の成果の良し悪しを評価するために「広告が表示された場所」や「オーディエンス」や「コンテンツ」のレポートも確認して、特徴的なデータが存在しないかを見てみましょう。他と比べて広告効果の高いセグメントを発見し、広告効果が悪いセグメントがあれば、必要に応じて広告の表示対象から除外を行ったり、ターゲティングの見直しなどをしてみましょう。

「広告が表示された場所」は広告が表示されたWebサイトやYouTubeチャンネル、モバイルのアプリなどが確認できます。レポートの中で型の列が「YouTubeチャンネル」となっているものに関してはチェックボックスを選択し［詳細を表示］ボタンをクリックすると、動画広告が表示されたYouTubeの一覧も確認できます。

▶ 広告が表示された場所レポートの例 図表56-5

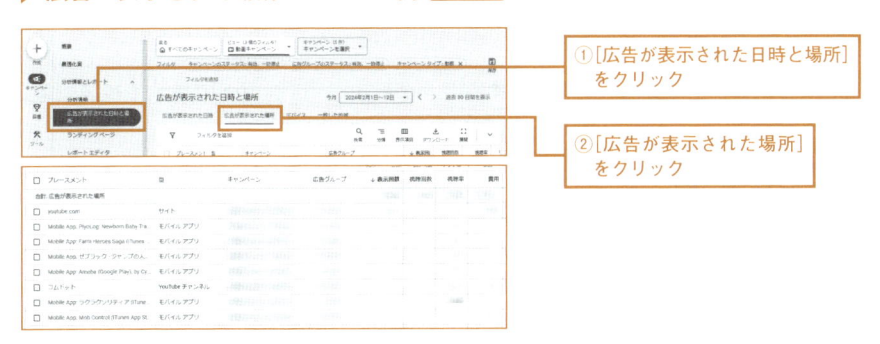

①［広告が表示された日時と場所］をクリック

②［広告が表示された場所］をクリック

「オーディエンス」のレポートでは、広告が表示されたユーザーの属性（年齢や性別など）の他にターゲットとして指定したセグメントごとのレポートが確認可能で、「コンテンツ」のレポートでは、ターゲットとして指定したプレースメントやトピック、キーワードごとのレポート

が確認可能です。

これら指定したターゲティングごとのレポートを確認することで、適切なユーザーに広告が届いているか、またそれぞれのセグメントごとの成果について比較したり分析したりできます。

▶ オーディエンスごとのレポートの例 図表56-6

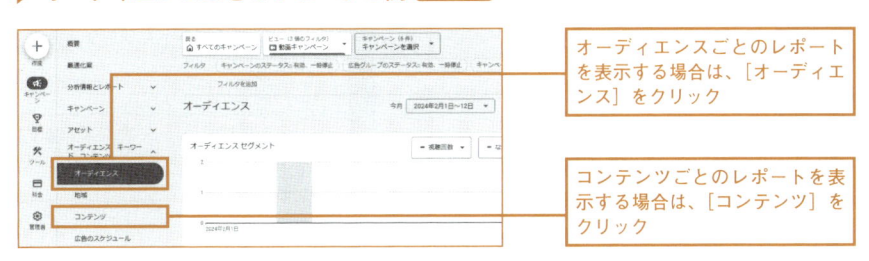

オーディエンスごとのレポートを表示する場合は、［オーディエンス］をクリック

コンテンツごとのレポートを表示する場合は、［コンテンツ］をクリック

［運用のコツ］

57
成果を出すための
動画広告の運用のコツ

**このレッスンの
ポイント**

> 動画キャンペーンの最後のレッスンでは、成果をさらに伸ば
> すためにできることにフォーカスします。動画キャンペーンの
> 運用や動画クリエイティブの作り方などの参考にしてみてくだ
> さい。

○ YouTubeアカウントとGoogle広告アカウントのリンク

動画キャンペーンで動画広告を実施する場合、広告に使う動画はYouTubeの動画URLを入力すれば動画広告の設定自体は可能です。広告する動画が自社で管理するYouTubeチャンネルにアップロードされている場合は、事前にYouTubeアカウントとGoogle広告のアカウントのリンクをしておくことで、動画広告のオーガニッ

クビュー（広告以外の表示や視聴回数）の指標を取得できたり、チャンネルにアクセスしたユーザーを広告のディスプレイ広告のターゲティングに使うことができたり、ユーザーが動画広告を視聴した後にチャンネルで行った操作に関する分析情報を取得するための権限を付与したりできます。

▶ アカウントをリンクする 図表57-1

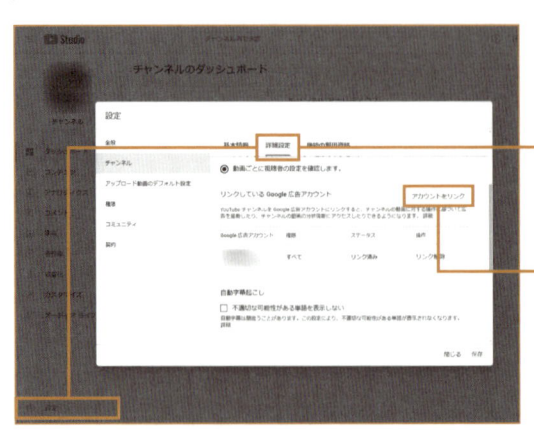

① YouTube Studio（https://
studio.youtube.com/）にア
クセス

②［設定］→［詳細設定］の順
にクリック

③［アカウントをリンク］をク
リック

④任意の［リンク名］とGoogle
広告のお客様IDを入力した
ら、［完了］をクリック

○ 機会損失を避けるため、さまざまなアスペクト比の動画を用意

YouTubeでの多様な広告フォーマットや視聴環境が年々増加しています。例えば、縦長表示の動画を視聴するYouTubeショートの普及に伴い、その視聴環境に適した縦向きの動画の重要性が特に高まっています。

機会損失を防ぐためには、ユーザーの視聴環境に応じて適切な広告を表示できるように横向き（16：9）だけではなく、縦向き（9：16）や正方形（1：1）の動画も用意し、広告によるリーチが最大になることを目指しましょう。

一部のキャンペーンタイプでは、横向き動画を縦向きや正方形に変換する機能も提供しているため、簡易的な対応でも良い場合はこのような機能を使うことを検討してみましょう。

○ マーケティング目標別に推奨される動画の長さ

動画広告の効果を最大化するためには、目的に応じた適切な長さの動画を用意することが重要です。例えば、認知を目的にする場合はインパクトと没入感が重要なので3分のような長尺の動画よりは15秒程度の短い動画の方が向いていますし、じっくりと比較検討を促したりするには長さが15秒のような短尺動画は不向きです。

Google広告のヘルプ、動画広告のフォーマット仕様のページではマーケティング目標ごとに以下のような動画の長さを推奨しているので、動画広告の目的に合わせてどのくらいの長さにするか検討してみましょう（図表57-2）。

バンパー広告やスキップ不可のインストリーム広告など、動画の長さが規定されているフォーマットは、その仕様に沿って制作しましょう。

▶ **マーケティング目標ごとに推奨される動画の長さ** 図表57-2

マーケティング目標	推奨される動画の長さ
認知度の向上	15～20秒程度
比較検討を促す	2分～3分程度
ユーザーのアクションを促す	15秒～20秒程度

> 推奨される長さの動画を単純に作成すれば良いわけではありません。認知度向上であればインパクトあるシンプルなメッセージ、アクションを促すのであればどんな行動を起こしてほしいかを考慮した内容にしましょう

◯ 効果的な動画広告制作のABCD

Googleが効果的な動画広告のクリエイティブを作成するためのガイドラインとして、「ABCD」と呼ばれるものを提唱しています。「Attention（注目を集める）」「Branding（ブランディング）」「Connection（つながり）」「Direction（行動を促す）」の頭文字を取って「ABCD」と呼ばれます。これらの要素を動画広告に組み込むことで動画広告を使ってより収益につながっているとされています。ぜひ参考にしてみてください。

▶ 参考：YouTube 広告「効果的な動画広告制作の ABCD」
https://www.youtube.com/ads/abcds-of-effective-video-ads/

◯ これまで解説してきた動画広告フォーマットのまとめ

図表57-3 に、これまで解説してきた動画広告フォーマットごとの特徴をまとめました。振り返りに参考にしてみてください。

▶ 動画広告フォーマットごとの特徴（まとめ） 図表57-3

フォーマット	スキップ可能なインストリーム	スキップ不可のインストリーム	インフィード	バンパー	アウトストリーム	ショート
セールスポイント	ユーザーが広告をスキップできるため、請求対象は視聴回数のみになる	ユーザーが広告をスキップできないため、メッセージ全体を視聴してもらえる	情報収集や検索の段階で関心の高いユーザーに広告を表示できる	スキップできない短いメッセージで、認知度の向上や他の広告の効果を高めることに役立つ	Google以外のお気に入りのサイトをブラウジングしているユーザーに認知してもらえる	スマートフォンを縦向きモードで使用しているユーザーに大きな表示領域で商品のメッセージを伝えることができる
配信先	YouTube動画、Google動画パートナー	YouTube動画、Google動画パートナー	YouTubホームフィード、YouTube検索	YouTube動画、Google動画パートナー	Google動画パートナー	YouTube動画
動画の長さの上限	長さの上限なし（3分未満を推奨）	15秒	長さの上限なし	6秒	長さの上限なし	6〜60秒
視聴者へのリマーケティング	◯	×	◯	×	◯	◯

Chapter 7

［デマンドジェネレーション］
Googleのサービスに
配信できるのが魅力

ユーザーが新しい情報やサービスを発見する手段は変化し続けています。Googleの様々なプラットフォーム上で日々新しい情報を探しているときに、広告でアプローチできたら魅力的ですよね。デマンドジェネレーションキャンペーンならそれが可能です

58

［デマンドジェネレーションの基礎知識①］
デマンドジェネレーション
キャンペーンの特長

**このレッスンの
ポイント**

普段目に触れているその情報、実はデマンドジェネレーションキャンペーン（以下、デマンドジェネレーション）の広告かもしれません。このキャンペーンの特長と魅力を知り、自社のサービスと相性が良いかを判断していきましょう。

⭕ ユーザーはオンライン上で新しい発見をしている

スマートフォンが浸透した現在では、ユーザーはさまざまなプラットフォームを行き来するなかで、新しい商品やサービスを発見する機会が増えてきています。例えば、Googleのプラットフォームであれば、ユーザーはYouTube、Gmail、Discover（Googleアプリなど）といったさまざまな

サービスに触れることで、新しい商品やサービスを発見するといった具合です（図表58-1）。そうしたプラットフォーム内を行き来するユーザーに向けて、自然なかたちで各サービス内に広告を配信することができるのが、デマンドジェネレーションです。

▶ **Googleのプラットフォームを行き来するユーザー** 図表58-1

YouTube
動画の視聴中

検索
情報の収集中

Google プラットフォーム内で
ユーザーは新しい情報を発見している

Gmail
メールの
チェック中

Discover
関心ごとの
チェック中

デマンドジェネレーションを実施するメリット

先述のように、デマンドジェネレーションとは Google が提供するさまざまなサービスに広告を配信できるキャンペーンです。「Demand Generation」は日本語で「需要の創出」なので、Google の各種コンテンツに広告を配信することで、自然なかたちでユーザーが商品やサービスと出会う機会（需要）が創出される、といった意味合いあります。

このキャンペーンを利用すると、月間最大30億人のユーザーにリーチでき、ユーザーが新しい情報を見つけるエンターテインメント向けのタッチポイントである YouTube、YouTube ショート、Discover、Gmail でのコンバージョン、サイトへのアクセス、アクション（登録やカートへの追加など）を促進できるのが特徴です。それこそ、利用者が拡大しているショート動画やインストリーム広告などの動画クリエイティブでも広告を出稿することで、ユーザーとの接点を増やすことも可能です。

▶ 他のキャンペーンとの違い

P-MAXや検索広告はコンバージョンなどの行動を起こす顕在層に対しアプローチできるキャンペーンタイプですが、デマンドジェネレーションではこれらのキャンペーンでは拾いきれない潜在層や準顕在層にもアプローチができ、ブランドを認知させることや、比較検討しているユーザーに対して広告を表示させて、新しい発見を促すことができます。P-MAXや検索広告で獲得重視の広告を出しながら、新規の顧客となり得るユーザーをデマンドジェネレーションで見つけていきましょう（図表58-2）。

▶ デマンドジェネレーションの位置づけ 図表58-2

認知と比較検討 潜在層 〜 準顕在層	**デマンドジェネレーション** Google と YouTube で過ごすユーザーに 魅力的なクリエイティブで新しい発見を促す

 YouTube ショート　 YouTube　 Discover　 Gmail

成約 （CV） 顕在層	**検索広告&P-MAX** Google のすべてのチャネルの広告枠を使い パフォーマンスを最大化させる

 検索　YouTube　ディスプレイ広告　Discover　Gmail　 マップ

顕在層に広告でアプローチをしながらコンバージョン獲得をして
デマンドジェネレーションで新規顧客となり得るユーザーを見つける

NEXT PAGE ➡

⬤ P-MAXキャンペーンとの大きな違い

2つのキャンペーンではまず配信面の違いがあります。デマンドジェネレーションはGoogleプロパティに、P-MAXはGoogleプロパティと通常のディスプレイネットワークに加え、検索結果画面に広告が配信される仕組みです。そして、デマンドジェネレーションでのみ「類似セグメント」をターゲティングとして使用できるという大きな違いがあります。類似セグメントとは、基となるリスト（例えばコンバージョンなどのアクションをしたユーザー）の特性を持つ、類似するユーザーのリストです。既存の顧客リストなども使用して類似セグメントとして作成可能なため、有望な新規オーディエンスに広告を配信できます。

また、P-MAXでは自動的に追加したアセットの中でパフォーマンスの良い組み合わせが表示されるため、複数のクリエイティブの検証が難しいですが、デマンドジェネレーションではクリエイティブやリンク先のURL、パラメータを細かく設定でき、ターゲティングに沿った広告内容を考えて作成できるため、入札調整や入稿したクリエイティブのパフォーマンスもそれぞれ確認できます。

そして、デマンドジェネレーションではクリエイティブのA/Bテストの機能があるため、ターゲットユーザーに最適なクリエイティブの比較検証ができます（**図表58-3**）。

▶ **デマンドジェネレーションとP-MAXの違い** 図表58-3

	デマンドジェネレーション	P-MAX
位置づけ	Googleと YouTubeで過ごすユーザーに魅力的なクリエイティブで新しい発見を促す	Googleのすべてのチャネルの広告枠を使いパフォーマンスを最大化する
配信面	・YouTube・YouTubeショート ・YouTubeインフィード ・Discover・Gmail	・検索・ディスプレイ ・YouTube・Discover・Gmail
オーディエンス	・カスタムセグメント （購買意向、興味関心、ユーザー属性など） ・カスタマーマッチ・類似セグメント	・検索テーマ ・オーディエンスシグナル （カスタマーマッチ、リターゲティング、興味関心、ユーザー属性など）
入札戦略	・クリック数・コンバージョン数 ・コンバージョン値・目標広告費用対効果	・コンバージョン数 ・コンバージョン値
クリエイティブ	・画像・テキスト・動画 ・カルーセル・商品フィード	画像・テキスト・動画・商品フィード

コンバージョンベースの入札戦略を使用したキャンペーンでテストの結果を表示するには、1テストあたり50以上のコンバージョンが必要とされています。そのためには、「目標コンバージョン単価」または「コンバージョン数の最大化」の入札戦略を使用し、「カートに追加」や「ページビュー」などの早い段階でのコンバージョンを設定して最適化することをおすすめします

デマンドジェネレーション
キャンペーンの配信面

**このレッスンの
ポイント**

ここではデマンドジェネレーションの配信面について解説
します。どこに広告が配信されているのかが分かった上で、
このキャンペーンの特徴と魅力を知り、自社のサービスの
広告と相性が良いかを判断していきましょう。

⭕ 複数の配信面でユーザーにアプローチ

デマンドジェネレーションでは複数の配
信面でユーザーに広告が表示されます。
配信面ごとに画像やテキストが最適な形
で組み合わされて配信される仕組みです。

広告が表示される形式や配信される面が
自社のサービスと相性が良いか、広告を
設定する際のプレビューを参考にしなが
ら確認してみましょう（**図表59-1**）。

▶ リーチできるタッチポイント 図表59-1

YouTube、Discover、Gmail まで、Google が所有するタッチポイントにいるユーザーにリーチ

YouTube ショート	YouTube インストリーム	YouTube フィード	Discover	Gmail

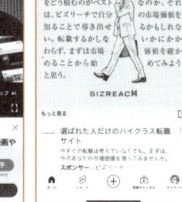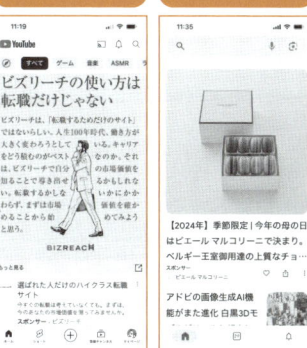

● 配信面について

配信されるデバイスはスマホがメインです。YouTubeでのトップ（**図表59-2**）や、動画視聴中（**図表59-3**）、検索時インフィード（**図表59-4**）、他の動画の前後、または途中に再生されるYouTubeインストリーム（**図表59-5**）、YouTubeショート（**図表59-6**）に配信され、そのほか、Discover（**図表59-7**）

やGmail面（**図表59-8**、**図表59-9**）に表示されます。

パソコンではスマホ同様にYouTubeのインフィードとGmail面で広告が表示されますが、パソコンの場合スマホよりも配信面が少ないため、配信ボリュームも成果として異なることを考慮しておきましょう。

▶ **YouTubeトップのインフィードの広告配信面** **図表59-2**

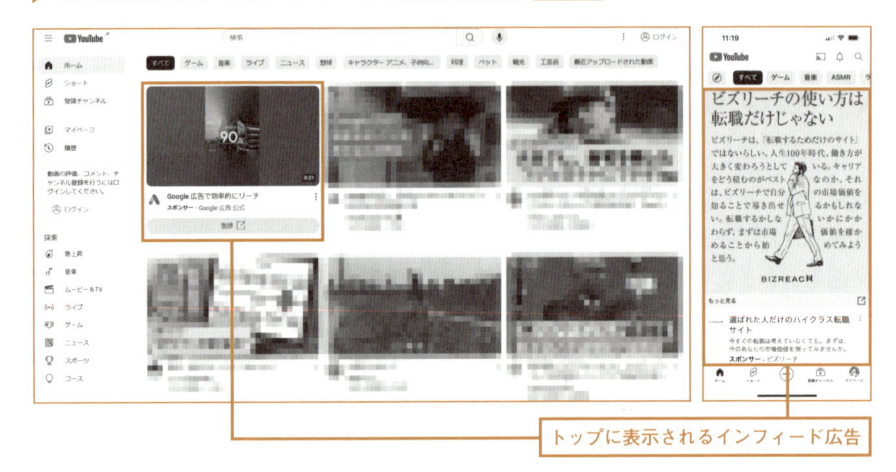

トップに表示されるインフィード広告

▶ **YouTube視聴中のインフィードの広告配信面** **図表59-3**

動画視聴中に表示されるインフィード広告

▶ YouTube検索時のインフィードの広告配信面 図表59-4

検索時に表示されるインフィード広告

▶ 動画の前後、途中で再生されるYouTubeインストリーム 図表59-5

動画再生の前後や途中に表示される広告

他社の広告や、気になる広告を見かけたらキャプチャを残しておくと、実際に広告作成する際や素材の準備をするときの参考になります。ターゲットとなるユーザーがクリックしてくれる魅力的なクリエイティブを考えていきましょう

▶ **YouTubeショートで**
表示される広告 図表59-6

ショート広告

▶ **Discoverで**
表示される広告 図表59-7

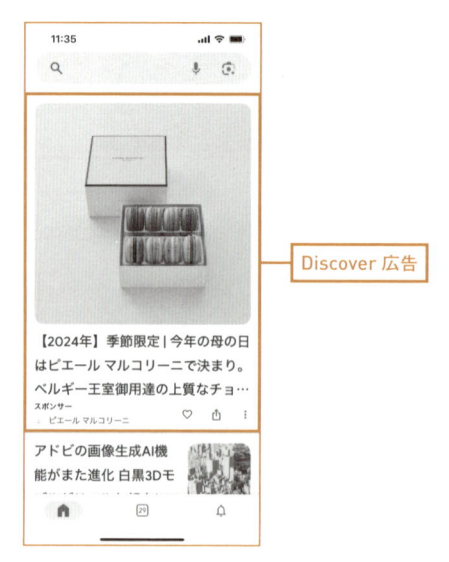

Discover 広告

▶ **Gmail面で表示される広告** 図表59-8

メールを開いて本文に表示される広告

▶ Gmailのスレッドリストに表示される広告 図表59-9

メールを開いて本文に表示される広告

. . . .

● デバイスによって配信面が異なるので注意

複数の配信面でユーザーに広告が表示されますが、ディスカバーはスマホ中心に表示されるため、自社のサービスの広告を配信する際にはターゲットとなるユーザーが利用するデバイスを考慮しましょう。スマホで情報を探しているユーザーがほとんどですが、サービスによっては、サイト流入やコンバージョンにつながりやすいデバイスがパソコンの場合もあり

ます。

そのようなときは、広告を配信する目的を考慮しながら少額で配信テストを行い、自社の広告の目的に合う結果が出るのかを確認するのも良いでしょう。認知向けとして広告を出したのか、それとも獲得向けに広告を出したのかを忘れないようにしましょう。

👍ワンポイント 特定の配信面の指定はできないので注意

キャンペーンで設定する目的やターゲティング、クリエイティブなどのパフォーマンスによって広告の配信先は自動的に調整されてしまいます。デマン

ドジェネレーションでは特定の配信面の指定はできないため、どの配信先で表示されても違和感のないクリエイティブアセットを準備していきましょう。

Lesson 60 ［ターゲティングを設定しよう］

デマンドジェネレーションで使用できるターゲティング

このレッスンのポイント

このキャンペーンでしか使えないオーディエンスターゲティングがあります。ディスプレイ広告とは異なるアプローチができるため、「こんなターゲティング方法もできるんだ！」と、いうことを知り、ぜひ広告施策に盛り込んでみてください。

○ カスタムセグメント

カスタムセグメントは、キーワードやURL、アプリ、場所を指定することで独自のオーディエンスを作成し、ターゲティングする機能です。特定の商品やサービスに興味や関心のあるユーザー、もしくは特定の商品やサービスを調べていたり、購入を検討しているユーザーに広告を表示できます。認知や、比較検討・コンバージョン促進まで一括でアプローチできるのが魅力です。

キーワードを使用したカスタムセグメントであれば、興味関心だけでなく、指定した語句または類似した語句を検索したユーザーに広告を出すことができます（**図表60-1**）。

しかし、キーワードによっては表示が出にくい場合があるため、同じキーワード群で興味関心と検索の2つのリストを作成し、どちらが目的にかなうのか試してみるのも良いかもしれません。検索したユーザーリストではターゲットを絞り込むことができ、コンバージョンに近しいユーザーに対して広告を出せる可能性もあります。自社のサービス・商品との相性も確認しながら広告を配信していきましょう。

設定するキーワードは検索キャンペーンで決めた軸となるキーワード群や、すでに成果の出ているキーワード、検索語句を登録することをおすすめします。その他、比較検討しているユーザーが検索しているであろう競合する他社名やURL、商品名を入れることも有効です。また、広告グループごとにターゲットを分けて設定しておけば、パフォーマンス比較がしやすく入札の強弱や停止判断もしやすくなります

新しいカスタムセグメント画面

購買意向の強いセグメント

Googleの「購買意向の強いセグメント」とは、商品やサービスの購入を検討しているユーザーをターゲティングできる機能です。ユーザーの興味や検索履歴やYouTubeの検索履歴など、さまざまなデータをもとに、購買意向の強いユーザーを抽出します。これにより、すでに関連商品やサービスに興味を持っているユーザーに向けて、タイムリーな広告を提供することができます。このターゲティングを活用することで、より効果的に商品やサービスの認知度を上げたり、コンバージョンを促進させたりすることができ、結果として売上の増加につなげられるというメリットがあります。

カスタマーマッチリスト

カスタマーマッチは、メールアドレス・住所・電話番号など、自社が保有する顧客データを使用してターゲティングし、広告を配信する手法です。
Google広告の管理画面上などで顧客データを安全な方式（SHA256アルゴリズムによるハッシュ化）でアップロードし、Googleが保持するGoogleアカウントのデータとマッチングさせることでリストを作成、活用できます（図表60-2）。
デマンドジェネレーションであればこのリストをもとにした類似セグメントを作成できるほか、広告を配信しないように除外設定も可能です。
カスタマーマッチリストを使用して広告を安定的に配信するには、リストサイズは1,000ユーザー以上あるのがおすすめです。アップロードしたすべての顧客データがリストになるわけではないので、注意が必要です。また、カスタマーマッチを利用するためにはGoogle広告アカウントがいくつかの条件を満たしている必要があり、かつGoogleアカウント担当者にリクエストする必要があります。

▶ **カスタマーマッチリストのイメージ** 図表60-2

自社が保有する
顧客データ

カスタマーマッチリスト

Google が保有する
顧客データ

○ 類似セグメント

類似セグメントは、デマンドジェネレーションでのみ使用できるという大きな特徴があります。類似セグメントとは、既存顧客リスト、Webサイトとアプリでのアクティビティ、YouTubeチャンネルを見た・登録したといったユーザーのリストなど、自社のデータの情報をもとに、似た特徴を持つ見込みユーザーがリスト化されます（図表60-3）。

このリストを使用することで、ビジネスの成長に欠かせない新しい潜在顧客にアピールできます。例えば、特定の商品を購入した顧客や、特定のサービスを使用した顧客のリストを管理画面にアップロードしてから、類似セグメントを作成すれば、既存の顧客と類似する新規の見込みユーザーにリーチすることが可能です。類似セグメントに必要なリストの最小サイズは100ユーザーのため、小規模な企業でも使用できるため活用していくことをおすすめします。

▶ **類似セグメントのイメージ** 図表60-3

自社データ　　　　　　　　　　　類似ユーザー

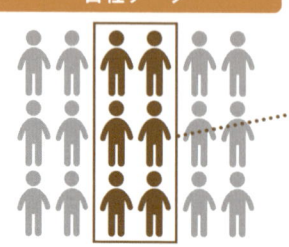

自社のデータの情報をもとに
似た特徴を持つ見込みユーザーをリスト化

デマンドジェネレーションで作成したオーディエンスに類似セグメントが含まれている場合は、他のキャンペーンタイプでは再利用ができないため注意が必要です

61

［入札戦略を設定しよう］
デマンドジェネレーションで使用できる入札戦略

**このレッスンの
ポイント**

サイト集客をしたいのか、コンバージョンを増やしたいのか？　広告を出す目的に合った入札戦略を選ぶことが大切。ここでは、デマンドジェネレーションで選べる4つの入札戦略の利用目的や注意点、コンバージョンが少ない場合の対応についても解説します。

○ 選べる入札の最適化指標

デマンドジェネレーションでは「クリック数の最大化」「コンバージョン数の最大化」「目標コンバージョン単価」「目標広告費用対効果」の4つの入札戦略を選ぶことができます。

自社の商品やサービスに興味を持ちそうな有望なユーザーをWebサイトに誘導したい場合は「クリック数の最大化」を選び、サイトのアクセス数を増やすことができます。

予算内でコンバージョン数の最大化を目指したいなら「コンバージョン数の最大化」を選択します。1件あたりのコンバージョンの単価目標がある場合には「目標コンバージョン単価」を選択しましょう。商品やサービスで金額がついていて、かつコンバージョンの値を設定し、さらにキャンペーンの予算内でコンバージョン値が最大となるようにしたい場合には「目標広告費用対効果」を選びます（**図表61-1**）。

▶ **入札戦略の目的と種類** **図表61-1**

入札戦略	どんなときに使うか	注意点
クリック数の最大化	有望なユーザーをWebサイトに誘導したい	CVにつながりにくいユーザーも含まれる
コンバージョン数の最大化	予算内でコンバージョン数を増やしたい	データが少ないうちはCVが安定しないことも
目標コンバージョン単価	目指すコンバージョン単価内におさまるようにしたい	目標CV単価の2〜3倍の日予算が推奨とされる
目標広告費用対効果	予算内でコンバージョン値が最大となるようにしたい	CV値を計測していることが前提になる

キャンペーンをはじめる際には、まず「コンバージョン数の最大化」の入札戦略から設定して運用していくと安心です。コンバージョン獲得がコンスタントにできているのであれば、予算増額をして配信ボリュームを増やしたり、安定したCPAでコンバージョン獲得が続いていれば「目標コンバージョン単価」に変更することも検討します。

⭕ コンバージョン数が少ない場合の対応

デマンドジェネレーションではコンバージョンを50件以上獲得してから、キャンペーンに変更を加えるのが望ましいといわれています。パフォーマンスが伸び悩むと、キャンペーンの設定内容を見直したくなりますが、学習に必要なコンバージョンが貯まるまで待つことも必要です。もし、コンバージョンが少ない場合にはマイクロコンバージョンの活用も検討し、結果として最終コンバージョンが増加しているか検証を忘れずにしましょう（図表61-2）。

やむを得ずコンバージョンの蓄積を待たずに入札戦略の変更をしたい場合、最低でも2週間の学習期間が経過してから行うことをおすすめします。変更後、パフォーマンスに変動が生じることがあるため、正しいターゲットに適正なクリック単価で広告を配信していくためには、パフォーマンスの変動を細かく確認し、設定の微調整を行いましょう。

▶ マイクロコンバージョンを設定するポイント例 図表61-2

50件以上のコンバージョンを得られるポイントにマイクロコンバージョンを設定

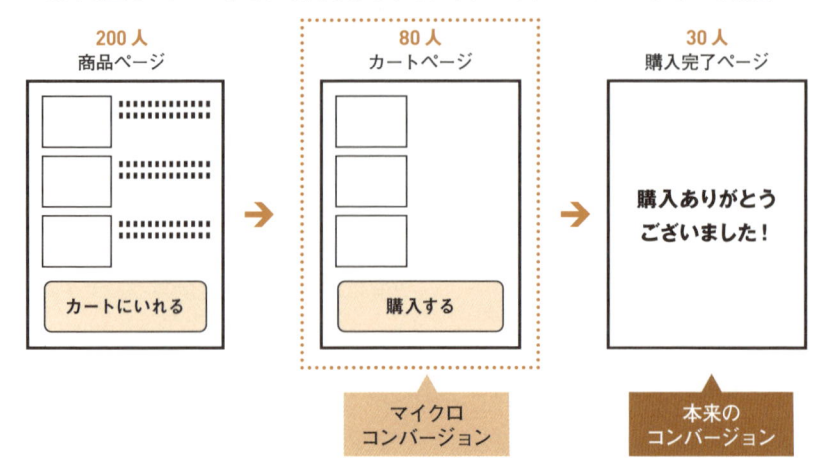

[広告を設定しよう]

62 デマンドジェネレーションの 広告フォーマット

**このレッスンの
ポイント**

これまで、ユーザーが使用するデバイスによって配信面が
異なることを学びました。ここでは、表示させたい配信面で、
実際に広告がどのように表示されるのかを学び、必要とな
る画像やテキストなどのアセットを準備していきましょう。

⚪ 最適な広告フォーマットを選ぶ

デマンドジェネレーションキャンペーン
では、さまざまな広告フォーマットを利
用することができますが、広告の目的に
応じたフォーマットを適切に選定するこ
とが重要となります。このキャンペーン
では、購買意向の強いユーザーの視覚に
訴えるマルチフォーマット広告を配信す
ることが可能です。配信面のレッスン59

で学んだ、YouTubeインストリーム、
YouTubeフィード、YouTubeのショート、
Discover、Gmail などの広告フォーマット
が利用できます。実際に広告を設定する
際には、管理画面内のプレビューを見な
がら、意図どおりの広告の見え方になっ
ているかを確かめながら作業を進めるの
がおすすめです。

⚪ 広告を表示させたいフォーマットの要件を満たすアセットの準備

配信面と広告フォーマットを理解した上
で、広告を表示させたいフォーマットの
要件を満たすアセットを追加します。ア
セットとは広告を構成する要素のことで、
画像や動画、テキスト、リンクなどがあ
ります。それらが組み合わさることで広
告がユーザーに表示されます。
アセットはユーザーの目に留まる魅力的
な広告を作るために、自社の商品・サー
ビスの強みや訴求したいポイントを盛り
込んだものを準備しましょう。ユーザー

に訴求したいポイントは複数あるはずな
ので、アセットにそれぞれ盛り込みます。
始めやすいのは静止画のシングルイメー
ジ広告、複数の画像を用いたカルーセル
広告、動画があれば動画広告です。
同じ広告グループ内に異なる広告フォー
マットを入稿することができるため、そ
れぞれの成果を比較しながら、自社の広
告とターゲティングの相性が良いフォー
マットを見つけることが大切です。

▶ シングルイメージ広告

シンプルな画像とテキストの組み合わせで広告が表示されます（**図表62-1**）。プレースメントを最大限にカバーしたい場合、各アスペクト比の画像を3枚ずつアップロードします。GIFファイル形式も利用はできますが、静的バージョンのみが表示される仕様です。

▶ シングルイメージ広告の要件 **図表62-1**

アセット内容	仕 様
画 像	最大20枚 横長の画像： ・アスペクト比：1.91：1 ・推奨サイズ：1,200×628 ・最大ファイルサイズ：5MB スクエアの画像： ・推奨サイズ：1,200×1,200 ・最大ファイルサイズ：5MB 縦長の4：5の画像（省略可）： ・推奨サイズ：960×1,200 ・最大ファイルサイズ：5MB
広告見出し	最大5個 半角40文字（全角20文字）以内
説明文	最大5個 半角90文字（全角45文字）以内
ビジネス名	1個（必須） 半角25文字（全角12文字）以内
スクエア形式のロゴ	最大5個 1：1（必須） 推奨サイズ：1,200×1,200 最大ファイルサイズ：150KB
最終ページURL	ランディングページのURL
CTA	［自動］または任意のものを選択

▶ カルーセル広告

スワイプ可能な画像カルーセルを使ってブランドや商品を効果的にアピールできます（**図表62-2**）。注意点としては、各カード（画像カルーセル）の説明文はアップロードできないことです。アップロードされている画像順に表示されるため、画像全体でストーリを伝えるようにしましょう。もし、アップロードした1つのカードが不承認になった場合でも、他のカードは配信されます。また、横向き、スクエアのどちらのアスペクト比がブランドに最適かをテストするのにもおすすめです。

▶ カルーセル広告の要件 図表62-2

レベル	アセット内容
広告見出し	半角40文字（全角20文字）以内
説明文	半角90文字（全角45文字）以内
最終ページ URL	自動生成された表示URL
ビジネス名	半角25文字（全角12文字）以内
画像 （カードレベル）	2〜10枚 横長の画像： ・アスペクト比：1.91:1 ・推奨サイズ：1,200×628 ・最大ファイルサイズ：5MB スクエアの画像： ・推奨サイズ：1,200×1,200 ・最大ファイルサイズ：5MB 縦長の4:5の画像（省略可）： ・推奨サイズ：960×1,200 ・最大ファイルサイズ：5MB

▶ 動画広告

YouTubeの各フォーマットのほか、コネクテッドテレビにも表示されます（図表62-3）。注意点としては、YouTubeに配信される場合、ビジネスの名前はデフォルトで自社のYouTubeチャンネルの名前が表示されること。ロゴも同様です。活用のポイントとしては、冒頭の5〜10秒間で解決すべき問題を明確に示して、自社の商品やサービスによる解決方法を提示することで、ユーザーの関心を引き付けるようにするのがおすすめです。

▶ ロゴとCTAに関するポイント

CTA（CTAとはCall to Actionの略でユーザーに行動を促すメッセージやボタンのことを指します）の選択は自動にすることが推奨されており、広告を出していくなかでGoogle広告の機械学習によってより良いものが選ばれるようになっていますが、できれば自社のサービスに合ったものを選ぶのがベストです。

また、ロゴはGmailで円として表示される場合には、全体で21.46%がトリミングされるため、4隅のそれぞれでおよそ5.36%がトリミングされます。もし気になる場合にはロゴ用に画像をきちんと用意しておきましょう。

▶ 動画広告の要件 図表62-3

アセット内容	仕様
動画	アップロードした動画1〜5個 動画の長さ：5秒以上 ショート動画：最大1分（10〜20秒を推奨） 横向き：長さの上限なし（3分未満を推奨） スクエア：長さの上限なし（3分未満を推奨） 横向き：16：9 ・推奨ピクセル：1,920×1,080 スクエア：1：1 ・推奨ピクセル：1,080×1,080 縦向き：4：5 縦長：9：16 ・推奨ピクセル：1,080×1,920 フォーマット：.MPG（MPEG-2またはMPEG-4） ファイルサイズ：最大256GB
行動を促すフレーズ	最大半角10文字（全角5文字）
広告見出し	最大半角40文字（全角20文字）
長い広告見出し	最大半角90文字（全角45文字）
説明	最大半角90文字（全角45文字）
ビジネスの名前	半角25文字（全角12文字以内）1個（必須）
スクエア形式のロゴ	最大1個 1：1（必須） 推奨サイズ：1200×1200 最大ファイルサイズ：150KB
サイトリンク （省略可）	4個まで表示可能

※広告見出し：スキップ可能なインストリーム広告フォーマットで使用されます
　長い広告見出し：インフィード動画広告フォーマットで使用されます
　ビジネスの名前：YouTubeではデフォルトでYouTubeチャンネルの名前が表示されます
　サイトリンク：モバイルのみ。スキップ可能なインストリーム広告フォーマットで使用されます

> できれば、すべての広告フォーマットを実際に配信して、自社サービスと相性のよいものがどれかを探ることも必要ですが、画像や動画の準備に時間がかかったり、レギュレーションが厳しいといった課題がある場合もあります。はじめは固く考えすぎず、まずは使用できる画像やバナーを入稿し、成果を見ながら改善を繰り返していきましょう

デマンドジェネレーション キャンペーンを作成しよう

このレッスンの ポイント

ターゲティングを決めてクリエイティブの準備ができたら、実際にキャンペーンを作成して広告を入稿していきましょう。どこに広告が表示されるのかもプレビューで確認をしながら設定していきます。

○ キャンペーンを作ってみよう

▶ デマンドジェネレーションキャンペーンの作成 図表63-1

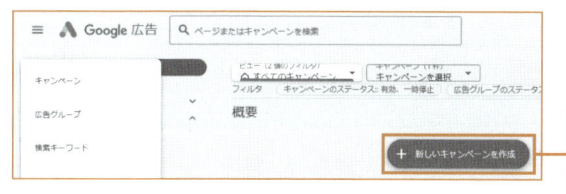

1 キャンペーンを作成

1 管理画面トップから［＋新しいキャンペーンを作成］をクリックします。

2 ［目標を設定せずにキャンペーンを作成する］をクリックします。

選んだ目標に応じて選べるキャンペーンタイプが変わります。

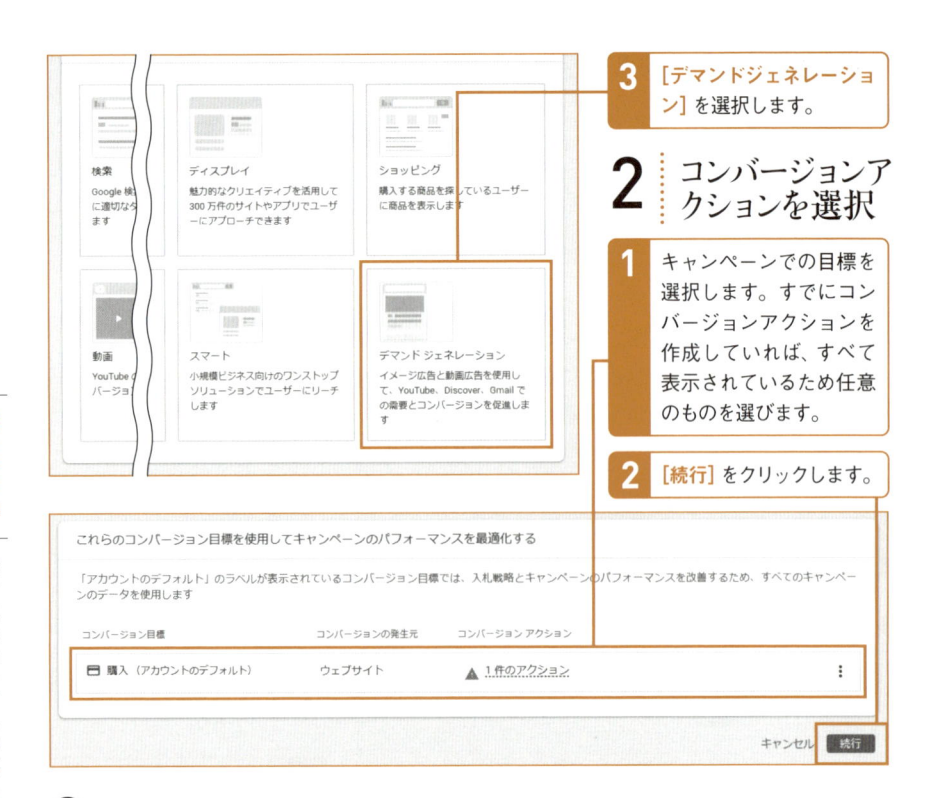

3 ［デマンドジェネレーション］を選択します。

2 ┊ コンバージョンアクションを選択

1 キャンペーンでの目標を選択します。すでにコンバージョンアクションを作成していれば、すべて表示されているため任意のものを選びます。

2 ［続行］をクリックします。

3 ┊ 目標とする成果とキャンペーン名を入力

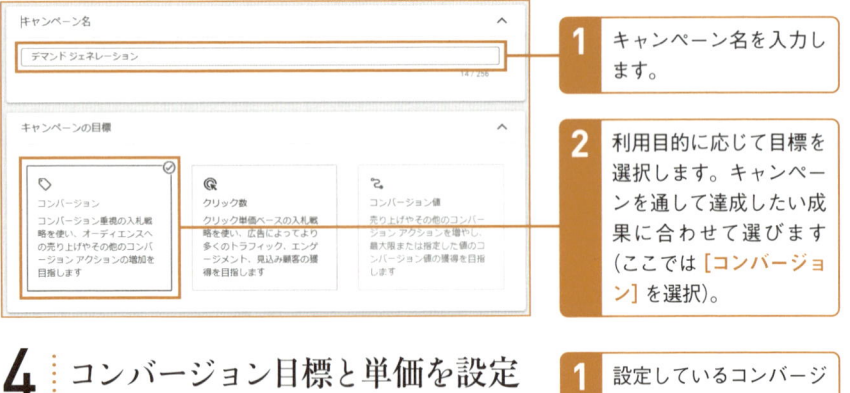

1 キャンペーン名を入力します。

2 利用目的に応じて目標を選択します。キャンペーンを通して達成したい成果に合わせて選びます（ここでは［コンバージョン］を選択）。

4 ┊ コンバージョン目標と単価を設定

1 設定しているコンバージョンで、広告の目的に合った目標を選びます。

目標コンバージョン単価を設定していない場合は、コンバージョン数最大化に変更されます。

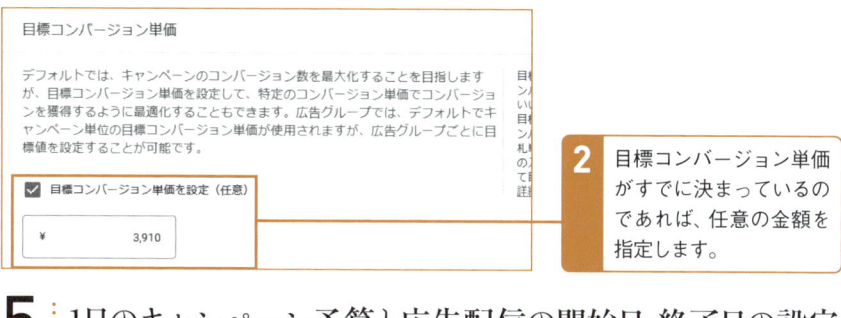

目標コンバージョン単価

デフォルトでは、キャンペーンのコンバージョン数を最大化することを目指しますが、目標コンバージョン単価を設定して、特定のコンバージョン単価でコンバージョンを獲得するように最適化することもできます。広告グループでは、デフォルトでキャンペーン単位の目標コンバージョン単価が使用されますが、広告グループごとに目標値を設定することが可能です。

☑ 目標コンバージョン単価を設定（任意）

¥　　　3,910

2 目標コンバージョン単価がすでに決まっているのであれば、任意の金額を指定します。

5 1日のキャンペーン予算と広告配信の開始日・終了日の設定

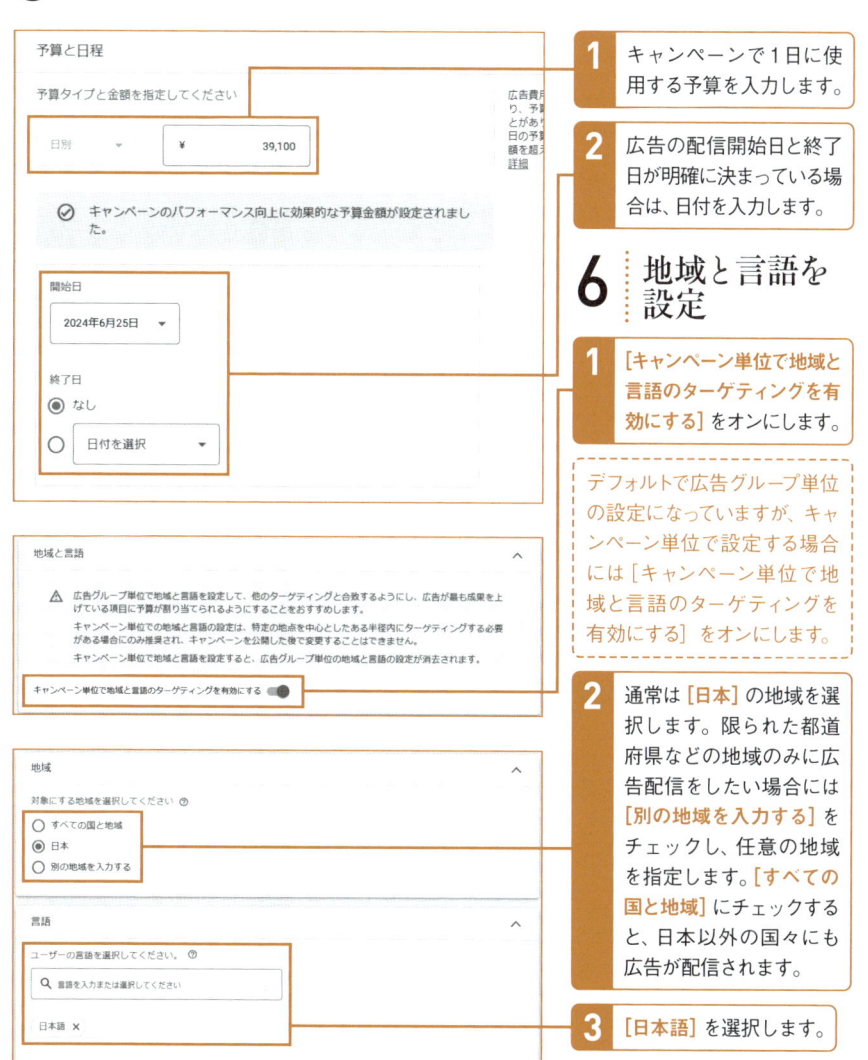

予算と日程

予算タイプと金額を指定してください

日別　▼　　¥　　39,100

✓ キャンペーンのパフォーマンス向上に効果的な予算金額が設定されました。

開始日

2024年6月25日　▼

終了日

◉ なし

○ 日付を選択　▼

1 キャンペーンで1日に使用する予算を入力します。

2 広告の配信開始日と終了日が明確に決まっている場合は、日付を入力します。

6 地域と言語を設定

1 [キャンペーン単位で地域と言語のターゲティングを有効にする] をオンにします。

デフォルトで広告グループ単位の設定になっていますが、キャンペーン単位で設定する場合には [キャンペーン単位で地域と言語のターゲティングを有効にする] をオンにします。

地域と言語　∧

⚠ 広告グループ単位で地域と言語を設定して、他のターゲティングと合致するようにし、広告が最も成果を上げている項目に予算が割り当てられるようにすることをおすすめします。
キャンペーン単位での地域と言語の設定は、特定の地点を中心としたある半径内にターゲティングする必要がある場合にのみ推奨され、キャンペーンを公開した後で変更することはできません。
キャンペーン単位で地域と言語を設定すると、広告グループ単位の地域と言語の設定が消去されます。

キャンペーン単位で地域と言語のターゲティングを有効にする ●

地域　∧

対象にする地域を選択してください ⑦

○ すべての国と地域
◉ 日本
○ 別の地域を入力する

言語　∧

ユーザーの言語を選択してください。 ⑦

🔍 言語を入力または選択してください

日本語 ✕

2 通常は [日本] の地域を選択します。限られた都道府県などの地域のみに広告配信をしたい場合には [別の地域を入力する] をチェックし、任意の地域を指定します。[すべての国と地域] にチェックすると、日本以外の国々にも広告が配信されます。

3 [日本語] を選択します。

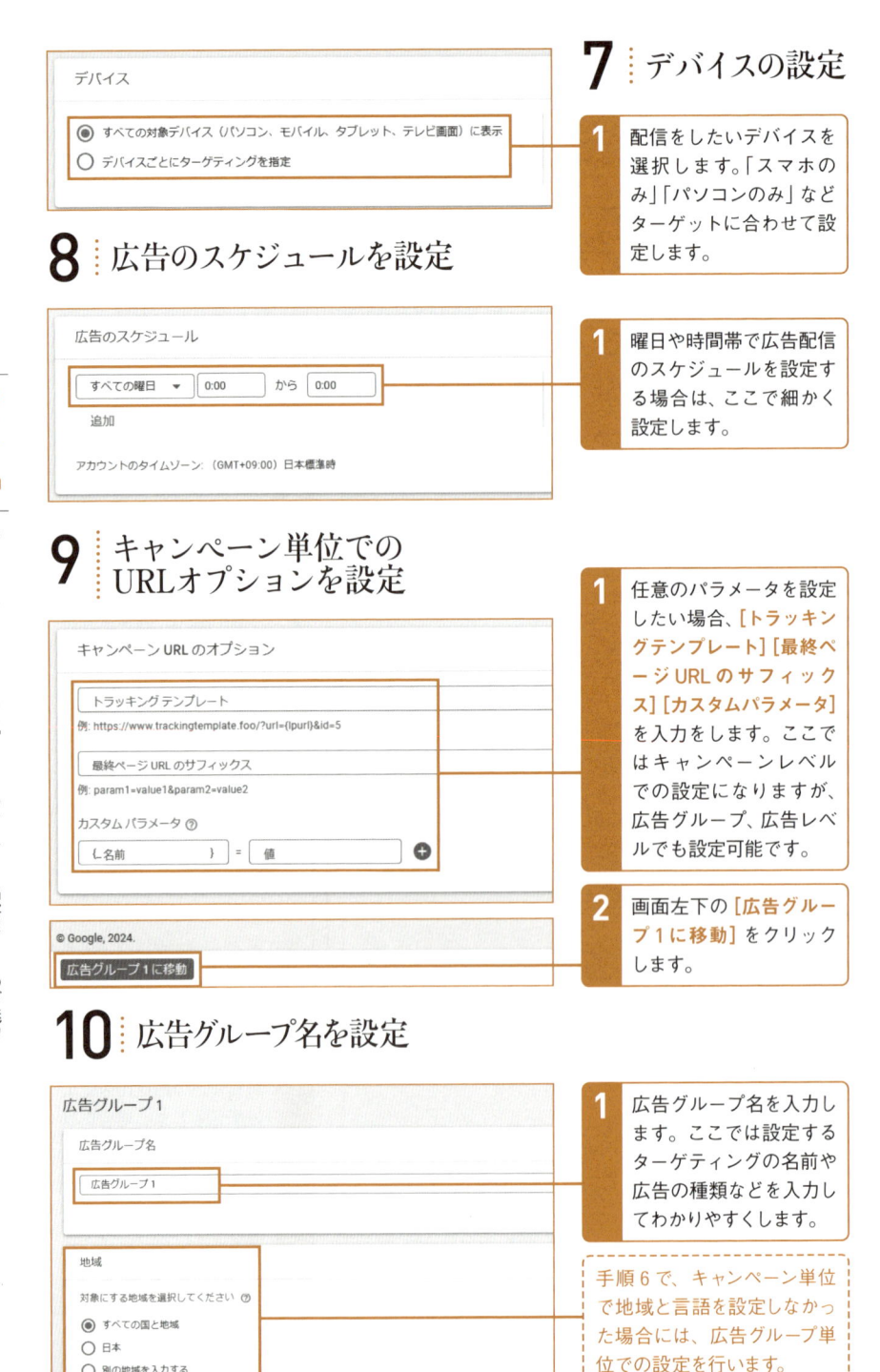

7 デバイスの設定

デバイス

○ すべての対象デバイス（パソコン、モバイル、タブレット、テレビ画面）に表示
○ デバイスごとにターゲティングを指定

1 配信をしたいデバイスを選択します。「スマホのみ」「パソコンのみ」などターゲットに合わせて設定します。

8 広告のスケジュールを設定

広告のスケジュール

すべての曜日 ▼ | 0:00 | から | 0:00

追加

アカウントのタイムゾーン：（GMT+09:00）日本標準時

1 曜日や時間帯で広告配信のスケジュールを設定する場合は、ここで細かく設定します。

9 キャンペーン単位でのURLオプションを設定

キャンペーン URL のオプション

トラッキング テンプレート
例: https://www.trackingtemplate.foo/?url={lpurl}&id=5

最終ページ URL のサフィックス
例: param1=value1&param2=value2

カスタム パラメータ ⑦
{_名前　　} = | 値 | ⊕

1 任意のパラメータを設定したい場合、[**トラッキングテンプレート**][**最終ページ URL のサフィックス**][**カスタムパラメータ**]を入力をします。ここではキャンペーンレベルでの設定になりますが、広告グループ、広告レベルでも設定可能です。

© Google, 2024.

広告グループ1に移動

2 画面左下の[**広告グループ1に移動**]をクリックします。

10 広告グループ名を設定

広告グループ1

広告グループ名

広告グループ1

1 広告グループ名を入力します。ここでは設定するターゲティングの名前や広告の種類などを入力してわかりやすくします。

地域

対象にする地域を選択してください ⑦
○ すべての国と地域
○ 日本
○ 別の地域を入力する

手順6で、キャンペーン単位で地域と言語を設定しなかった場合には、広告グループ単位での設定を行います。

11 オーディエンスと最適化されたターゲティングの設定

オーディエンス

オーディエンスを使用すると、ユーザーの属性、興味や習慣、積極的利用した方法に基づいて広告を表示できます。広告の成果を最大化するいオーディエンスを作成します。 ⑦

[オーディエンスを追加]

1 広告を配信したいターゲティングに沿ってオーディエンスを作成します。[オーディエンスを追加] をクリックします。

オーディエンスを選択してください　　+新しいオーディエンス

Q オーディエンス名で検索

2 [＋新しいオーディエンス] をクリックします。

3 [オーディエンス名] を入力します。

✕ 新しいオーディエンス

オーディエンス名	オーディエンス名を入力
	必須

次の**どれかに一致**するユーザーを含みます

カスタムセグメント	ユーザーの検索アクティビティ、ダウンロードしたアプリ、または訪問したサイトに基づくユーザー ⑦	∧
	Q カスタムセグメントを追加または作成する	
広告主様のデータ	過去にお客様のビジネスを利用したことのあるユーザー ⑦	∧
	Q データを追加	
類似セグメント	基となるリストのユーザーと類似するユーザーにリーチします ⑦	∧
	+新しいセグメント	
興味 / 関心と詳しいユーザー属性	各自の興味や関心、ライフイベント、詳しいユーザー属性に基づくユーザー	∨

次の**どれかに一致**するユーザーを除きます

| 除外 | 次のユーザーをこのオーディエンスから除外します | ∨ |

オーディエンスを次の条件を満たすユーザーに絞り込みます

| ユーザー属性 | すべてのユーザー属性（推奨） ⑦ | ∨ |

保存　キャンセル

4 [＋新しいセグメント] をクリックして、[カスタムセグメント] [広告主様のデータ][類似セグメント] などから広告を配信したいオーディエンスを設定していきます。

5 設定が終わったら [保存] をクリックします。

12 最適化されたターゲティングのチェック

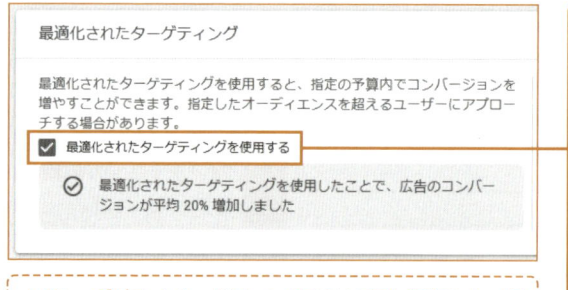

1 [最適化されたターゲティング を使用する] のチェックはデフォルトでオンにされています。作成したオーディエンスリストやランディングページ、アセットなどの情報をもとにコンバージョンに至る可能性の高いユーザーにアプローチが可能です。

ただし、設定したターゲティングのみに広告配信したい場合にはチェックを外します。

13 広告グループURLのオプションの設定

1 広告グループ単位でパラメータを設定したい場合には、[広告グループ URL オプション] の各項目に入力をします。キャンペーン単位で設定しているけれども、広告グループ単位で設定をすると、グループ単位で設定した内容が優先されます。

2 画面左下の [広告1に移動] をクリックします。

1 作成する広告の種類を選択し、準備した画像やロゴ、広告見出し、説明文、URL などのアセットをそれぞれ入稿していきます。

2 右側のプレビューを見ながら広告の設定内容の確認をしていきます。

すべて入力し終えたら、画面左下に表示される［すべての変更を保存］をクリックします。

15 設定内容を確認してキャンペーンを公開する

1 キャンペーン、広告グループの設定内容を［詳細］にて確認します。

2 問題がなければ画面左下の［キャンペーンを公開］をクリックします。

広告が審査を受けて承認されるまでに、少なくとも 24 時間かかることを考慮しておきましょう。

👍 ワンポイント 広告アセットの審査は厳しい

このキャンペーンタイプでは、Discover や YouTube などの視覚とエンターテインメントを重視した配信面に広告が表示されるため、とても高い品質基準を満たしている必要があります。その他の広告タイプと共通している要件ではありますが、動画広告とイメージ広告のアセットの品質とポリシーの審査は少し厳しくされている印象があります。もし、ガイドラインに頻繁かつ広範囲に違反した場合には、広告の配信が停止されることがあるため注意しましょう。停止後に新しくアップロードされた広告は定期的に審査され、違反の数が減少した場合に配信を再開できるようになります。

アセットが制限または停止された場合

Googleの決定に不服である場合や、不承認となった広告アセットを修正したい場合は、ポリシーに関する決定に対する再審査請求を Google広告の管理画面から直接行うことができます。以下の Google広告ヘルプの「ポリシーに関する決定への再審査請求」内にある「不承認の広告とポリシーに関するお問い合わせ」リンクから、異議申し立てを行うことができます。

ポリシーに関する決定への再審査請求

⚠ ほとんどの広告フォーマットとポリシーで、ポリシーに関する決定を受けての再審査請求を Google 広告の管理画面から直接行うことができるようになりました。

サポートされていない広告フォーマットとポリシーに関する決定については、不承認の広告とポリシーに関するお問い合わせフォームを使用して異議申し立てを行うことができます。

広告およびリンク先の修正が完了している場合や、判定が誤りと思われる場合は、ポリシーに関する決定に対する再審査請求を、Google 広告の管理画面から直接行うことができます。

Lesson

64 ［レポートを使いこなそう］
デマンドジェネレーションで使用すると便利なレポート

このレッスンの
ポイント

広告を出したあとはパフォーマンスの結果を確認しましょう。作成した広告がきちんと配信されているのか、意図どおり配信されているのかを見ながら、パフォーマンスの改善と、次の広告の打ち手をみつけていきましょう。

○ レポートの分割機能を見てみよう

他のキャンペーン同様に、キャンペーンや広告グループといった枠組みでパフォーマンスを確認でき、そのデータを基に予算や入札の調整を行うのも重要です。そこからドリルダウンして、設定したクリエイティブのパフォーマンス、ターゲティングしたセグメント、広告が表示されたプレースメントのデータを確認しながら、デマンドジェネレーションのパフォーマンス改善につなげていきましょう。

このレッスンでは、「クリエイティブアセット」「オーディエンス」「プレースメント」の3つのレポートについて解説します。それ以外でも、日別やデバイス別、時間帯別、エリア別のパフォーマンスを分割して確認することもできるので、広告の目的や狙いたいターゲティングとの相性が良いかも見ながら、合わせて調整と改善を繰り返していきましょう（図表64-1）。

▶ デマンドジェネレーションで確認したいおすすめのレポート 図表64-1

レポート軸	使い方	確認する場所	おすすめ度
クリエイティブアセット	どの広告表現で効果があったかを確認する	キャンペーン>広告	★★★★★
オーディエンス	設定したターゲティングごとの数値を確認する	オーディエンス、キーワード、コンテンツ>オーディエンス	★★★★★
プレースメント	関連性の低いウェブサイト（YouTubeチャンネル）があれば除外する	分析情報とレポート>広告が表示された日時と場所	★★★
曜日・時間帯	曜日時間帯ごとの数値を確認する	分析情報とレポート>広告が表示された日時と場所	★★★
地　域	地域ごとの数値を確認する	オーディエンス、キーワード、コンテンツ>地域	★★★

○ クリエイティブアセット

どの広告表現で効果があったかを確認し、どのフォーマット、どの訴求や画像がターゲットと相性が良いのかを見つけていきます（**図表64-2**）。

複数のフォーマットで入稿して配信しているのであれば、どのフォーマットが自社の広告やターゲティングと相性が良いのかを［広告タイプ］の指標で確認してみましょう。「シングルイメージ広告」「カルーセル広告」「動画広告」の中で表示回数とクリック数が多くクリック率も高め、もしくはコンバージョンにつながっているものはどれかを見てみましょう。フォーマットのほか、配信した画像や動画、訴求などのアセットで成果につながったのはどれなのかを確認します。

広告の［アセットの詳細を表示］をクリックすると、設定した画像や広告見出し別のパフォーマンスが確認できます。フォーマットとして相性は良さそうなのにもかかわらず、成果があまり出ていないのであれば、画像の差し替えや、訴求の変更を検討します。成果が伸びている広告があれば、似たデザイン、雰囲気のアセットを準備して追加していきながらパフォーマンス向上を目指します。

▶ 配信した広告の成果を確認する 図表64-2

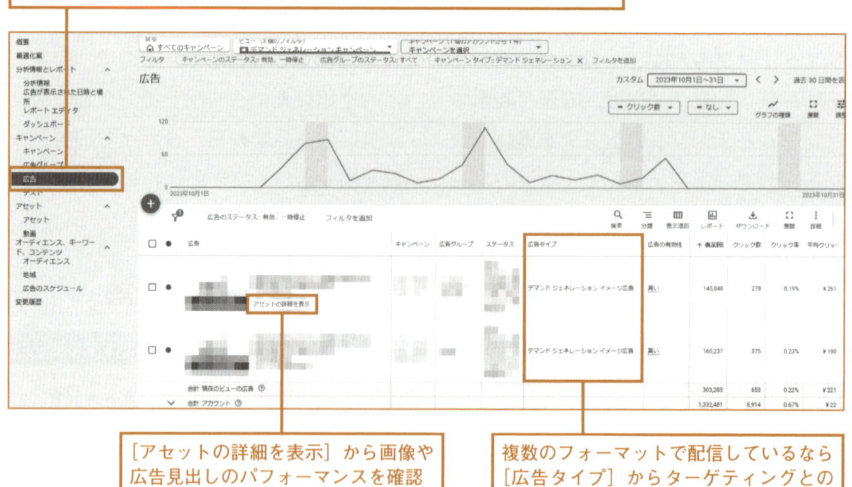

［キャンペーン］ → ［広告グループ］ → ［広告］ の順にクリックして確認

［アセットの詳細を表示］から画像や広告見出しのパフォーマンスを確認

複数のフォーマットで配信しているなら［広告タイプ］からターゲティングとの相性を確認

オーディエンスレポート

広告を配信したオーディエンスごとのパフォーマンスを確認することで、ユーザーが自社の商品やサービスに興味を持っているのか、求めているのかを判断できます（**図表64-3**）。

表示回数があまり出ていないオーディエンスがあれば、セグメントの設定内容を見直してリスト数を増やしたり、入札単価を引き上げて表示回数を伸ばすことを検討します。クリック数が少ない、またはクリック率が低いオーディエンスがあれば、設定しているクリエイティブとの相性が良くないと考えられるため、新し

い訴求や画像などのクリエイティブアセットを追加してみましょう。明らかにクリック数が少ない、されていない場合には新たなオーディエンスに広告を配信することもトライします。

また、1つの広告グループ内で複数のオーディエンスを設定している状況で、パフォーマンスの偏りがある場合は、広告グループごとにセグメントを設定して運用することもおすすめです。そうすることで、ターゲットに対して広告が配信されやすく、また単価調整をしやすくなります。

▶ **広告を配信したオーディエンスの成果を確認する** **図表64-3**

［オーディエンス、キーワード、コンテンツ］→［オーディエンス］の順にクリックして確認

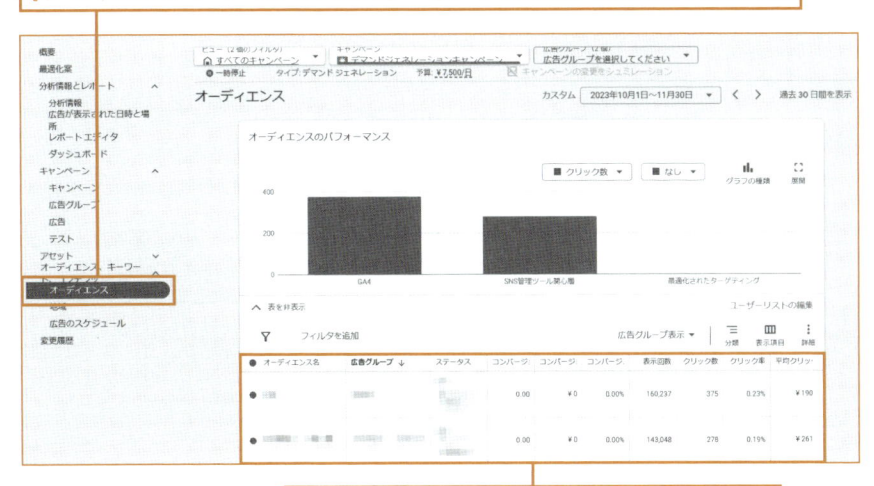

［オーディエンス名］ごとに、コンバージョン、表示回数、クリック数、クリック率などを比較しながら確認できる

⭕ プレースメントレポート

広告が表示された場所ごとのパフォーマンスを確認し、より広告がクリックされる機会を増やすために除外対応や入札調整を行います（**図表64-4**）。

デマンドジェネレーションはYouTubeやDiscoverに広告が表示される広告メニューですが、　ターゲティングによってはYouTube面への配信が多いこともあります。その場合には、関連性の低いまたは広告を表示させたくないYouTubeチャンネルの除外設定を行い、広告表示の無駄打ちを防ぎます。これによりクリック率の改善につながり、クリック単価も良化する可能性があります。自社の商品やサービスをアプローチしたいユーザーが集まっている面に広告を表示させることができれば、コンバージョンにつなげるきっかけにもなります。

▶ 広告が配信された場所を確認する　図表64-4

［分析情報とレポート］→［広告が表示された日時と場所］→［広告が表示された場所］の順にクリックして確認

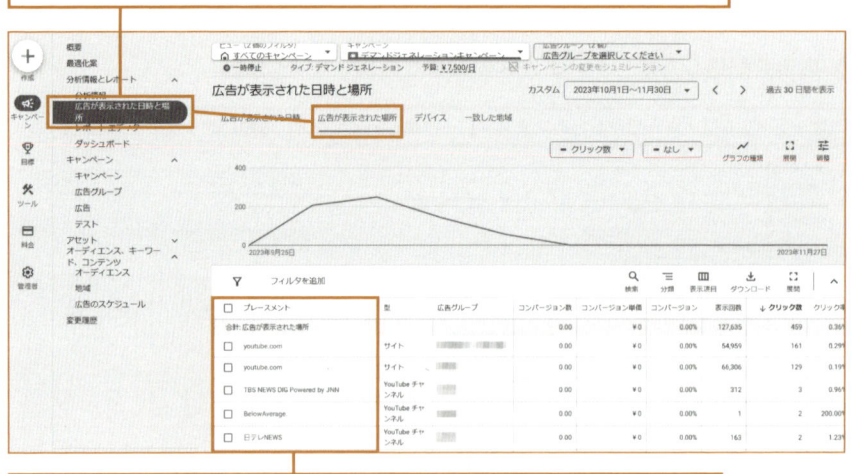

［プレースメント］の欄に広告が表示された場所ごとのパフォーマンスが表示される。広告表示の無駄打ちをしていないか確認しよう

65

デマンドジェネレーション運用のコツはアセット改善にあり

**このレッスンの
ポイント**

他の広告手法でも広告アセットをどう改善したらよいのか悩みますよね。さまざまな配信面に広告の出るデマンドジェネレーションキャンペーンだからこそ、配信面に合った見せ方、見え方を考えてアセットの改善方法を考えていきましょう。

◯ ターゲットが求めている情報は何？

クリエイティブアセットの改善をするためにはまず、設定しているターゲットがどのような情報を求めているのかを見極めていくことも必要です。クリック率や

コンバージョン率の高いクリエイティブを出し続けていくことも良いですが、ターゲティングによって心に響くクリエイティブや訴求は異なります。

▶ **ターゲットが求めている情報を広告で訴求** 図表65-1

各ターゲットが求めている情報に合った訴求で広告を表示する

ターゲット A

ターゲット B

NEXT PAGE ➡

ターゲティングを複数設定しているのであれば、ターゲティングごとにパフォーマンスの出ているクリエイティブを確認してみましょう。

クリックにもつながり、コンバージョンを獲得できているパフォーマンスの良いクリエイティブは、設定しているターゲティングが求めている情報を見せることができていると捉えることができます。もし、パフォーマンスが伸び悩むクリエイティブがあれば、設定しているターゲットが求めている情報ではない可能性があります。その場合には訴求を変えた画像や動画のアセット、テキストの変更を検討しましょう。

ほかには、クリック率が高いのにコンバージョンにつながらないクリエイティブであれば、ただ停止する判断をするのではなく、リンク先に答えがあるのかも見直します。

リンク先、サイト内にクリエイティブの訴求に応えられる情報がなければ、ページ内の表現や内容を変えることも検討しましょう。これによりコンバージョンにつながるきっかけを作れます。

◯ クリエイティブアセットの改善

パフォーマンスの結果から新しいアセットを考えることが多いと思いますが、サイト内のコラムやコンテンツ、運用しているSNSがあれば、そこに大きなヒントが隠れています。

サイト内のコラムやコンテンツであれば、よく読まれているページの内容を広告に落とし込むことで、ユーザーが自社に求めている訴求ができ、コンバージョンへの道筋もスムーズになります。

また、SNS運用をしているのであれば、反応のある投稿をそのまま広告として入稿してみることもおすすめします。すでにファンであるユーザーが良いと感じている画像やメッセージを使うことにより、広告から新しいファンを獲得するチャンスでもあります。ネイティブな広告枠があるからこそ生かせる改善方法です。

> クリエイティブアセットの勝ちパターンが見えているのであれば、リンク先となっているページの内容の見直しもしてみましょう。ユーザーの目線に立ったときに求めている情報は載っているか、自社の強みをわかりやすく表現できているか、コンバージョンまでのステップがスムーズかを確認してみましょう。ヒートマップツールを使い、ページの課題を見つけるのもおすすめです。広告の成果やSNSの反応、さまざまなデータを見ながら自社のサービスにとって最適な訴求や表現を探していきましょう

Chapter 8

［アプリ広告］
Google Playに広告が配信できる

本章では、アプリ広告の配信方法を学んでいきます。これまで学んできたキャンペーンタイプと異なる、機械学習を活用したフルオートメーションの配信手法を確認していきましょう

66

アプリキャンペーンの配信面と特長

**このレッスンの
ポイント**

アプリキャンペーンは、キャンペーンに入力された情報に基づいて、Googleのさまざまなネットワークに自動で広告が配信されます。アプリキャンペーンの基本的な仕組みと、主な配信先を確認しておきましょう。

Chapter 8

［アプリ広告］Google Playに広告が配信できる

○ アプリキャンペーンのターゲティングと広告はフルオートメーション

Google広告のアプリキャンペーンは、これまで学んできた他のキャンペーンタイプと違い、ターゲティングの設定や、広告を自分で作成する必要がありません。アプリキャンペーンに登録された広告文、画像、動画などのアセットや、アプリストアに掲載されている情報などに基づき、さまざまなフォーマットの広告を自動で生成し、検索、ディスプレイ、YouTube、Google Playなど、Google広告の主要配信面に自動で広告を配信します（図表66-1）。

数あるキャンペーンタイプの中で、Google Playに広告を配信できるのはこのアプリキャンペーンだけであることも特筆すべきポイントです。一方で、ターゲティングや広告の作成がフルオートメーションということは、広告主が自ら調整できるレバーが少ない、ということでもあります。そのため、広告の作成に利用される、画像や動画などのアセットがとても重要になります。

▶ **アプリキャンペーンの配信ネットワーク** 図表66-1

アプリキャンペーン

入力された情報を基に、機械学習を活用しで最適な掲載面に広告を配信

Google 検索	Google Play	Google ディスプレイネットワーク
YouTube	Google 検索の Discover	

○ アプリキャンペーンの主な配信面

アプリキャンペーンの主要配信ネットワークは「Google検索」「Google Play」「Googleディスプレイネットワーク」「YouTube」「Google検索のDiscover」（Androidではホーム画面を右にスワイプして表示。iOSでは Google検索アプリの検索ボックスの下の表示）に広告が配信されます。同じネットワークでも、広告の表示形式にさまざまな違いがあることも特徴です（**図表66-2**）。

▶ **アプリキャンペーンの配信ネットワーク** 図表66-2

Google検索

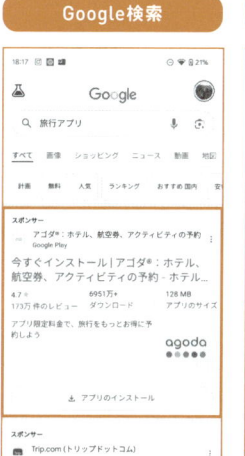

Google Play

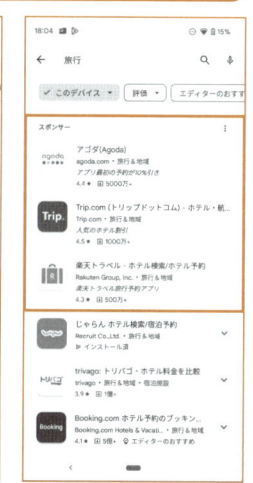

YouTube

Google ディスプレイネットワーク	Google検索の Discover

> Google広告のキャンペーンタイプの中で、Google Play に広告が掲載できるのはアプリキャンペーンだけです

○ アプリキャンペーンの3つのサブタイプ

アプリキャンペーンには、アプリのプロモーション方法に応じて「サブタイプ」という概念があり、「アプリインストール」「アプリエンゲージメント」「アプリの事前登録（Androidのみ）」の3種類があります（図表66-3）。「アプリインストール」は、まだ広告主のアプリをインストールしていないユーザーに対してインストールを促す広告で、主に新規ユーザー向けのサブタイプです。「アプリエンゲージメント」は、すでに広告主のアプリをインス

トールしているユーザーに、商品の購入などの特定の行動を促すための広告を配信します。「アプリの事前登録（Androidのみ）」は、Google Playでリリース前のアプリやゲームの体験版を広告として配信し、ユーザーへの期待感や認知度を高める広告を配信します。「アプリエンゲージメント」と「アプリの事前登録（Android）」はエンジニアリソースが必要なため、本書では「アプリインストール」を中心に解説していきます。

▶ 3つのサブタイプ 図表66-3

サブタイプ	内　容
アプリインストール	ユーザーにアプリのインストールを促す広告を掲載する。主に新規ユーザー獲得向けのサブタイプ
アプリエンゲージメント	すでにアプリをインストールしているユーザーに再度アプローチし、アプリ内で商品の購入などの特定の行動を促す
アプリの事前登録 （Android のみ）	Google Playでアプリをリリースする前に、アプリやゲームの体験版を配信し、ユーザーへの期待感や認知度を高める広告を配信できる

○「アプリエンゲージメント」は広告効果測定SDKの実装が必須

「SDK」とは「Software Development Kit」の略で、元々はアプリの開発用のツールの呼び名ですが、デジタルマーケティングの世界では、広告の効果測定に特化したSDKのことを指すのが一般的です。広告の効果測定SDKは、Webで言うところのGoogleアナリティクスなどのアクセス解析ツールのような存在で、アプリ内の行動を分析したり、アプリ内の特定のイベントなどを計測することができます。Androidアプリであれば、Google PlayとGoogle広告は連携できるので、SDKなしでもアプリ内の課金行動などでリエンゲージメントを図ることができますが、iOSアプリでは広告の効果測定SDKの導入が必須となります。広告効果測定SDKとして代表的なものは「AppsFlyer」「Adjust」などが挙げられます（**図表66-4**）。

▶「AppsFlyer」と「Adjust」 **図表66-4**

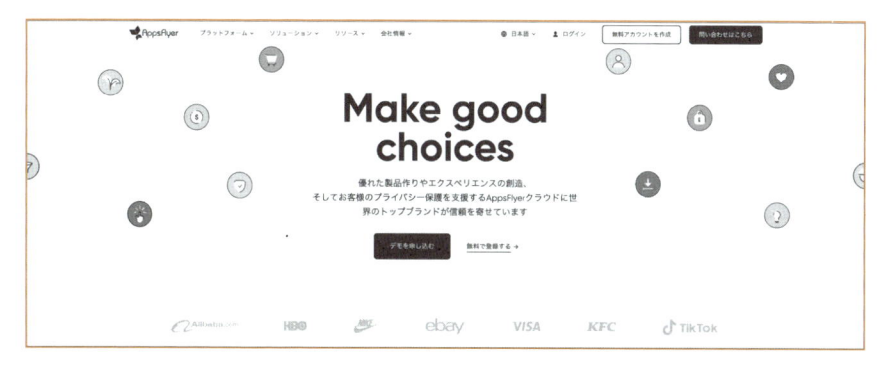

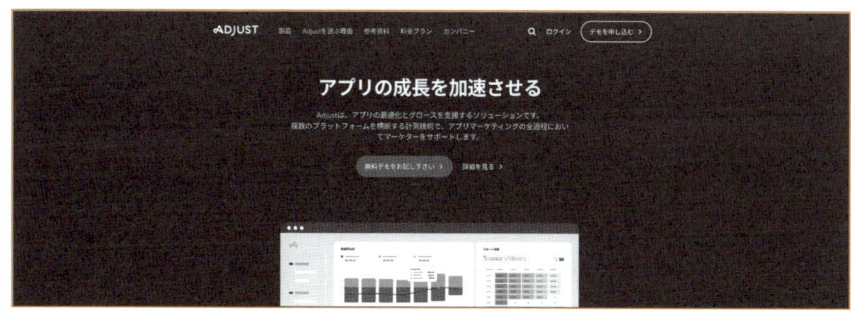

Lesson [アプリキャンペーンの基本設定①]

67 アプリキャンペーンを作成してみよう

**このレッスンの
ポイント**

アプリキャンペーンの作成方法を、実際の管理画面を見ながら確認していきましょう。アプリを事前にGoogle Playに登録しておけば、作成方法自体は比較的簡単なので、登録できる広告アセットの種類などをチェックしておきましょう。

○ アプリキャンペーンを作成

▶ アプリキャンペーンの作成 図表67-1

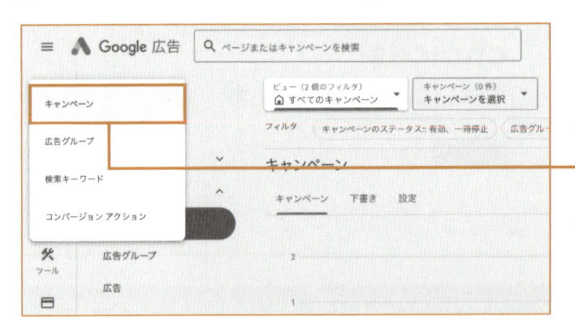

1 新しいキャンペーンを作成する

1 左メニューの[作成]から[キャンペーン]をクリックします。

2 キャンペーンの目標に[アプリのプロモーション]を選択する

1 [アプリのプロモーション]をクリックするとアプリキャンペーンが自動的に選択されます。

3 キャンペーンのサブタイプと、広告を配信したいアプリを選択する

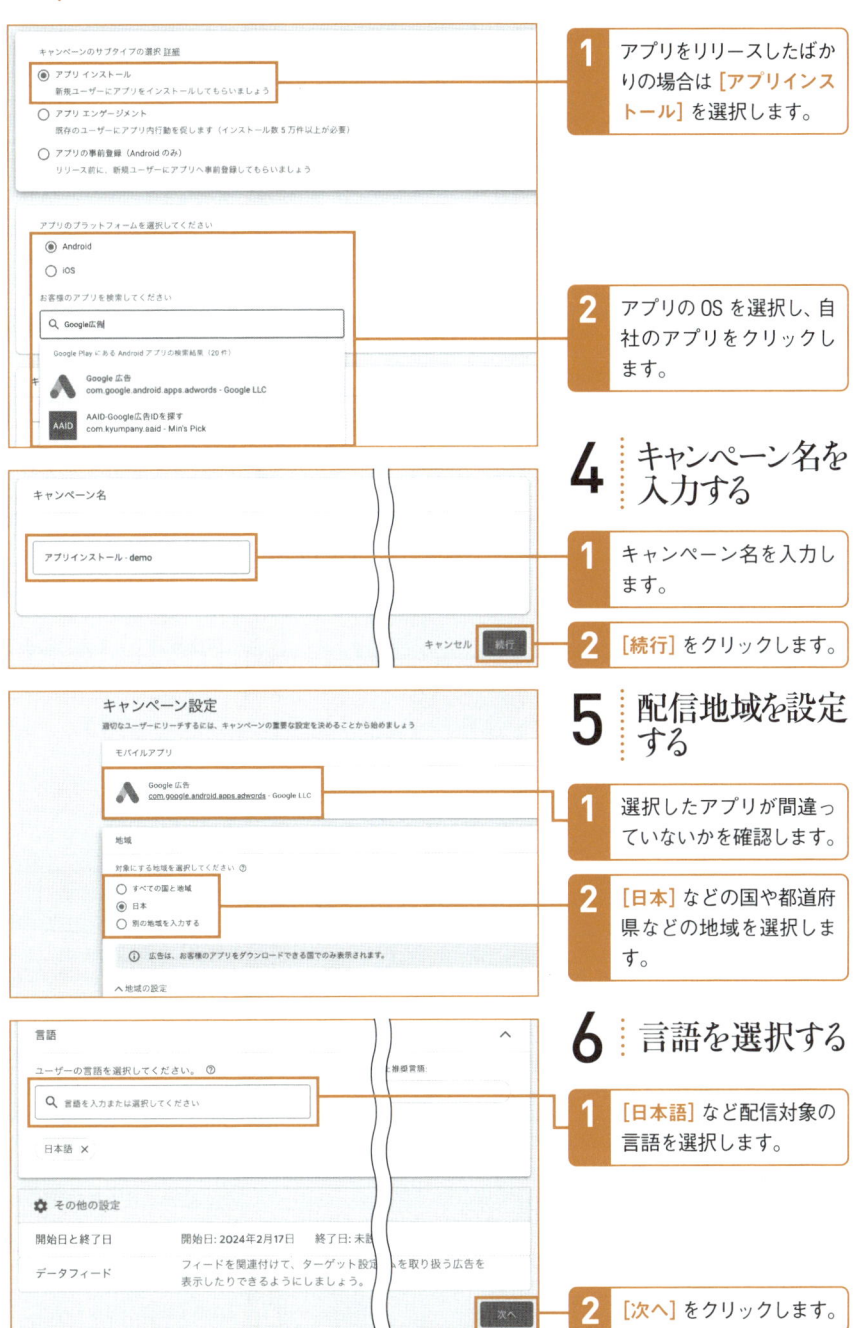

1 アプリをリリースしたばかりの場合は [アプリインストール] を選択します。

2 アプリの OS を選択し、自社のアプリをクリックします。

4 キャンペーン名を入力する

1 キャンペーン名を入力します。

2 [続行] をクリックします。

5 配信地域を設定する

1 選択したアプリが間違っていないかを確認します。

2 [日本] などの国や都道府県などの地域を選択します。

6 言語を選択する

1 [日本語] など配信対象の言語を選択します。

2 [次へ] をクリックします。

NEXT PAGE →

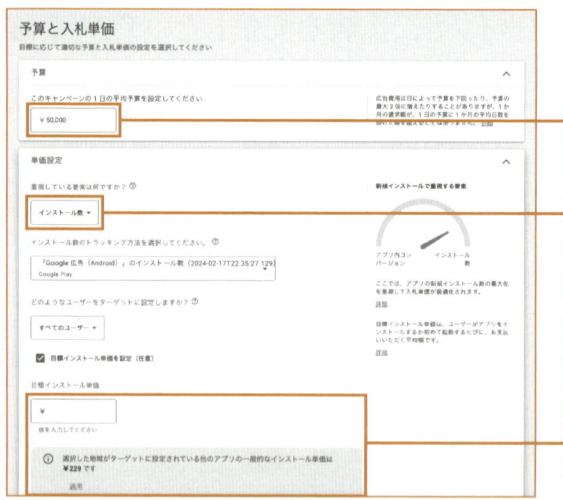

7 予算と入札単価を設定する

1 キャンペーンで1日に使用する予算を入力します。

2 自動入札で重要視する要素に [インストール数] を選択します。

3 管理画面に表示される参考値を確認して [目標インストール単価] を入力したら、[次へ] をクリックします。

8 広告グループの作成で、広告アセットを入力する

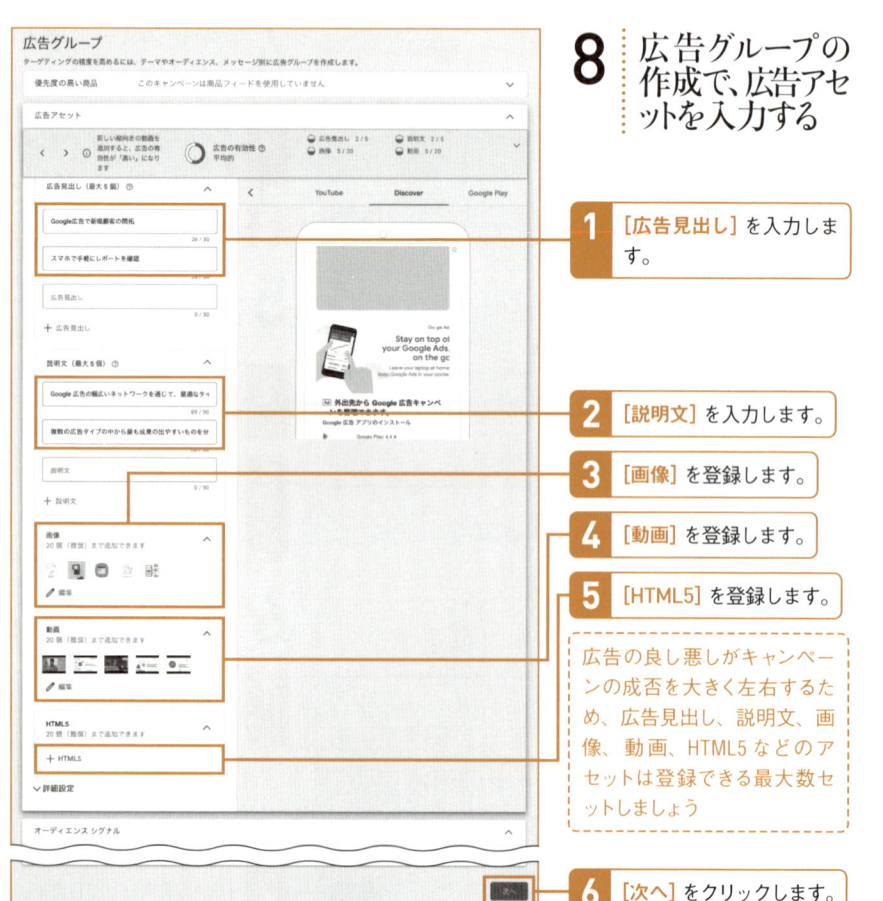

1 [広告見出し] を入力します。

2 [説明文] を入力します。

3 [画像] を登録します。

4 [動画] を登録します。

5 [HTML5] を登録します。

広告の良し悪しがキャンペーンの成否を大きく左右するため、広告見出し、説明文、画像、動画、HTML5 などのアセットは登録できる最大数セットしましょう

6 [次へ] をクリックします。

9 入力した内容を確認してキャンペーンを公開する

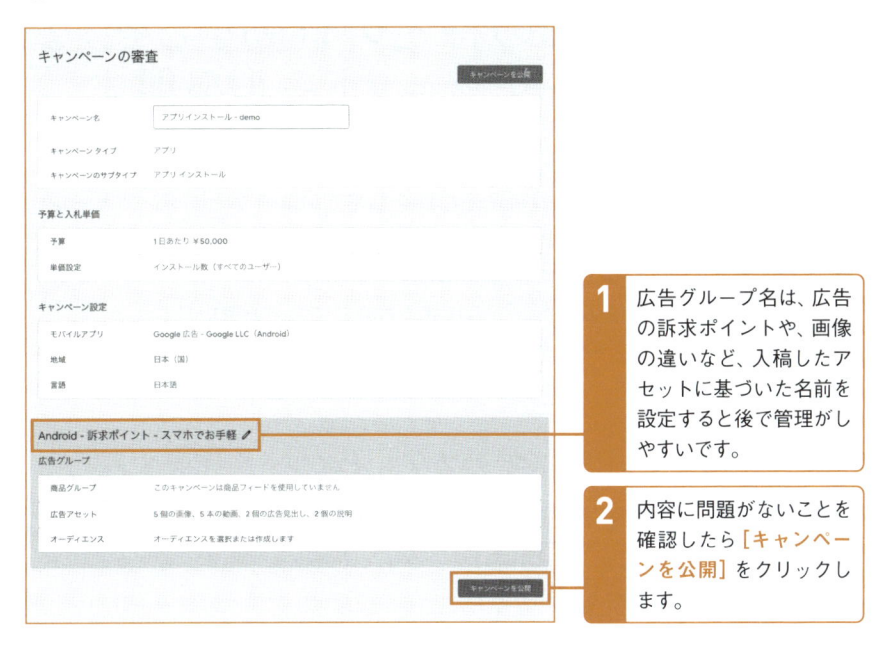

1 広告グループ名は、広告の訴求ポイントや、画像の違いなど、入稿したアセットに基づいた名前を設定すると後で管理がしやすいです。

2 内容に問題がないことを確認したら[キャンペーンを公開]をクリックします。

10 Google広告管理画面ホームでキャンペーンが作成されていることを確認する

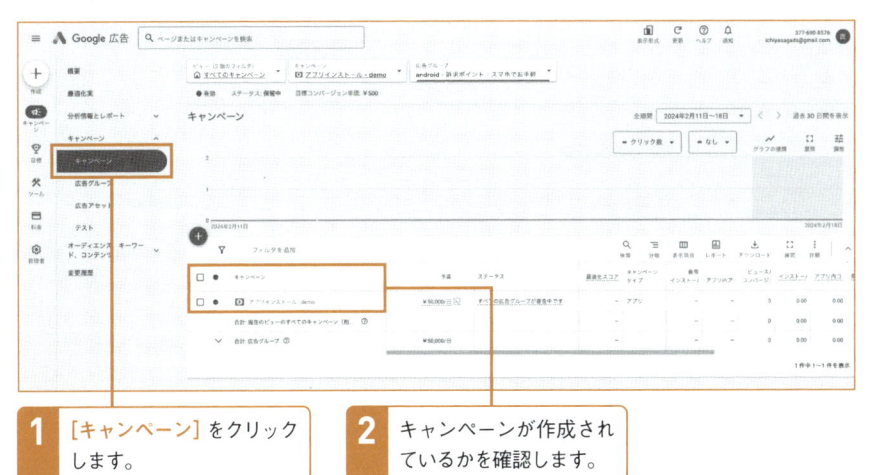

1 [キャンペーン]をクリックします。

2 キャンペーンが作成されているかを確認します。

68

［アプリキャンペーンの基本設定②］
アプリ内の特定の行動をしそうな
ユーザーにインストールを促す

**このレッスンの
ポイント**

アプリ内の特定の行動をしやすいユーザーにインストールを促すには、広告の効果測定SDKでカスタムイベントを作成しておく必要があります。あらかじめ、エンジニアにカスタムイベントの作成を依頼しておくと良いでしょう。

○ 広告の効果測定SDKでカスタムイベントを作成する

ただ闇雲にアプリをユーザーにインストールしてもらうのではなく、商品の購入など、アプリ内の特定の行動につながりやすいユーザーにより多くアプリをインストールしてほしい場合は、あらかじめ広告の効果測定SDKでアプリ内の特定の

行動に対してカスタムイベントを作成しておく必要があります。カスタムイベントの作成は、アプリのソースコードを編集する必要がありますので、エンジニアに依頼しましょう。

▶ **Adjustのカスタムイベント作成ヘルプページ** 図表68-1

○ 広告の効果測定SDKで計測したイベントをアプリキャンペーンに設定する

広告の効果測定SDKでイベントを作成したら、アプリキャンペーンの設定画面の

中で、［重視している要素］に［アプリ内コンバージョンの数］を選択し、作成し

たカスタムイベントを［最も重要なアクション］に登録します。この設定を行うことで、ただインストール数を増やすだけでなく、購入など売上につながりやすいユーザーに広告の配信が寄っていく形になります。

▶ **広告の効果測定SDKで作成したイベントを設定** 図表68-2

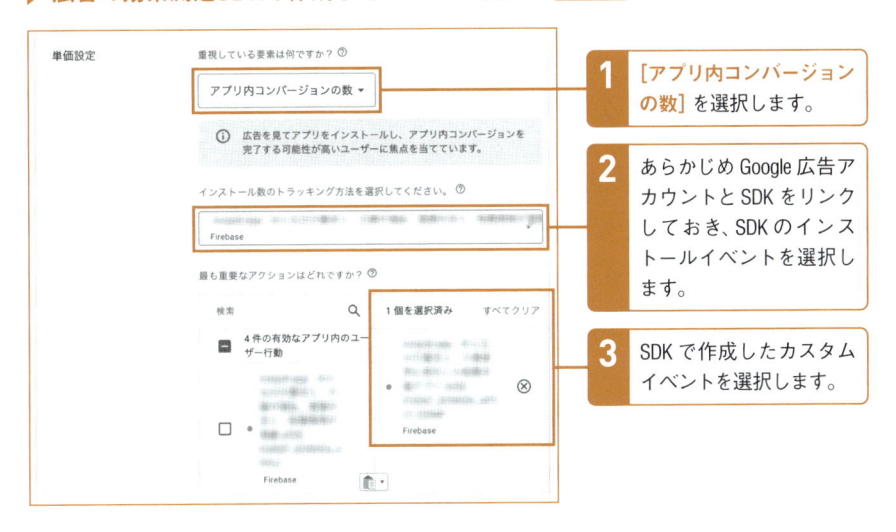

1 ［アプリ内コンバージョンの数］を選択します。

2 あらかじめGoogle広告アカウントとSDKをリンクしておき、SDKのインストールイベントを選択します。

3 SDKで作成したカスタムイベントを選択します。

◯ Google広告アカウントとSDKのリンク

Google広告アカウントと広告の効果測定SDKのリンクは、Google広告管理画面左メニューの［管理者］メニューから、［リンクアカウント］のページで設定します。アプリタブから［Third Party app analytics］をクリックして［リンクID］を発行し、発行したIDを［Adjust］や［AppsFlyer］などの広告の効果測定SDKに入力すると、リンクが完了します。

▶ **Google広告と広告の効果測定SDKのリンク** 図表68-3

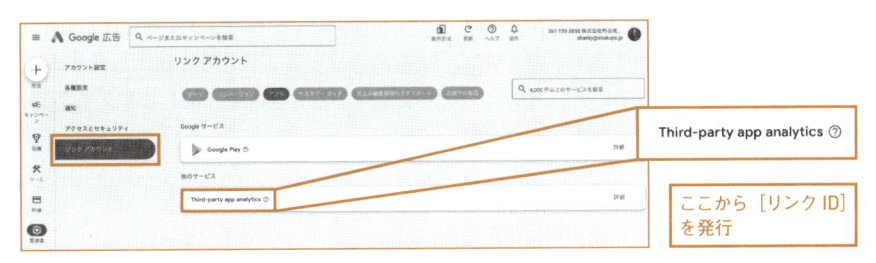

Third-party app analytics ⑦

ここから［リンクID］を発行

69 アプリキャンペーンの運用の コツはアセットにあり

このレッスンの
ポイント

アプリキャンペーンはフルオートメーションなので、最適化のためにコントロールできる部分が少なくアセットをいかに多く用意できるかが重要になります。アセットの良し悪しの確認方法を見ていきましょう。

○ 機械学習に十分な学習期間を与えるため、2週間は設定を変更しない

アプリキャンペーンは、広告の配信先が機械学習によって自動的に選定されるため、機械学習に十分な学習期間を与える必要があります。広告の配信先が自動的に選定されると言っても、最終的には広告ランクによるオークションによって掲載の可否が決まることは変わりませんので、基本的な考え方はスマート自動入札と同じです。アプリキャンペーンや、スマート自動入札による機械学習の学習方法は「多腕バンディット」と呼ばれ、まずは与えられた条件の中でできるだけデータをたくさん収集し、収集したデータの中から目的につながりやすいデータソースに収集範囲を絞っていく、というステップを踏みます。そのため、アプリキ

ャンペーンやスマート自動入札では、最初の1週間は与えられた予算や目標インストール単価でさまざまなネットワークに広告を配信しに行き、時間帯や平日と週末のユーザーの動きの違いなどを含めてデータを収集します。2週間目からコンバージョンにつながりやすいネットワークに予算を集中して配信しに行くという挙動をします。そのため、最初の1週間は目標インストール単価が上振れしがちで、設定を慌てて変更したくなってしまいますが、この学習期間中に設定を変更してしまうと学習がリセットされてしまうため、我慢して2週間は設定を変更せずに見守ることをおすすめします（図表69-1）。

▶ アプリキャンペーンの機械学習のイメージ 図表69-1

1週目		2週目		3週目
学習期間	→	調整期間	→	真価を発揮！

○ 広告見出し、画像、動画などのアセットは最大数を入稿しておく

アプリ広告の機械学習が良し悪しを判断する基準は、クリックとインストールです。学習のために広めに広告を配信したあと、クリック数やインストール数を基に配信するネットワークや掲載先を絞っていきます。そのため、どのネットワークや掲載先に広告が配信されても高いクリック率やインストール率を保てるように、広告見出し、説明文、画像、動画、HTML5などのアセットは最大数入稿しておきましょう（**図表69-2**）。

▶ 各アセットタイプで入稿できる上限数 図表69-2

広告見出し	説明文	HTML5
・最大5個 ・半角30文字（全角15文字）	・最大5個 ・半角90文字（全角45文字）	・最大20個 ・ZIPファイル

画　像	動　画	
・最大20個 ・1：1（1200×1200） ・1.91：1（1200×628） ・4：5（1200×1500）	・最大20個 ・16：9（横型） ・2：3（縦型） ・1：1（正方形）	HTML5のアセットタイプは、HTML5広告／体験プレイ広告を利用する際に利用します。開発が必要なため、本書では説明を割愛します。詳細については下記のヘルプページをご参考ください。 ※アプリキャンペーンのHTML5広告／体験プレイ広告について： https://support.google.com/google-ads/answer/9981650?sjid=11017397475421984340-AP

○ 広告アセットレポートの「パフォーマンス」でアセットを最適化する

入稿したアセットの良し悪しは、広告アセットレポートの「パフォーマンス」の列で確認ができます（**図表69-3**）。それぞれのアセットごとに「最良」「良」「低」「学習中」のステータスが表示されます。ステータスが「学習中」であればしばらく様子を見て、「低」であれば配信を停止し、「最良」「良」に配信を寄せます。「最良」に共通する項目がわかれば、新しく追加するアセットに応用してみましょう。

▶ アセットの「パフォーマンス」 図表69-3

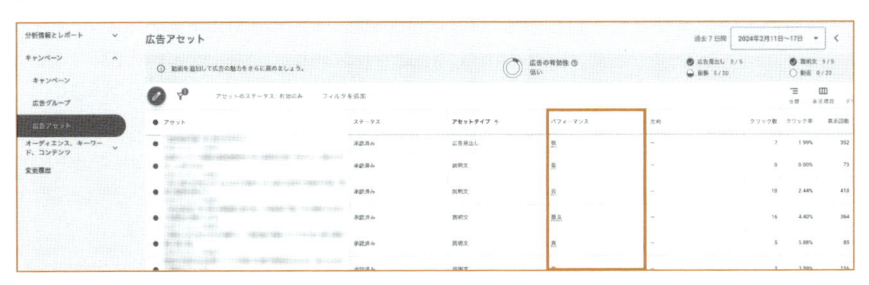

Google広告における機械学習の活用の歴史

Googleは検索エンジンではなく、AIを作っている会社

筆者（杓谷）がGoogleに在籍していた2008年前後、Googleの創業者のラリー・ペイジとセルゲイ・ブリンは「Googleは検索エンジンを作る会社ではなく、AIを作る会社なんだ」という主旨のことをメディアでよく語っていました。当時の私は同じ社内にいながらも「どういうこと？」とうまく理解できていなかったのですが、検索エンジン自体も、検索語句に対して最適な情報を返すAIと考えれば合点が行きますし、今日のChatGPTやGoogle Geminiなどの生成AIの隆盛を見ると、「こういうことだったのか！」と改めて創業者の先見性に驚かされます。

Google広告における機械学習の歴史

Googleはこうした会社ですから、Google広告でも比較的早い時期から機械学習を活用した自動化の取り組みを進めていました。その中でも広告の運用面でよく利用されていたのは「コンバージョンオプティマイザー」という機能で、今の自動入札に相当する機能です。今では信じられないかもしれませんが、一昔前は入札価格をキーワードごとに手作業で登録していくことが当たり前でした。小売業界など、商品の数だけキーワードを登録するような業界では、入札管理をするだけでも一苦労でした。そのため、こうした自動入札機能が求められたわけですが、CPAやROASを狙いどおりに調整できないケースが多く、さほど利用されていませんでした。

運用業務の複雑化がきっかけに

Google広告が本格的に機械学習を活用しはじめたのは、2015年頃のことです。2015年は、スマートフォンにおけるGoogleの検索数がパソコンを初めて上回った年で、世の中に本格的にスマートフォンが浸透した年でした。今のようにスマートフォンに最適化されたWebサイトが多くはなかったため、スマートフォンとパソコンではコンバージョン率などが大きく異なり、広告主はパソコンとスマートフォンの両方で入札等の管理をしなくてはならず、運用業務が複雑になっていました。

DeepMind社の買収が追い風に

前年の2014年にGoogleの営業のトップを勤めていたニケシュ・アローラ氏が退任し、初代営業責任者のオミッド・コーデスタニ氏が2009年以来久々に復帰すると、Google広告をもっとシンプルに使いやすくしようという方針を打ち出しました。丁度同じ時期に、GoogleはDeepMind社を買収します。深層学習と呼ばれる新しい機械学習の手法が話題になったこともあり、Google広告の機械学習の活用が加速し、「スマート自動入札」や「スマートディスプレイキャンペーン」など、ターゲティングや広告の作成、入札を自動化するプロダクトが次々に登場し、実用に耐え得るものになりました。この流れの集大成が第8章のアプリキャンペーン、第9章のP-MAXキャンペーンにつながります。これからのGoogle広告の進化も機械学習、Google AIを前提としたものとなっていくでしょう。

Chapter

9

[P-MAX]
Googleの技術を結集
した究極の自動化

さまざまなキャンペーンタイプを駆使
して広告を掲載する際、限られたリソ
ースでは運用が困難になることがしば
しばあります。そこで、P-MAXキャン
ペーンを活用すれば、1つのキャン
ペーンでGoogle広告のすべての広告
枠をカバーできます

70

P-MAXキャンペーンの配信面と特長

このレッスンの
ポイント

P-MAXはアプリキャンペーンを除くすべてのキャンペーンの機能を1つに集約した、まったく新しいタイプのキャンペーンです。上手に活用することで、管理の手間や時間を省きながら広告効果の最大化を目指せます。

● Googleが持つほとんどの広告枠に広告を掲載できる

本書ではこれまで、検索広告からアプリ広告までさまざまなキャンペーンタイプを紹介してきました。例えば、検索広告に加えて、ディスプレイ広告、ショッピング広告、動画広告まで実施しようとすると、最低でも4つのキャンペーンを管理する必要があります。それぞれのキャンペーンでは、戦略に応じたターゲティングとクリエイティブを用意する必要があります。さらに、限られた予算の中で最も効果的なキャンペーンに予算を柔軟に配分しようとするならば、定期的に成果を確認し、予算配分の調整を行う必要があります。このような作業を頻繁に行うことは現実的ではなく、広告運用者にとって大きな負担になります。

この課題を解決するのがP-MAXキャンペーンです。2024年5月現在では、1つの

P-MAXキャンペーンでGoogleの持つ広告枠のうち、検索、ショッピング、ディスプレイ、Gmail、YouTube、Discover、Googleマップに広告を表示させることができます。これは、Google Playを除くすべての広告枠に広告が配信できる仕組みになっていると言えます（図表70-1）。

ただし、このキャンペーンでは「ディスプレイ広告は表示したくない」「Gmailだけ広告を表示したくない」といったような除外の設定ができません。ビジネスに応じて戦略的に従来のキャンペーンタイプを選択した方がコントロールしやすいので、あえて利用しないほうが良いケースもあります。管理の手間の面だけでなく、ビジネス戦略も踏まえながら採用するかどうか決めましょう。

検 索	ディスプレイ	Gmail	YouTube	Discover	マップ	Play
P-MAX					
検索					
検索（ディスプレイ対応）					
ショッピング					
	ディスプレイ					
	動画（一部）		動画			
		デマンドジェネレーション				
アプリ						アプリ
	スマート（スマートモード）				スマート	
ホテル					ホテル	

○ AIの力を活用し広告効果を最大にする

P-MAXキャンペーンでは、テキスト、画像、動画といった複数種類のクリエイティブをアセットとして設定することができます。さらに、Google Merchant Centerと連携させればショッピング広告などを表示することもできますし、Google ビジネスプロフィールと連携して実店舗への来店を促したりすることもできます。これらの機能により、広告主は自社の商品やサービスをより魅力的に紹介できるだけでなく、実店舗への来店も含めたプロモーションを効果的に行うことができます。コンバージョン数や売上などといった価値を最大化することもこのキャンペーンの大きな特徴です。GoogleのAIを駆使して、Googleからリアルタイムに提供されるユーザーの興味関心やアクティビティ（行動履歴や検索履歴など）といったデータと広告主が指定したオーディエンスデータを使い、コンバージョンの可能性が高いユーザーを特定します。そして、そのユーザーに対しては最も効果的な広告フォーマットを使い、検索や動画視聴、Webページの閲覧などの中において、適切なタイミングで表示することで広告の効果を最大限に引き出します。

👍 ワンポイント P-MAXの運用を支援するGoogleの生成AI

Google広告の管理画面上で広告クリエイティブの生成が行えるよう、Googleの生成AI機能が追加されています。生成AI機能がP-MAXキャンペーンに実装されたことで、管理画面上で数回クリックすればテキストや画像のアセットを生成することができますし、既存画像もプロンプトを用いて変更可能になります。2024年5月現在ではアメリカのみですが、順次、各国の各言語でも提供されていく予定なので、提供されたらこれらの生成AI機能も活用してみましょう。

Chapter 9

［P－MAX］Googleの技術を結集した究極の自動化

[P-MAXキャンペーンの基礎知識②]

71 P-MAXキャンペーンの配信の仕組み

このレッスンの
ポイント

P-MAXキャンペーンではターゲティングもAIを活用し自動で決定される仕組みになっており、これまでの手動で設定するターゲティングの仕組みとは少し異なります。このキャンペーンを正しく使うためにはターゲティングの仕組みを理解することが重要です。

○ ターゲティングはGoogleのAIがすべて自動で決めてくれる

P-MAXキャンペーンではGoogleのAIにより、ターゲティングがすべて自動化される仕組みになっているため、広告主がターゲティングについて悩む必要はありません。とはいえ、何も情報がない中では価値あるユーザーを見つけてリーチする

までに時間も広告費もそれなりにかかってしまいます。そのため、ターゲティング精度を上げるための情報として、検索テーマ（2024年5月現在では β 版が提供）とオーディエンスシグナルを追加することができます。

○ 短期間でAIが学習できない情報を与える検索テーマ

広告の掲載開始を優先したためにランディングページに記載されている情報量が少ない、新商品や新サービスをリリースしたばかりなどで参考になる過去の掲載実績データがないといったケースもしばしば発生します。これらの状況下においては、GoogleのAIが学習に必要とするデータが足りず、P-MAXキャンペーンをもってしてでも、広告効果が高まるまでに時間と広告費の両方がそれなりに必要に

なってしまいます。

このようなデータ不足の状況にある場合に検索テーマを使うことが有効で、検索テーマを設定するとAIが短期間では学習できないようなデータを補完することができるようになります。特定の語句で検索したユーザーや検索テーマに高い関心を持っているユーザーに対して広告のリーチを広げることができるようになります。

⭕ 価値の高いオーディエンスを推定するオーディエンスシグナル

従来のターゲティングは、広告主自らが指定したターゲティングに基づいて広告を配信することが一般的でした。その流れから、オーディエンスのシグナルの設定がすなわち指定したターゲットにのみ広告を配信するイメージが強いのですが、オーディエンスシグナルを使ったターゲティングは従来のターゲティングと異なる働きをします。

オーディエンスシグナルは顧客から提供されたデータやGoogleの持つユーザーデータ（ユーザーの年齢、性別、興味関心など）を用いて、最も価値を生み出すオーディエンスを推定し、その推定されたオーディエンスに対して広告を表示します。オーディエンスシグナルの内容によっては、これまでの顧客像とまったく異なる顧客像へリーチしてコンバージョンを増やすこともあります。もしかしたら、広告主が顧客像だと考えていたオーディエンスがコンバージョンへの貢献度が低いと判断されて、広告表示が抑えられるということもあるかもしれません。

オーディエンスシグナルはあくまでも高い価値を生むであろうオーディエンスへのリーチを手助けするもので、広告主の頭の中にあるターゲティングを直接指定できるものではありません（**図表71-1**）。

▶ 従来のターゲティングとP-MAXキャンペーンのターゲティングの違い **図表71-1**

従来のターゲティングの仕組み

Google 広告

広告主自らターゲットを決定する → 指定されたターゲティングに基づいてユーザーを絞り込む → ターゲティングにマッチしたユーザーのみに広告を表示する

P-MAX のターゲティングの仕組み

検索テーマ
［ベビーベッド 🔍］

Google 広告

オーディエンスシグナルと検索テーマを指定する → 最も価値を生み出すオーディエンスを推定 → 推定された最も価値を生み出すオーディエンスに広告を表示する
※予期しなかったオーディエンスからのコンバージョンも見込める

○ テーマに沿ったクリエイティブをまとめるアセットグループ

検索キャンペーンなど他のキャンペーンタイプと異なり、P-MAXキャンペーンでは広告グループという概念がありません。その代わりに、クリエイティブとして使うテキストや画像、動画といったアセット、オーディエンスシグナルは「アセットグループ」という単位でまとめられます。

同じアセットグループに含まれるクリエイティブを組み合わせ、表示可能な広告枠に広告を表示する仕組みになっています。アセットグループは広告主が任意の単位で作成できるので、テーマ別に異なるアセットのアセットグループを用意してみたり、異なるオーディエンスシグナルを設定したアセットグループを用意してみたりするなどできます（図表71-2）。

アセットグループに設定できるアセットの種類と推奨される設定の本数は図表 図表71-3 に示します。できる限り推奨される数を設定できるようにしましょう。

▶ **アセットグループの仕組み（例）** 図表71-2

P-MAX キャンペーン

アセットグループ A
テーマ：ダイニングキッチン
アセット：テキスト、画像
オーディエンスシグナル A

アセットグループ B
テーマ：ベビーベッド
アセット：テキスト、画像、動画
オーディエンスシグナル B

アセットグループ C
アセット：テキスト、画像
Google Merchant Center と連携
オーディエンスシグナル C

○ 高パフォーマンスが見込めるときに働く自動生成アセット

1つのキャンペーンでさまざまな広告枠に広告を表示できるため、図表71-3 でも示したように推奨数が設定されているアセットに関しては、その数だけクリエイティブを登録することが推奨されています。一方で、制作のリソースが限られているなどの理由で必要最小限の数のクリエイティブしか用意できないこともしばしばあります。このような課題を解決するのが「自動生成アセット」と「最終ページURLの拡張」機能の2つです。

▶ **ランディングページの内容に沿った広告を自動生成する「自動生成アセット」**

この機能を使うと、必要に応じてGoogleのAIを使ってランディングページ、ドメイン、登録済みのアセットの情報を組み合わせて、動的な広告見出しや説明文、その他のアセットが自動的に生成されるようになります。

タイプ	アセット	仕　様	必須か	上限数	推奨数
テキスト	最終ページURL	半角2,048文字		1	-
	広告見出し	全角15文字（半角30文字）	○	15	11
	長い広告見出し	全角45文字（半角90文字）		5	2
	説明文	全角45文字（半角90文字）	○	5	4
	ビジネスの名前	全角12文字（半角25文字）	○	1	-
	行動を促すフレーズ		○	1	-
	表示URLのパス	全角7文字（半角15文字）		2	-
画　像	横向きの画像（1.91:1）	推奨：1,200×628px 最小：600×314px	○	合計 20	4
	正方形の画像（1:1）	推奨：1,200×1,200px 最小：300×300px	○		4
	縦向きの画像（4:5）	推奨：960×1,200px 最小：480×600px			2
	正方形のロゴ（1:1）	推奨：1,200×1,200px 最小：128×128px	○	合計 5	1
	横向きのロゴ（4:1）	推奨：1,200×300px 最小：512×128px			1
動　画	横向きの動画（16:9）	長さが10秒を超える動画		合計 5	1
	正方形の動画（1:1）	長さが10秒を超える動画			1
	縦向きの動画（9:16）	長さが10秒を超える動画			1

▶ 動的検索広告の機能を提供する「最終ページURLの拡張」

この機能を使うと、アセットグループで指定した最終ページURLよりも高いパフォーマンスを見込めるページが存在する場合に、最終ページURLをその高いパフォーマンスが見込めるページのURLに置き換え、広告もページのコンテンツに応じて動的に書き換えられます。広告として表示させたくないページがある場合は、URLの除外機能を使うことで広告表示の対象から除外することもできます。

⭕ 追加のデータを連携して、表示できる広告フォーマットを増やす

Google Merchant CenterやGoogleビジネスプロフィールといった、他のGoogleのビジネスプロダクトと連携することで、P-MAXキャンペーンで表示できる広告フォーマットを追加し、それぞれのビジネス目標も同じP-MAXキャンペーン内で最大化を目指すことができます（図表71-4）。

▶ P-MAXと連携することで追加される広告フォーマット 図表71-4

ビジネス	追加するデータ	追加される広告フォーマット
オンラインでの商品販売	Google Merchant Center	ショッピング広告
実店舗への来店	Google ビジネスプロフィール	ローカル検索広告
ホテルの宿泊	Google Hotel Center	ホテル広告

※ホテル広告に関しては一部の旅行業者のみが対象となる広告のため、本書での解説は割愛します

> 広告グループではなくアセットグループといわれると、まったく別の概念のように思えます。しかしながらアセットグループで設定するのは広告のクリエイティブ、ターゲティングを推定するためのオーディエンスシグナル、商品グループを指定するリスティンググループなので、やっていることといえば広告グループの設定とほぼ同じです

[P-MAXキャンペーンの初期設定①]

72
P-MAX キャンペーンの初期設定

このレッスンの ポイント

P-MAXキャンペーンの仕組みを理解したら、いよいよキャンペーンの追加を行います。オンライン販売や見込み顧客の獲得が目標の場合のほか、ショッピング広告を表示させたい場合の設定方法についても解説します。

○ P-MAXキャンペーン公開までの基本的な流れ

▶ **オンライン販売や見込み顧客の獲得を目標とした場合の設定方法** 図表72-1

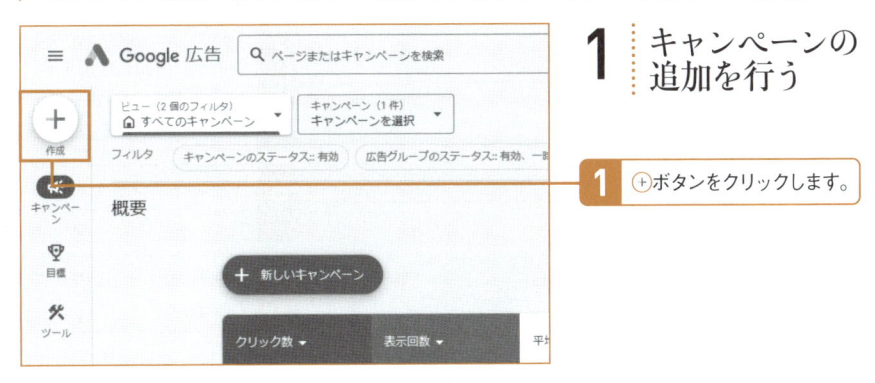

1 キャンペーンの追加を行う

1 ⊕ボタンをクリックします。

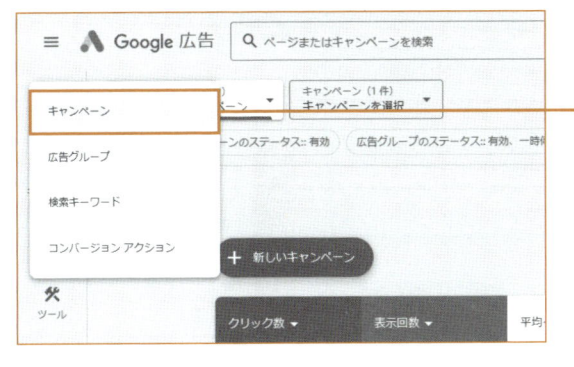

2 [キャンペーン] をクリックします。

引き続き、次のページで操作を続けます。

NEXT PAGE →

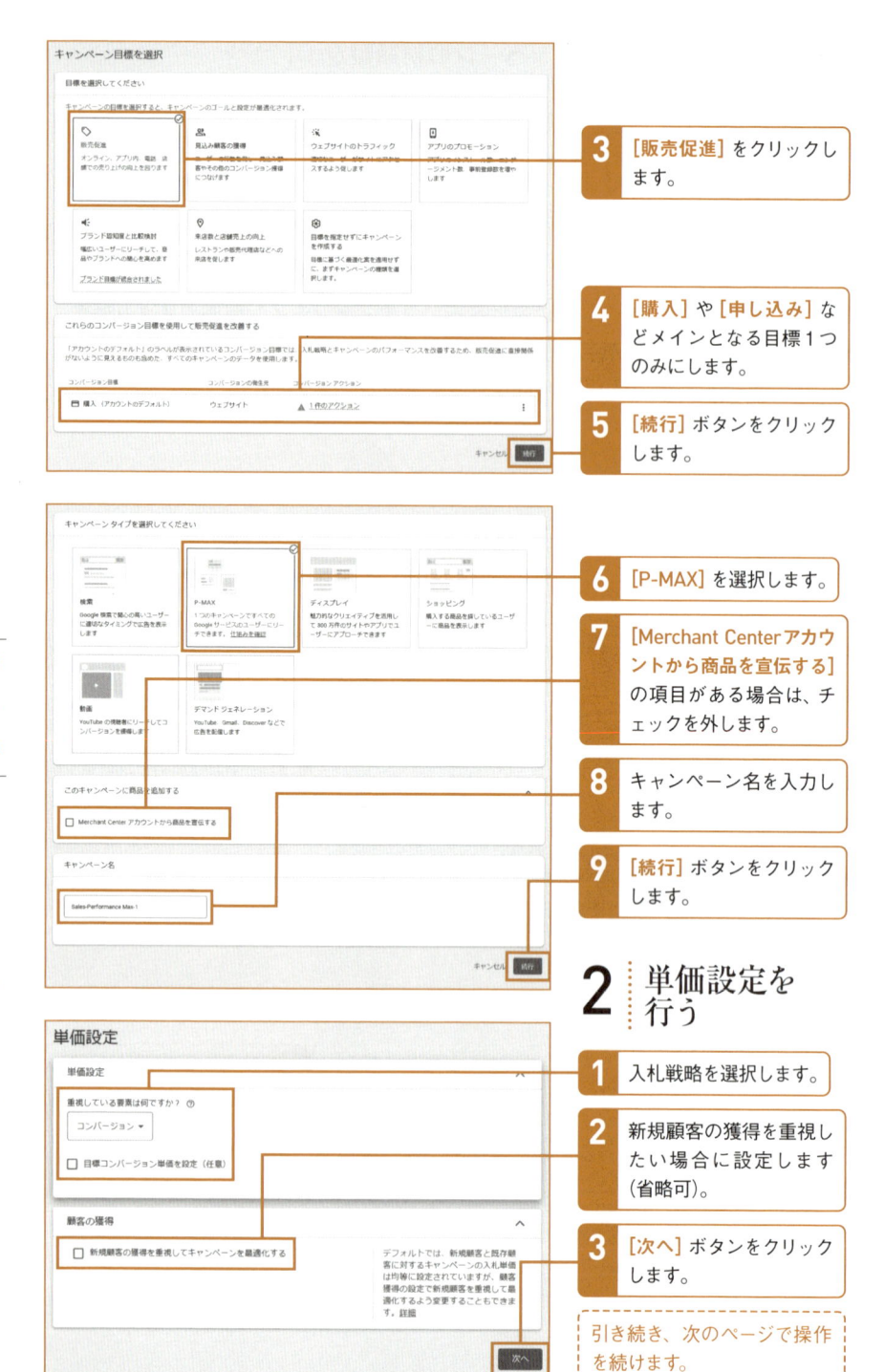

3 ［販売促進］をクリックします。

4 ［購入］や［申し込み］などメインとなる目標1つのみにします。

5 ［続行］ボタンをクリックします。

6 ［P-MAX］を選択します。

7 ［Merchant Centerアカウントから商品を宣伝する］の項目がある場合は、チェックを外します。

8 キャンペーン名を入力します。

9 ［続行］ボタンをクリックします。

2 単価設定を行う

1 入札戦略を選択します。

2 新規顧客の獲得を重視したい場合に設定します（省略可）。

3 ［次へ］ボタンをクリックします。

引き続き、次のページで操作を続けます。

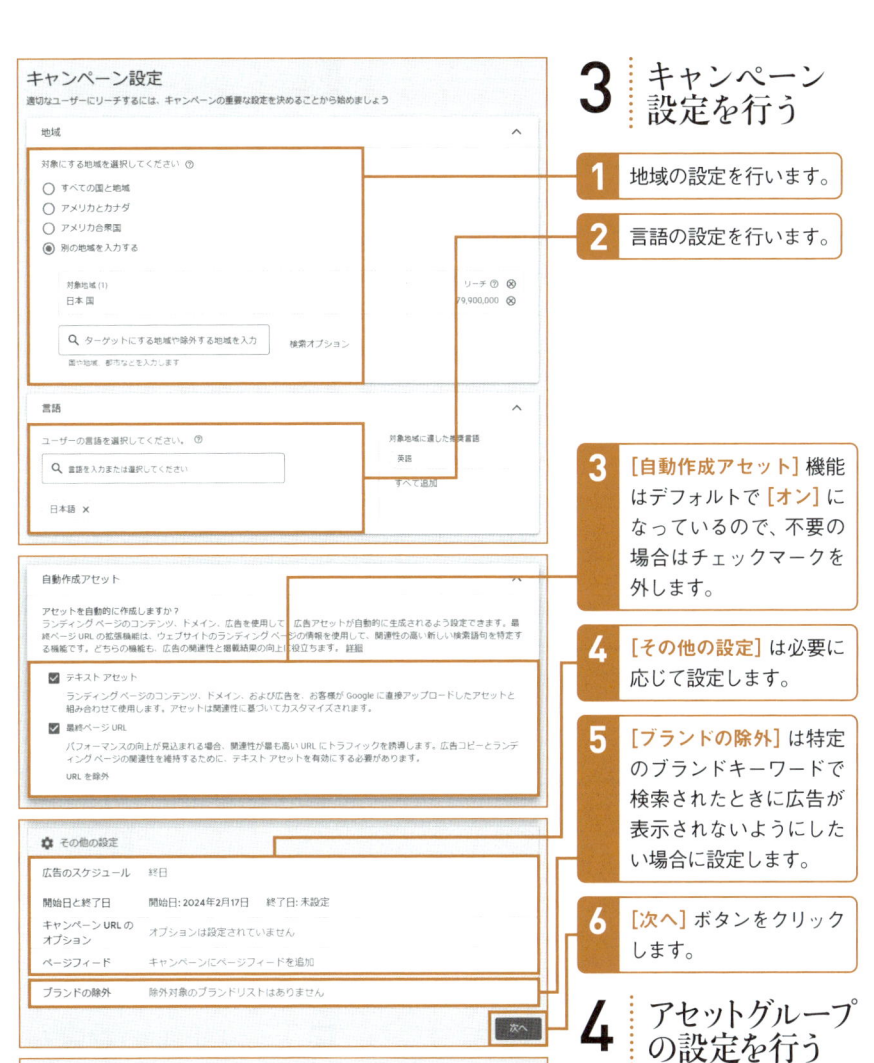

3 キャンペーン設定を行う

1 地域の設定を行います。

2 言語の設定を行います。

3 [自動作成アセット] 機能はデフォルトで [オン] になっているので、不要の場合はチェックマークを外します。

4 [その他の設定] は必要に応じて設定します。

5 [ブランドの除外] は特定のブランドキーワードで検索されたときに広告が表示されないようにしたい場合に設定します。

6 [次へ] ボタンをクリックします。

4 アセットグループの設定を行う

1 アセットグループ名を設定します。

引き続き、次のページで操作を続けます。

すでにGoogle Merchant CenterやGoogleビジネスプロフィールがGoogle広告アカウントとリンクされている場合は、デフォルトでP-MAXで利用する設定にチェックが入ります

NEXT PAGE ➔

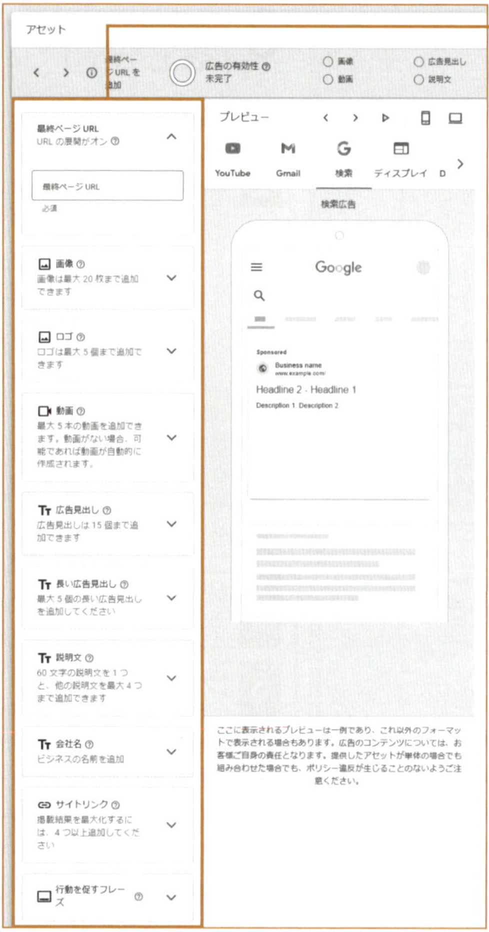

2 各アセットを設定します

▶ アセットごとの推奨設定数

タイプ	アセット	必須か	上限数	推奨数
テキスト	最終ページ URL		1	-
	広告見出し	○	15	11
	長い広告見出し		5	2
	説明文	○	5	4
	ビジネスの名前	○	1	-
	行動を促すフレーズ	○	1	-
	表示 URL のパス		2	-
画像	横向きの画像 (1.91:1)	○	合計 20	4
	正方形の画像 (1:1)	○		4
	縦向きの画像 (4:5)			2
	正方形のロゴ (1:1)	○	合計 5	1
	横向きのロゴ (4:1)			1
動画	横向きの動画 (16:9)		合計 5	1
	正方形の動画 (1:1)			1
	縦向きの動画 (9:16)			1

特定の広告枠で広告が表示されないことによる機会損失が発生しないよう、可能な限りアセットは設定しましょう

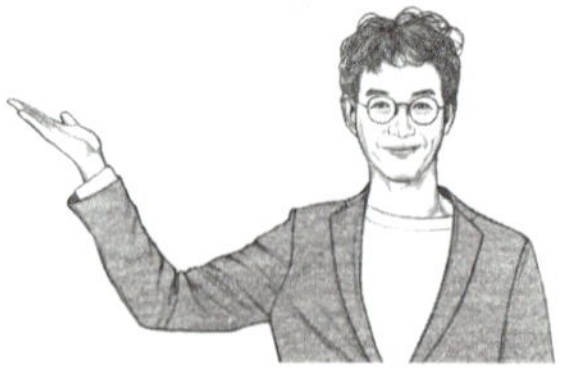

5 シグナルの設定を行う

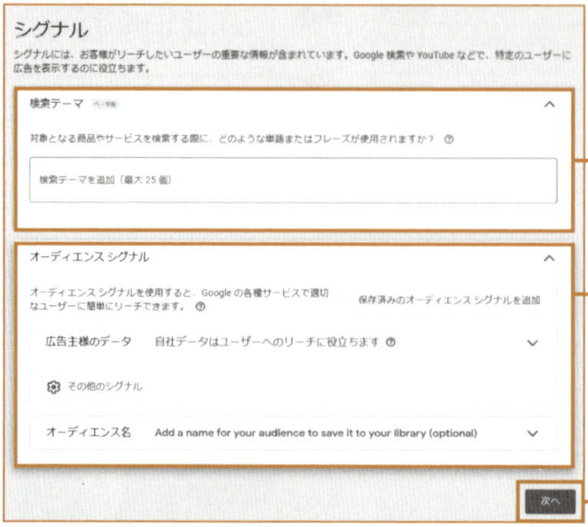

1 [検索テーマ] として最大 25 個キーワードを設定します（省略可）。

2 [オーディエンスシグナル] を設定します（省略可）。

3 [次へ] ボタンをクリックします。

引き続き、次のページで操作を続けます。

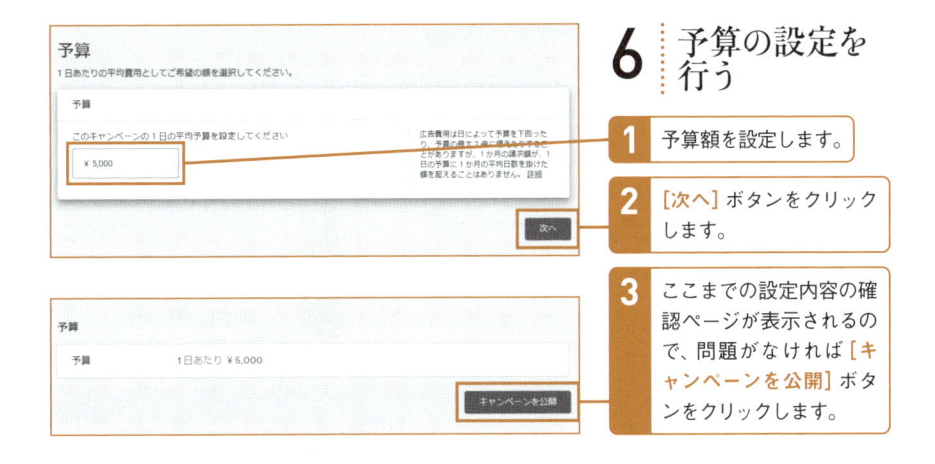

6 予算の設定を行う

1 予算額を設定します。

2 [次へ] ボタンをクリックします。

3 ここまでの設定内容の確認ページが表示されるので、問題がなければ [キャンペーンを公開] ボタンをクリックします。

○ Google Merchant Centerと連携してショッピング広告を表示する

P-MAXキャンペーンを使って、ショッピング広告や商品を使ったレスポンシブディスプレイ広告を表示させるには、キャンペーン作成前にGoogle広告とGoogle Merchant Centerを連携する必要があります。連携が完了したらP-MAXキャンペーン作成時のオプションで、リンク済みのGoogle Merchant Centerアカウントを選択すれば、ショッピング広告やレスポンシブディスプレイ広告に商品を表示させる準備が完了します。

アセットグループのテーマに沿って広告したい商品を絞り込みたい場合は、リスティンググループの編集をします。リスティンググループはショッピングキャンペーンにおける「商品グループ」と同等の機能です。リスティンググループ機能により広告主が自由に商品を分類することで特定の商品だけ広告表示をしたり、任意に分類した商品グループごとにレポートを確認したりすることができます。

Google広告とGoogle Merchant Centerの連携についてはレッスン33を、P-MAXキャンペーンの設定方法については本レッスンの「オンライン販売や見込み顧客の獲得を目標とした場合の設定方法」を、商品グループについてはレッスン36を参照してみてください。

▶ **リスティンググループで分類に使える属性** 図表72-2

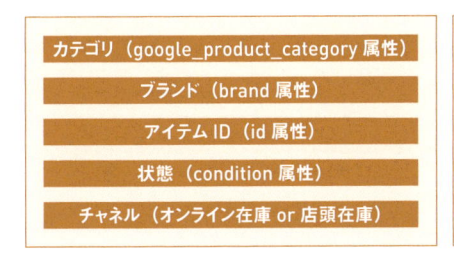

カテゴリ (google_product_category 属性)
ブランド (brand 属性)
アイテム ID (id 属性)
状態 (condition 属性)
チャネル (オンライン在庫 or 店頭在庫)

商品カテゴリ (product_type 属性)
カスタムラベル (custom_label_0~4 属性)

1 Google Merchant Centerアカウントの選択を行う

1 すでにリンクされているアカウントが一覧表示されるので、一覧から適切なアカウントを選択します。

2 必要に応じてリスティンググループを編集する

1 [鉛筆マーク]をクリックすることでリスティンググループの編集が行えます。

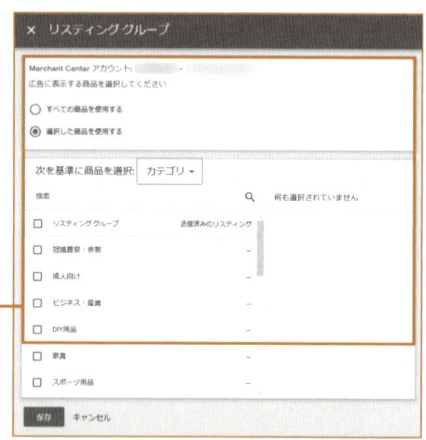

👍 **ワンポイント P-MAXキャンペーンと他のキャンペーンとの連携**

P-MAXキャンペーンは検索広告、ショッピング広告、ディスプレイ広告、動画広告などが配信可能になっているため、既存の各キャンペーンタイプと機能が重複します。

検索広告の場合は検索語句と完全に同じか表記揺れを考慮して一致した「キーワード」を含むキャンペーンがP-MAXより優先されます。例えば「学習机」という検索語句に対して、検索キャンペーンで「学習机」と文字列が完全に

一致するキーワードが設定されている場合は、P-MAXキャンペーンよりも検索キャンペーンが優先されます。

Google Merchant Centerのフィードを連携している場合で、他のキャンペーンと同じ商品が広告表示の対象となっている場合はP-MAXキャンペーンが優先となります。

その他のキャンペーンは広告ランクが最も高いキャンペーンがオークションに参加する仕組みです。

73

［P-MAXキャンペーンの初期設定②］

P-MAXキャンペーンで
実店舗への来店を促進しよう

**このレッスンの
ポイント**

Google広告とGoogleビジネスプロフィールを連携すると、Google検索やGoogleマップなどに実店舗（ビジネスの拠点）への集客も可能です。オンラインとオフラインの集客を同時に行いながら広告費用対効果の最大化を目指してみましょう。

⭕ Googleビジネスプロフィールと連携して実店舗への来店を促進する

Google広告とGoogleビジネスプロフィールを連携することで、P-MAXキャンペーンを通じて、地域に密着したビジネスの存在のアピールと実店舗への来店を促進するための広告を表示させることができます（**図表73-1**）。

この広告はローカル検索広告フォーマットと呼ばれ、例えばユーザーが近所のレストランをGoogle検索やGoogleマップで探しているタイミングで広告が表示されるので、ユーザーのニーズにマッチした実店舗の存在をアピールすることができます。これにより、実際に行ってみたいという店舗を見つけやすくなるので、来店率の向上にもつながります。

この広告はGoogle検索結果のローカルパック内やGoogleマップ上で四角い広告ピンとして広告が表示され、広告表示による店舗情報のアピールだけではなく、表示された広告をクリックするとGoogleビジネスプロフィールに登録してあるビジネスの拠点情報を使って、店舗までのルートを示して来店数を増やしたり、問い合わせの電話を増やしたりするといったメリットがあります。そのため、実店舗への集客が重要であるビジネスではぜひ取り組んでみていただきたい広告のひとつです。

Googleビジネスプロフィールやローカル SEOによる集客術に関しては、本書と同じいちばんやさしいシリーズから『いちばんやさしいGoogleビジネスプロフィールの教本』（伊藤亜津佐 著）が刊行されているので参考にしてみてください

NEXT PAGE ➡

▶ **ローカル検索広告フォーマットの例** 図表73-1

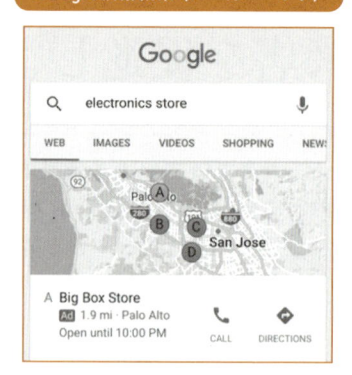

Google検索結果（ローカルパック）

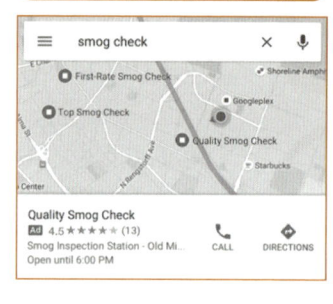

Googleマップ検索結果

○ Google広告とGoogleビジネスプロフィールの連携手順

Google広告とGoogleビジネスプロフィールを連携（リンク）するには、ログイン中のGoogleアカウントに対してGoogle広告とGoogleビジネスプロフィールの両方で管理者権限が付与されている必要があります。

▶ **Google広告とGoogleビジネスプロフィールの連携方法** 図表73-2

1 ┊ Google広告の住所アセットを表示する

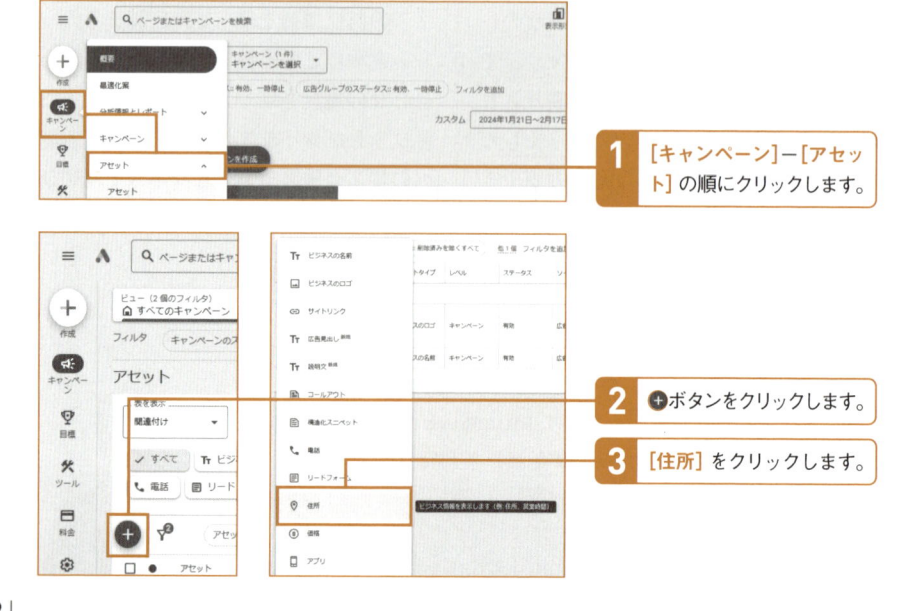

1 ［キャンペーン］－［アセット］の順にクリックします。

2 ➕ボタンをクリックします。

3 ［住所］をクリックします。

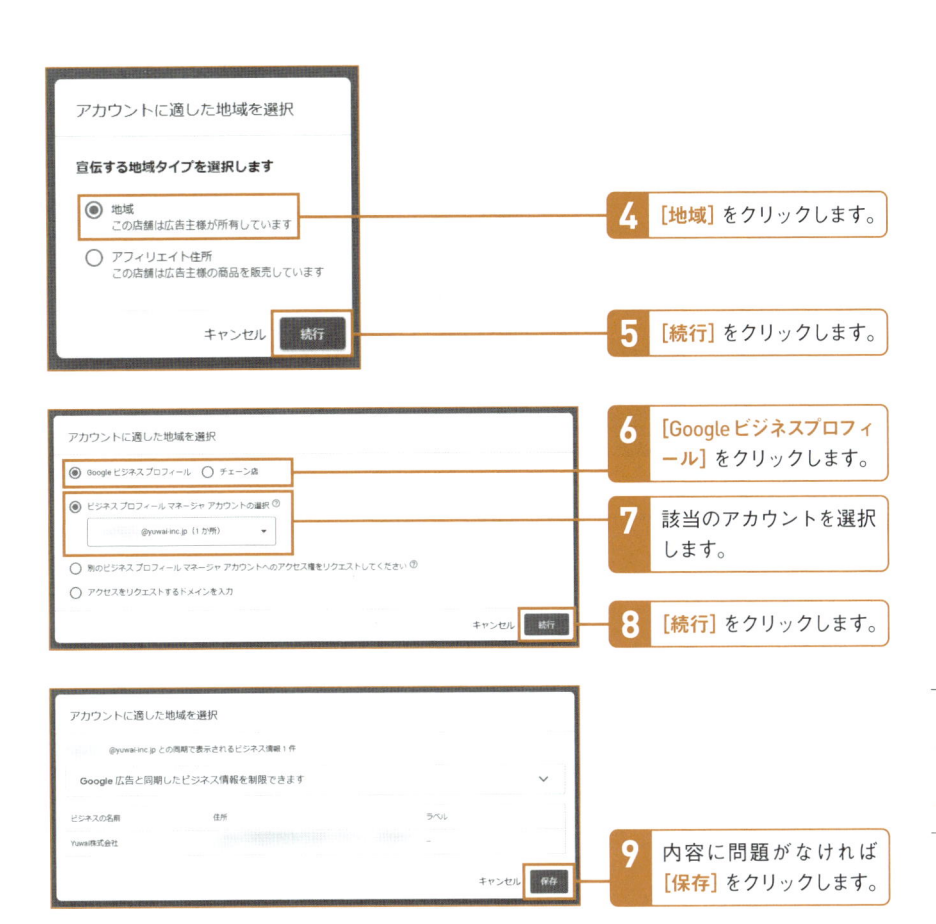

4 [地域] をクリックします。

5 [続行] をクリックします。

6 [Google ビジネスプロフィール] をクリックします。

7 該当のアカウントを選択します。

8 [続行] をクリックします。

9 内容に問題がなければ [保存] をクリックします。

2 Googleビジネスプロフィールマネージャーで リンクを確認する

1 Web ブラウザから [https://business.google.com/linkedaccounts?hl=ja] にアクセスします。

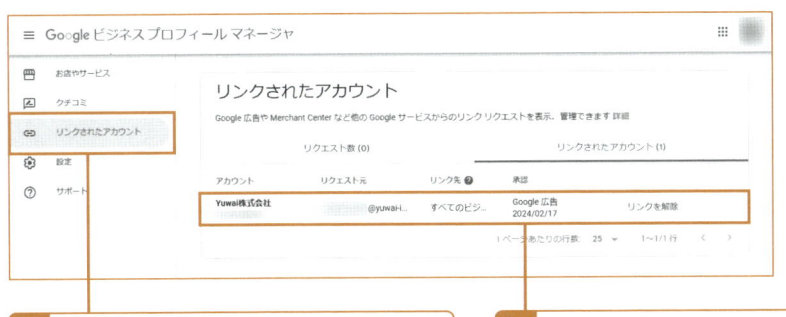

2 [リンクされたアカウント] をクリックします。

3 正しくリンクされたか確認します。

▶ 実店舗の目標に基づく P-MAX キャンペーンの設定手順 図表73-3

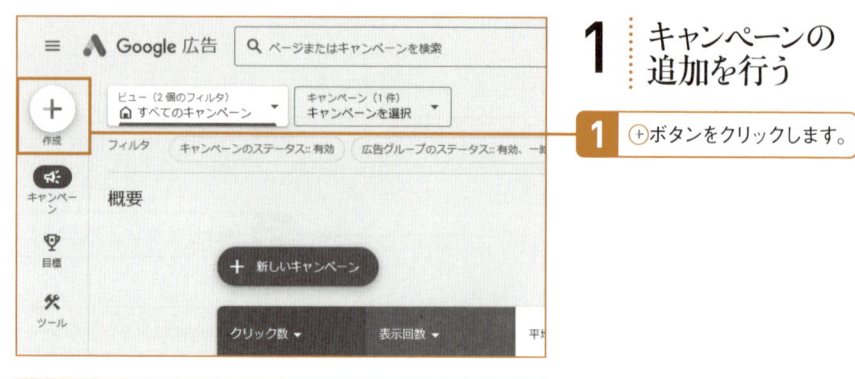

1 キャンペーンの追加を行う

1 ⊕ボタンをクリックします。

2 [キャンペーン] をクリックします。

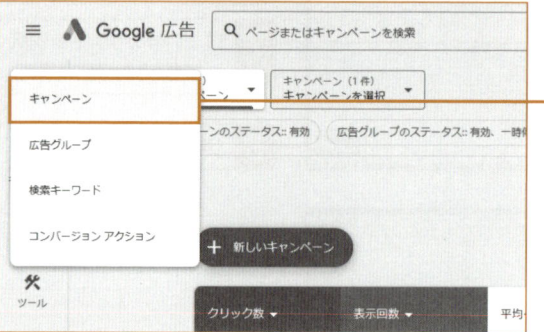

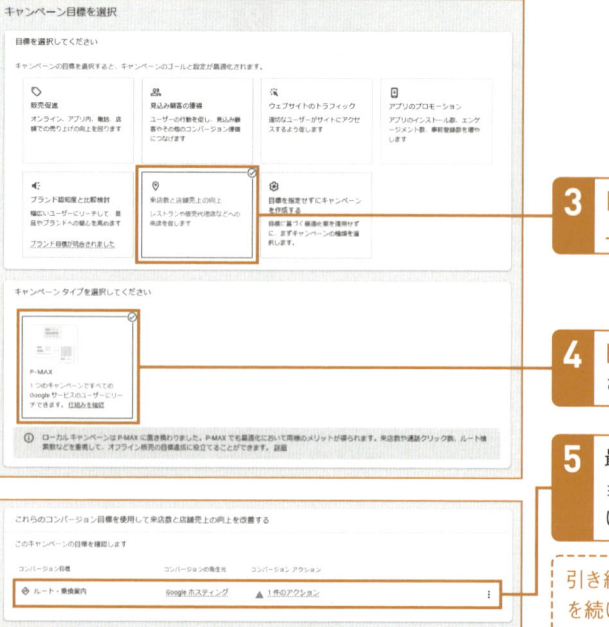

3 [来店数と店舗売上の向上] をクリックします。

4 [P-MAX] が自動的に選択されます。

5 最大化したいコンバージョンアクションを1つだけ選択します。

引き続き、次のページで操作を続けます。

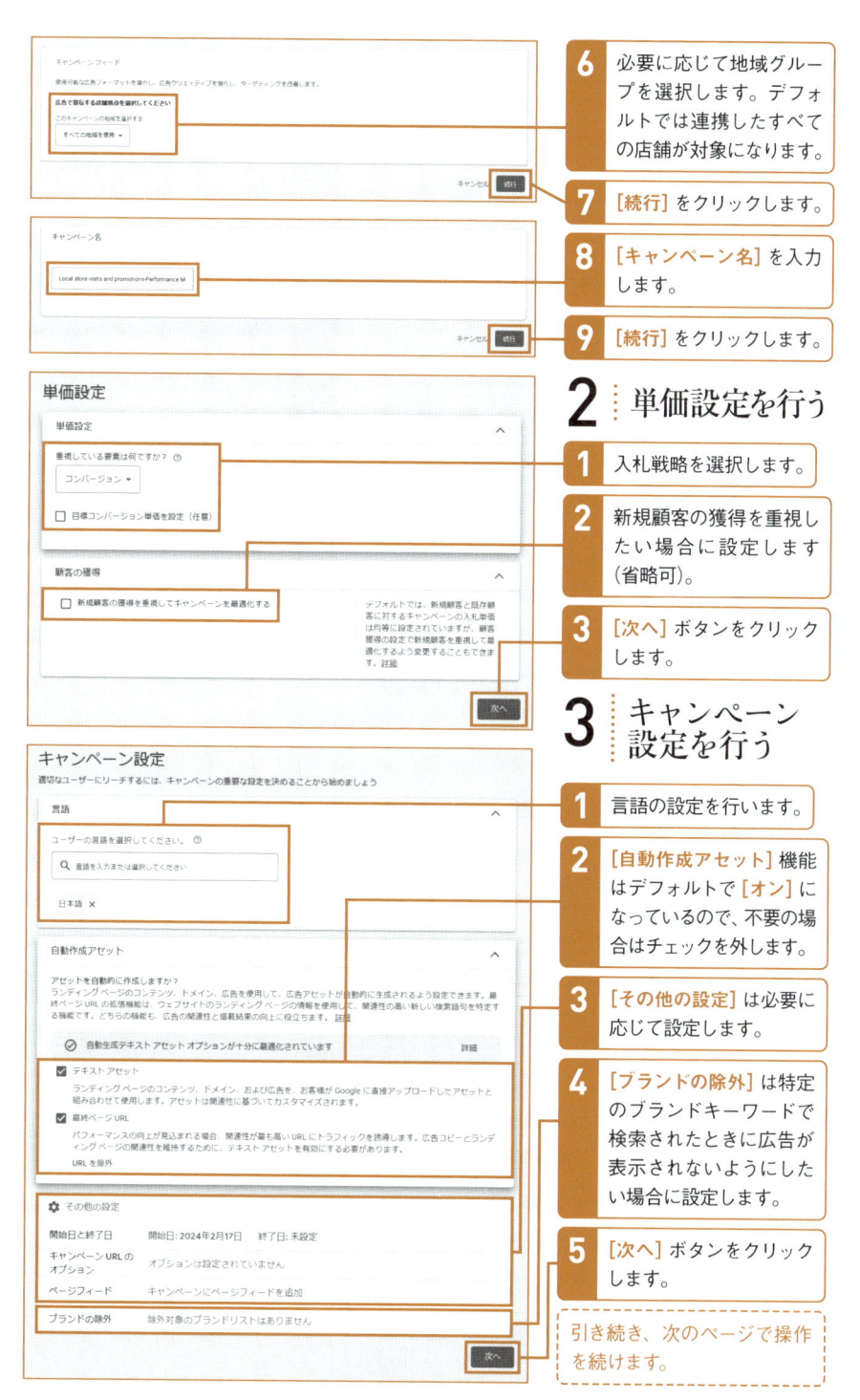

6 必要に応じて地域グループを選択します。デフォルトでは連携したすべての店舗が対象になります。

7 ［続行］をクリックします。

8 ［キャンペーン名］を入力します。

9 ［続行］をクリックします。

2 単価設定を行う

1 入札戦略を選択します。

2 新規顧客の獲得を重視したい場合に設定します（省略可）。

3 ［次へ］ボタンをクリックします。

3 キャンペーン設定を行う

1 言語の設定を行います。

2 ［自動作成アセット］機能はデフォルトで［オン］になっているので、不要の場合はチェックを外します。

3 ［その他の設定］は必要に応じて設定します。

4 ［ブランドの除外］は特定のブランドキーワードで検索されたときに広告が表示されないようにしたい場合に設定します。

5 ［次へ］ボタンをクリックします。

引き続き、次のページで操作を続けます。

アセットグループ

適切なユーザーに質の高い広告を表示しましょう。まず、アセットを追加します（すべての広告の構成要素となります）。お客様の目標達成に効果的なフォーマットとネットワークで、アセットのさまざまな組み合わせが自動的にテストされ、成果の高い広告が作成されます。

アセット グループ名 ∧

アセットグループ1

アセット

< > ⓘ 最終ペー ジURL を 追加 ○ 広告の有効性 ⑦ 未完了 ○ 画像 ○ 動画 ○ 広告見出し ○ 説明文

プレビュー < > ▷ 🖥 📱 🖥

マップ YouTube Gmail 検索 ディ

最終ページ URL
URL の露出がオン ∨

マップ広告

🖼 **画像** ⑦
画像は最大 20 枚まで追加
できます ∨

クローズ オープン

🖼 **ロゴ** ⑦
ロゴは最大 5 個まで追加で
きます ∨

▶ **動画** ⑦
最大 5 本の動画を追加でき
ます。動画がない場合、可
能であれば動画が自動的に
作成されます。 ∨

Tr **広告見出し** ⑦
広告見出しは 15 個まで追
加できます ∨

Tr **長い広告見出し** ⑦
最大 5 個の長い広告見出し
を追加してください ∨

Tr **説明文** ⑦
60 文字の説明文を 1 つ
と、他の説明文を最大 4 つ
まで追加できます ∨

Tr **会社名** ⑦
ビジネスの名前を追加 ∨

🖼 **行動を促すフレー
ズ** ⑦ ∨

📢 広告見出し 1
説明文 1
詳細・www.example.c...

シグナル

シグナルには、お客様がリーチしたいユーザーの重要な情報が含まれています。Google 検索や YouTube などで、特定のユーザーに広告を表示するのに役立ちます。

検索テーマ ベータ版 ∧

対象となる商品やサービスを検索する際に、どのような単語またはフレーズが使用されますか？ ⑦

検索テーマを追加（最大 25 個）

オーディエンス シグナル ∧

オーディエンス シグナルを使用すると、Google の各種サービスで適切なユーザーに簡単にリーチできます。 ⑦　　保存済みのオーディエンス シグナルを追加

広告主様のデータ 自社データはユーザーへのリーチに役立ちます ⑦ ∨

⚙ その他のシグナル

オーディエンス名 Add a name for your audience to save it to your library (optional) ∨

次へ

---

4 アセットグループの設定を行う

1 アセットグループ名を設定します。

2 各アセットを設定します。

▶ アセットごとの推奨設定数

タイプ	アセット	必須か	上限数	推奨数
テキスト	最終ページ URL		1	-
	広告見出し	○	15	11
	長い広告見出し	○	5	2
	説明文	○	5	4
	ビジネスの名前	○	1	-
	行動を促すフレーズ	○	1	-
	表示 URL のパス		2	-
画像	横向きの画像 (1.91:1)	○	合計 20	4
	正方形の画像 (1:1)	○		4
	縦向きの画像 (4:5)			2
	正方形のロゴ (1:1)	○	合計 5	1
	横向きのロゴ (4:1)			1
動画	横向きの動画 (16:9)		合計 5	1
	正方形の動画 (1:1)			1
	縦向きの動画 (9:16)			1

> アセットを入力するとプレビューに反映されるので、プレビューを見て実際の広告表示をイメージしながら広告を推敲していきましょう。

---

5 シグナルの設定を行う

1 ［検索テーマ］として最大 25 個キーワードを設定します（省略可）。

2 ［オーディエンスシグナル］を設定します（省略可）。

3 ［次へ］ボタンをクリックします。

> 引き続き、次のページで操作を続けます。

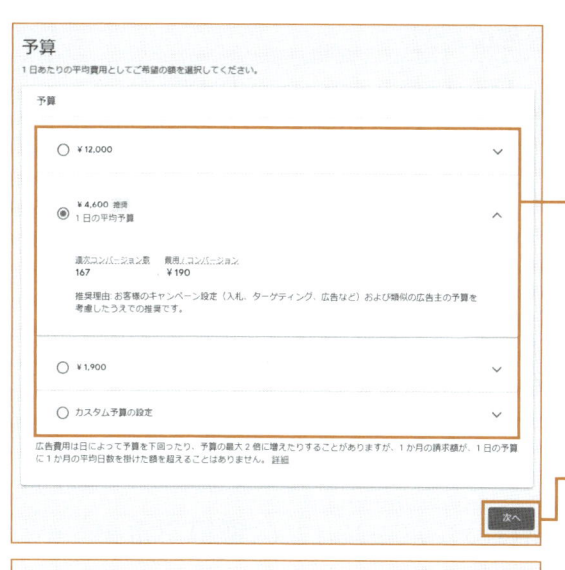

6 予算の設定を行う

1 [**推奨予算**]が数個ほど提示されますが、[**カスタム予算設定**]で任意の予算額を設定することもできます。

2 [**次へ**]ボタンをクリックします。

3 ここまでの設定内容の確認ページが表示されるので、問題がなければ[**キャンペーンを公開**]ボタンをクリックします。

👍ワンポイント 小規模ビジネス向けのキャンペーンも

P-MAXキャンペーン使って表示できるローカル検索広告では、「来店」または「店舗での販売」を目的の場合で最低10店舗、「ルート案内」などのローカルアクションの増加を目的とした場合は最低5店舗が推奨店舗数となっています。そのため、5店舗未満の場合にこのキャンペーンを使ってもGoogleのAIが学習に足るデータを収集するのに時間がかかり、思ったような成果を得られなかったりする可能性もあります。

そのような場合は、小規模ビジネス向けのスマートアシストキャンペーンを使ってみるという選択肢もあります。このキャンペーンでは、管理画面のレポートなどから得られる情報はP-MAXキャンペーンよりも少ないですが、Googleマップ上に広告のピンを表示させたり、そこからのルート案内を促したりといったアクションも期待できます。

スマートアシストキャンペーンは新しいキャンペーンを作成する手順の中で[目標を指定せずにキャンペーンを作成する]、キャンペーンタイプを[スマート]と選択することで作成可能です。初期設定も画面のガイダンスに習って必要事項を入力していくだけなので、比較的簡単に広告を開始することができます。

▶ **参考：スマート アシスト キャンペーン − Google 広告 ヘルプ**
https://support.google.com/google-ads/topic/10710930?hl=ja

74

P-MAXキャンペーンで利用できる入札戦略

**このレッスンの
ポイント**

P-MAXキャンペーンで使える入札戦略はコンバージョン獲得に関するものに限られるため、選択肢は多くありません。また、新規顧客を重視した入札オプションも特徴ですが、仕組みが少々複雑なのでしっかり理解した上で活用しましょう。

○ 選択できる入札戦略はコンバージョンの獲得を重視

P-MAXキャンペーンはコンバージョン数やコンバージョン値などのコンバージョン価値を最大化することに特化したキャンペーンになっているため、このキャンペーンで利用できる入札戦略は「コンバージョン数の最大化」と「コンバージョン値の最大化」の2つのみです（図表74-1）。商品の販売などによる売上が目的である場合は、予算内で売上の最大化を目指す「コンバージョン値の最大化」を選択し

ます。広告費用対効果（ROAS）の目標値を維持しつつ売上の最大化を目指すこともできます。

サービスの申し込みや問い合わせが目的である場合は、予算内でコンバージョン数の最大化を目指す「コンバージョン数の最大化」を選択します。コンバージョン単価の目標値を維持しつつコンバージョン数の最大化を目指すこともできます。

▶ **P-MAXキャンペーンで利用できる入札戦略の一覧** 図表74-1

重視している目標	入札戦略名	概　要
コンバージョン数	コンバージョン数の最大化	設定されているキャンペーン予算を利用しつつ、最大限のコンバージョン数が得られるように入札単価を自動設定する
	コンバージョン数の最大化（目標コンバージョン単価を設定）	目標コンバージョン単価（CPA）を維持しながら、可能な範囲でコンバージョン数が最大化されるように入札単価を自動設定する
コンバージョン値	コンバージョン値の最大化	設定されているキャンペーン予算を利用しつつ、最大限のコンバージョン値が得られるように入札単価を自動設定する
	コンバージョン値の最大化（目標広告費用対効果を設定）	目標広告費用対効果（ROAS）を維持しながら、可能な範囲でコンバージョン値が最大となるように入札単価を自動設定する

◯ 新規顧客の獲得を重視した入札オプション

P-MAXキャンペーンおよび検索キャンペーンでは、新規顧客の獲得を重視した入札オプションが用意されています。通常は新規顧客と既存顧客の区別なく入札単価が決定されますが、このオプションを使うことで新規顧客だけ入札を強化したり、新規顧客のみに入札を行ったりすることができます。

▶ 新規顧客からの売上の最大化を目的とする「新規顧客の価値」モード

広告主が指定する新規顧客の価値が入札に考慮されるようになり、既存顧客よりも高い入札単価で調整されるようになります。このモードでは、新規顧客の価値がコンバージョン値に加算されるようになるため、レポートされるコンバージョン値と実際の売上額との間に大きく乖離が発生するので特に注意が必要です（**図表74-2**）。

▶ 新規顧客のみにリーチする「新規顧客のみ」モード

可能な限り新規顧客のみに広告でリーチできるようになります。このモードでは、既存顧客と判明しているユーザーには広告が配信されなくなるため（**図表74-3**）、特に新規顧客からのコンバージョンを獲得したい場合に向いています。

▶ 「新規顧客の価値」モードにおけるコンバージョン値のカウントの違い **図表74-2**

区 分	レポートされるコンバージョン値	実際の売上
既存顧客	**5,000円** 購入金額	**5,000円** 購入金額
新規顧客	**15,000円** 購入金額 ＋ 新規顧客の価値（※）	

※新規顧客価値を「生涯購入回数×平均購入金額＝10,000円」とした場合

▶ 新規顧客獲得のモードの違いで選択できる入札戦略 **図表74-3**

区 分	「新規顧客の価値」モード	「新規顧客のみ」モード
既存顧客	・コンバージョン値の最大化	**広告は配信されなくなる**
新規顧客	・コンバージョン値の最大化（目標広告費用対効果）	・コンバージョン値の最大化 ・コンバージョン値の最大化（目標広告費用対効果） ・コンバージョン数の最大化 ・コンバージョン数の最大化（目標コンバージョン単価）

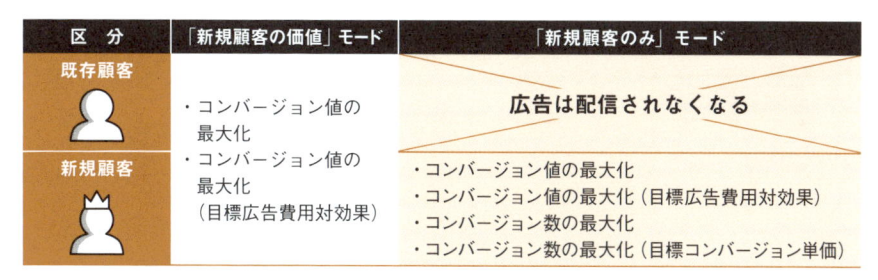

75

［レポートを使いこなそう］
P-MAXで使用すると便利なレポート

**このレッスンの
ポイント**

P-MAXキャンペーンは検索キャンペーンなどの他のキャンペーンタイプに比べて提供されるレポートが少ないです。ゆえに、**広告運用に直接役立つレポートも少ないですが、マーケティング活動に役立つインサイトが得られるので定期的に確認してみましょう。**

◯「アセット」レポート

アセットレポートでは、アセットごとのパフォーマンス評価を確認することができます。P-MAXキャンペーンでは一部の限られた要素しか操作できないため、アセットの調整はパフォーマンスに直結します。アセットごとにはコンバージョン数などの指標を確認することはできないため、アセットレポートを定期的に確認し、パフォーマンスが低いアセットの差し替えを行ったり、パフォーマンスが高いアセットを参考に今後訴求するべき内容の検討をしたりするなどに活用しましょう。

▶ **アセットレポートの確認方法** 図表75-1

［キャンペーン］－［アセット］の順にクリックし、［アセット］を選択

○「分析情報」レポートを活用する

分析情報レポートでは、キャンペーン内のさまざまなインサイトについて確認することができます。

▶ 分析情報レポートの表示方法 図表75-2

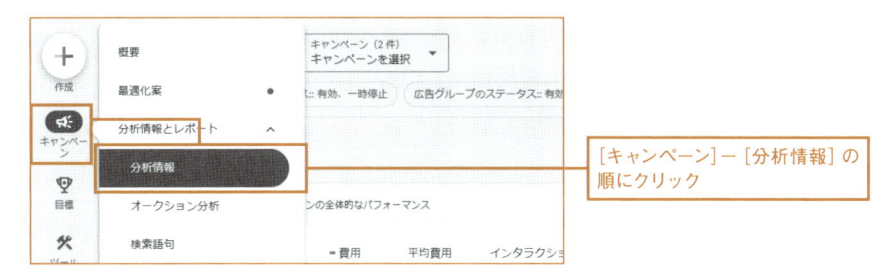

[キャンペーン]－[分析情報]の
順にクリック

▶ 検索語句に関する分析情報

P-MAXキャンペーンでは、検索キャンペーンのような検索語句レポートが提供されない代わりに、広告が表示された検索キーワードのカテゴリと各カテゴリの掲載結果を把握する［検索語句に関する分析情報］が確認できます。検索語句レポートと比べると提供される情報量は少ないですが、どのような検索語句でどのくらいのパフォーマンスだったかというざっくりとしたレポートを確認することができます。

このレポートでは高パフォーマンスの検索語句に基づいて、例えば高パフォーマンスの検索語句に合わせたアセットの設定や、パフォーマンスが低い検索語句に対するアセットの変更、または不要な検索語句の除外などを検討する材料とすることができます。

▶ オーディエンスの分析

コンバージョンに至ったユーザーがどのようなことに関心を持っているかを知ることができるレポートです。ここに表示されるオーディエンスセグメントは、多くの場合、キャンペーンの自動化のために加味されているので、何らかのアクションを行う必要はありません。

ただし、情報の受け取り方としては少々注意が必要です。例えば、家具を販売するECサイトの広告運用において、コンバージョンしたユーザーの多くが「屋外用アイテム（エクステリアや庭用品）」に興味があるといって、「屋外用アイテム」に興味があるユーザーがコンバージョンに至るとは限らないので、あくまでもコンバージョンに至ったユーザーがどのような興味をもっているか程度の参考情報として、今後のマーケティング活動に活用するくらいに扱うのが良いでしょう。

▶ オークション分析

P-MAXキャンペーンのうち検索広告または ショッピング広告において、他社との競合情報を確認するのに役立ちます。目標とするコンバージョン単価や広告費用対効果（ROAS）よりも実際の成果が良いにもかかわらず、競合他社よりもインプレッションシェアが低ければ、目標とする設定値を高くして入札を強化し、競合他社よりもインプレッションを多く獲得できるよう検討します。短期間にクリック単価が高くなったり安くなったりしている場合は、競合の状況に変化が起きている場合もあるので、インプレッションシェアにも変化が起こっていないかなど確認するのに役立ちます。

⭕ P-MAXキャンペーンのプレースメントレポート

ディスプレイ広告として表示された広告の表示場所と表示回数を確認することができるレポートです。P-MAXキャンペーンでは広告の表示場所を直接指定することができませんが、アカウントレベルでのプレースメント除外設定を行うことで、意図しないドメインでの広告表示を防ぐことはできます。定期的に広告の表示場所を確認し、必要に応じてプレースメントの除外を行いましょう。

▶ P-MAXキャンペーンのプレースメントレポートの表示方法　図表75-3

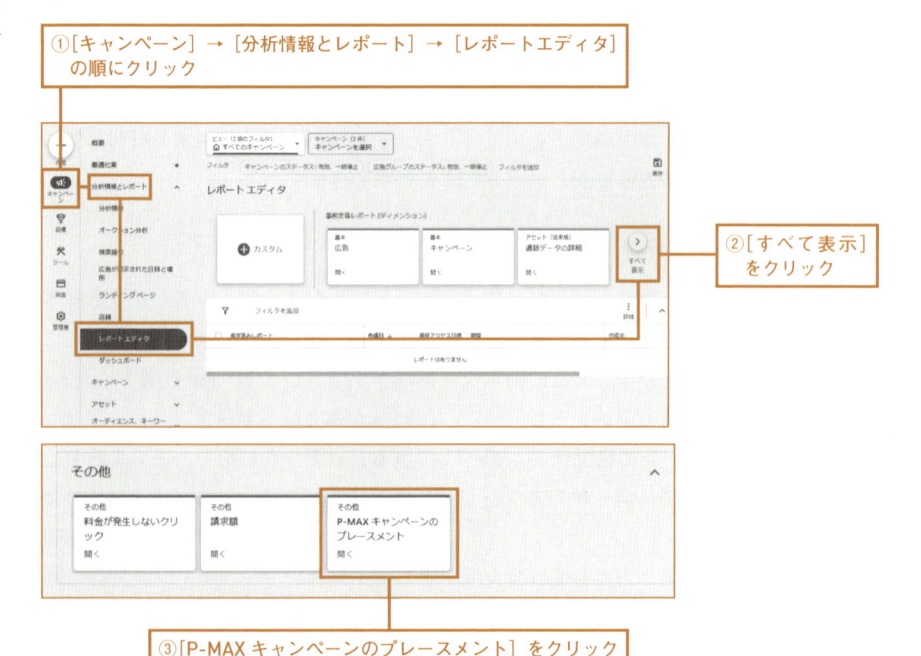

①［キャンペーン］→［分析情報とレポート］→［レポートエディタ］の順にクリック

②［すべて表示］をクリック

③［P-MAXキャンペーンのプレースメント］をクリック

⭕ リスティンググループや場所に関するレポート

Google Merchant Centerを連携してショッピング広告などを表示している場合には、「リスティンググループ」や「商品」のレポートも確認してみましょう。商品グループや商品ごとのレポートを確認し、売れ筋商品の傾向を見て仕入れの調整や新商品の開発に役立てることができます。広告がクリックされるもののコンバージョンに至らない商品群が存在する場合は、商品フィードの編集を行って商品データを変更しコンバージョン率の向上を目指したり、リスティンググループから除外したりするなどの対応が検討できます。Googleビジネスプロフィールを連携して実店舗への来店施策を採っている場合は「店舗」レポートが参考になります。表示回数がある程度あるにもかかわらず、ルート検索などのローカルアクションにつながっていない場合はアセットの見直しをするなどの対応が検討できます。

⭕ 得られる情報と直接的に起こせるアクションには限界がある

P-MAXキャンペーンはターゲティングから広告表示場所の決定、入札まですべてGoogleの広告システムが決定するため、P-MAXキャンペーンで提供されるレポートを確認しても、そこからとり得るアクションというのは実は多くありません。これは、キャンペーン単位でキーワードプレースメントの除外が行えない、キーワードやオーディエンスなど直接的なターゲットをコントロールできないといった仕組みになっているからです。しかしながら、P-MAXキャンペーンのレポートからは、今後の広告戦略の参考になるような新たな示唆や改善点を得られることもあるので、定期的に確認をしてみると良いでしょう。

> P-MAXキャンペーンではレポートで確認できる情報が少ないと感じるかもしれません。P-MAXキャンペーンの背後では、GoogleのAIが想像以上に多くのデータを活用し、広告の価値の最大化を目指しています。それらを全部見ることができたとしてもコントロールはできませんし、不必要なモヤモヤを生むだけです。P-MAXを活用するのであれば、ある程度の割り切りも必要になってきます

76

［運用のコツ］
P-MAXキャンペーンの運用のコツ

**このレッスンの
ポイント**

P-MAXキャンペーンでは人が触れるレバーはほんの少ししかありません。GoogleのAIの手綱を取り、より成果を最大化するためにできること、気をつけておきたいことなどについて解説します。

○ アセットを可能な限り登録して機会損失を防ぐ

さまざまな広告フォーマットを使い、Googleがリーチできるほとんどの広告枠に広告を表示し、キャンペーンの費用対効果を最大限に高めてくれそうなユーザーに対して、適切なタイミングで広告を表示させるためには、可能な限りすべての広告フォーマットを登録することが重要です（次ページの 図表76-1 参照）。

例えば動画広告を視聴した後にアクションを起こすことが多いオーディエンスだった場合、動画広告を設定しないだけでも広告接触機会の損失が発生してしまいかねず、P-MAXキャンペーンのメリットを最大限に享受できなくなってしまいます。

○ 分析情報を活用してアセットをより良いものにする

レッスン75で紹介した検索語句レポートでは実際に広告表示に至った検索語句のカテゴリを確認できるので、成果につながっている検索語句のカテゴリを参考に

「検索テーマ」のキーワードを変更したり、アセットとして設定している広告見出しなどをより魅力的なものに変更するなどしてみましょう。

○ オーディエンスシグナルには広告主のデータを含める

レッスン71で解説したとおり、P-MAXキャンペーンでは広告のターゲティングは直接的にオーディエンスを指定するのではなく、オーディエンスシグナルを設定しそこから最も価値を生むと推測される

ユーザーを見つけ出すことにあります。ゆえに、オーディエンスシグナルとして指定するものは、コンバージョンに至ったユーザーのデータを指定するとGoogleのAIの機械学習を早く進めることができ

ます。逆に、年齢や性別といったコンバージョンに至ったユーザー像がぼやけるものだけを指定してしまうと、学習に時間がかかってしまうため、P-MAXの効果を体感できるまでに相当の時間がかかる可能性も出てきます。

一番のおすすめは顧客リストを利用することです。過去にコンバージョンに至ったユーザー群であるため、機械学習を進めるスピードが速く、P-MAXキャンペーン開始直後から成果を出しやすくなります。顧客リストを使う場合は、定期的に顧客リストの更新をし、顧客の属性の変化にP-MAXキャンペーンが追従できるよ

うします。この方法は、広告配信後に蓄積されたデータと顧客データの両方を考慮し、成果の最大化を目指す仕組みになっています。

顧客リストを扱うには個人情報保護法を遵守した上で取り扱う必要があるためハードルは高いです。そのため、多くの場合はコンバージョンに至ったユーザーのオーディエンスリストなどを設定します。セグメントは複数指定できるので、より顧客像を捉えられるようなシグナルを追加すると良いでしょう（次ページの **図表76-2** 参照）。

▶ **アセットグループに設定できるアセットのタイプと推奨数** **図表76-1**

タイプ	アセット	仕様	必須か	上限数	推奨数
テキスト	最終ページURL	半角2,048文字		1	-
	広告見出し	全角15文字（半角30文字）	○	15	11
	長い広告見出し	全角45文字（半角90文字）		5	2
	説明文	全角45文字（半角90文字）	○	5	4
	ビジネスの名前	全角12文字（半角25文字）	○	1	-
	行動を促すフレーズ		○	1	-
	表示URLのパス	全角7文字（半角15文字）		2	-
画像	横向きの画像（1.91:1）	推奨：1,200×628px 最小：600×314px	○	合計 20	4
	正方形の画像（1:1）	推奨：1,200×1,200px 最小：300×300px	○		4
	縦向きの画像（4:5）	推奨：960×1,200px 最小：480×600px			2
	正方形のロゴ（1:1）	推奨：1,200×1,200px 最小：128×128px	○	合計 5	1
	横向きのロゴ（4:1）	推奨：1,200×300px 最小：512×128px			1
動画	横向きの動画（16:9）	長さが10秒を超える動画		合計 5	1
	正方形の動画（1:1）	長さが10秒を超える動画			1
	縦向きの動画（9:16）	長さが10秒を超える動画			1

重要度	広告主のデータ	興味／関心と 詳しいユーザー属性	ユーザー属性
高	・顧客リスト ・ウェブサイトを訪れたユーザー（コンバージョンに至ったすべてのユーザー） ・リードフォームセグメント		
中	・ウェブサイトを訪れたユーザー ・YouTube ユーザー ・アプリユーザー ・Googleアナリティクス4のセグメント	カスタムインタレスト	
低		・購買意向 ・アフィニティ ・ライフイベント ・詳しいユーザー属性	・年齢 ・性別 ・子供の有無 ・年収

👍 ワンポイント P-MAXキャンペーンを使いこなすには仕組みの理解が必須

P-MAXキャンペーンのアセットグループを設定するときに、テキストアセットだけではなく画像や動画をできるだけ追加して設定するとGoogleが持つ広告枠すべてに広告が表示されることになります。そのため、「動画広告やディスプレイ広告やGmailばかりに広告が表示されるのではないか？」と懸念しがちですが、実はその逆です。P-MAXキャンペーン内ではデータドリブンアトリビューションという仕組みを使っているため、コンバージョンに至った経路上で接触してきた広告は評価して入札を強め、コンバージョンに至らない経路上で接触してきた広告の入札は弱めるといった働きをしてくれます（図表76-3）。つまり、さまざまなフォーマットの広告を登録すればするほど経路と広告実績のデータが蓄積されやすくなり、各経路を評価するための精度も高まることで広告費をより効果的に活用することができるようになるのです。

▶ データドリブンアトリビューションにおけるコンバージョン経路の評価例
図表76-3

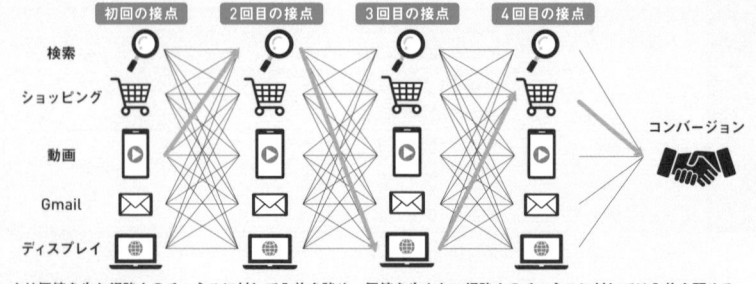

より価値を生む経路上のチャネルに対して入札を強め、価値を生まない経路上のチャネルに対しては入札を弱める

おわりに。
Google広告活用のポイントや
取り巻く今後の動向

田中広樹

限られたリソースをどこに配分するか

Google広告の運用に限った話ではないですが、ビジネスに割けるリソースである「ヒト・モノ・カネ」には限りがあります。ビジネスを拡大するためのプロポーションでいえば「誰が」「どのメディアに」「どのくらいの費用をかけて」行うかです。

その限られたリソースをどこに配分するかビジネスの要所と同じで、Google広告で「どのキャンペーンタイプを使い」「どのくらい広告費をかけて」「誰が広告アカウントを運用するのか」ということを考える必要があります。

人的リソース、経済的リソースに応じて打ち手は変わってくる

例えばGoogle広告を利用する目的がダイレクトレスポンス、つまり商品の購入やサービスの申し込み、問い合わせの増加などビジネスに直結する場合として考えてみます。

どのキャンペーンタイプを使うか

ユーザーの行動とコンバージョンまでの距離の近さで考えると良いでしょう。キャンペーンタイプごとにコンバージョンまでの距離を考慮すると、優先順位としては下記のようになります。

1. 検索
2. ショッピング（ECの場合）
3. デマンドジェネレーション
4. ディスプレイ
5. 動画
6. （状況に応じて）P-MAX

ユーザーの課題やニーズが検索キーワードになって現れる検索キャンペーンはキーワードでターゲティングしやすく、課題やニーズも顕在化している状態なので広告費用対効果が良いですし、たくさんの商品を取り扱うECサイトであれば、検索広告と同時に表示できるショッピングキャンペーンが効果的なので優先して利用したいところです。

一方でデマンドジェネレーションキャンペーンやディスプレイキャンペーン、動画キャンペーンでは、そのような課題やニーズが顕在化する前だったり、課題として認識しているものの優先度が低いような状況にあったりするユーザーにリー

チをする役割です。そのため、検索キャンペーンやショッピングキャンペーンに比べると、広告費用対効果を感じにくくなるケースが多いので、リソース配分の優先度としては比較して低くなります。

どのくらいの広告費をかけるか

コンバージョン1件当たりの単価設定と広告で何件獲得したいかをかけ算すれば算出できます。目標とするコンバージョンの単価が5,000円で月間10件必要であれば予算としては50,000円必要になります。これを広告で使うキャンペーンごとに割り当てていけば良いのですが、検索広告だけで予算を活用しきることができて目標を達成できるのであれば、検索キャンペーン以外に予算を割り振る必要はないかもしれません。

誰が広告アカウントを
運用するのか

その担当者が1日の業務時間のうちのどのくらい当てられるか、それに対してどこまで範囲で管理できるかです。日常業務が忙しくて広告運用ができないのであれば、人を増やすという判断もあるかもしれませんし、P-MAXキャンペーン1つにまとめて運用することも検討しても良いかもしれません。

このように、Google広告の効果を最大限のものにするためには、「どのキャンペーンタイプを使い」「どのくらいの広告費をかけて」「誰が広告アカウントを運用するのか」を意識してそれぞれで柔軟なリソースを配分することが重要です。

基本を理解すれば他の広告媒体
運用にも応用できる

日本ではGoogle広告のほかにもYahoo!広告やMicrosoft広告、Meta広告やLINE広告などさまざまな広告媒体から同様なサービスが提供されています。

それぞれの広告サービスごとに広告が表示できる場所やターゲティング方法などの仕組みの違いが若干あるものの、Google広告の基本を理解していれば、特に大きく躓くことなく利用することができます。

検索広告やショッピング広告はYahoo!の検索結果に表示できるYahoo!広告、Bingの検索結果にMicrosoft広告が提供していますが、「どのキーワードで検索されたときにどの広告を表示するか？」という原理原則は変わりません。

ディスプレイ広告や動画広告も同様にYahoo!広告とMicrosoft広告で提供されます。Google広告でリーチできない広告枠に広告を表示できるといった違いはありますが、誰をターゲットとしてどのような広告クリエイティブを表示するかという考え方はGoogle広告と同じです。

Meta広告（Facebook・Instagram）、LINE広告、TikTok広告、X広告などSNS上で表示される広告も、ディスプレイ広告や動画広告と同じように、どのようなオーディエンスをターゲットにして、どのような広告クリエイティブを表示するかの考え方さえ理解していれば、広告の管理をすること自体に迷うことはありません。

一方で、各広告媒体には媒体特有の特徴やクセ、審査基準が存在します。

例えばどのようなユーザーがその検索エンジンやメディア、SNSを利用しているかを想像してみるということは大切です。パソコンでBingを使って検索しているユーザーとスマートフォンでInstagramを利用しているユーザーそれぞれを想像してみてください。もちろん1人のユーザーが両方利用するということもありますが、最初に想起されたユーザーは恐らく同じではないはずです。また、本書の至る所で登場した「機械学習」や「AI」といったものも各広告媒体特有のものなので、Google広告と同じような仕組みで動作するわけではなく、自動入札1つをとってもまったく同じ挙動になるわけではありません。媒体の広告審査基準も細かなところで差異があるので、特定の媒体では問題はないけれども、特定の媒体では不承認になるといったことはよくあります。

Google広告だけ知っていれば他の広告媒体運用に応用できることは間違いありませんが、それは各広告媒体のルールや仕組みをまったく知らなくても良いということではないことは理解しておきましょう。

プライバシー保護の強化に伴うデータの分断

Google広告をはじめとする運用型広告は、精度の高いターゲティングと広告効果の計測ができることが最大のメリットです。そしてこれらはCookieという仕組みを利用して実現しています。

Cookieは情報を一時的に保存しておく仕組みで、Webサイトへのログイン状態や商品をカートに追加した状態を一時的に保持し、ブラウザやタブを閉じて後日ページの再開をしたときに前回の状況から閲覧を再開できるといった機能を提供するなどに利用されます。Google広告では行動履歴を利用したリマーケティング、行動履歴から割り出された興味関心歴に基づいたターゲティング、そしてコンバージョンの計測に使われます。

これらは行動履歴を使って追跡したり分析したりするためにCookieが利用されるのですが、ユーザーが知らないところでこれらの情報を収集して利用できてしまっていたことがあり、これが個人のプライバシーを侵害していると問題になりました。その結果、世界的にCookieは個人を識別できるものであり、個人の行動履歴などのプライバシーは保護されるべきという動きが世界的に広まってきています。

大きく分類すると、デバイスやソフトウェアまたは法律でCookieが制限されます。iOSやMacOSを搭載しているデバイス上で利用できるSafariをはじめとするブラウザでは、ターゲティングや広告などの計測を目的としてCookieの利用は制限されるようになり、Windows環境でも、Edge、Firefoxといったブラウザでもターゲティングに使われるCookieが利用できなくなっています。ターゲティング精度が下がったことで、しつこく広告に追いかけられることは減り、自分の行動履歴とは関係ない広告が表示されるようになりましたが、中には目を覆いたくなるような質の低い広告も表示されるようになりました。

法律面ではEUのGDPRやアメリカ合衆国カリフォルニア州のCCPAをはじめとする法律によってCookieは個人情報であると定義され、Cookieを利用する際には同意を得るなどといった対応が義務づけられる地域も出てきました。同意が得られなければCookieを利用することができないので、コンバージョン計測などもできなくなり、実際にコンバージョンに至ったとしてクリックされた広告とコンバージョンが紐付かないといったデータの分断が各所で起こっています。日本は2024年現在Cookieの利用に対する事前の同意義務は一部のケースを除いて不要ですが、今後このようなルールが緩和されることはないと考えられるので、将来的には日本でもCookieの利用に対して事前同意が必要な日がやってくるかもしれません。

Cookieが制限されれば、ターゲティングの精度が下がる、コンバージョンの計測の欠損が発生するなど、広告の運用にも大きな影響を与えます。

特にGoogle広告をはじめとする運用型広告の自動入札は、コンバージョンがきちんと計測できることで効果の最大化を目指せるものであるため、Cookieが制限されることによるコンバージョン計測の欠損は特に大きな影響を与えます。そのため、Google広告であれば拡張コンバージョン、Meta広告であればコンバージョンAPIや個人情報を利用した詳細マッチングといったCookieレスのコンバージョン計測方法が提供されています。お使いのWebサーバーやシステムによってこれらの計測の仕組みをどのように実装できるかが異なるため、本書では解説を省いて

おりますが、各媒体から提供されるドキュメントを元にぜひ実装してみてください。

ターゲティング精度の低下に対しては、顧客データを活用したターゲティングの仕組みを提供し始めています。主にリターゲティングや類似するオーディエンスをターゲティングに利用できます。また、Googleを中心に、Cookieに依存せずプライバシーも保護しながらターゲティングや計測を行う仕組みのプライバシーサンドボックスが提供される見込みなので、これらの仕組みを使ってターゲティング精度の低下を補うことが当面は主流になりそうです。

プライバシー保護に関しては今後も強化され、より広告の分析やターゲティングが難しくなり、データの分断化は加速するでしょう。現在は個人情報保護法を遵守する前提ですが、個人情報を使ったコンバージョン計測の補完やターゲティング精度を向上促進する方法が提供されていますが、これもいつまで使えるかはわかりません。今後もプライバシー保護の動きと、それに対応する媒体の動きには注目し続ける必要があります。

広告システムへのAI統合が加速する

Google広告ではこれまでもAIの力、その中でも機械学習をつかった入札やデータ処理を行ってきていますが、Open AIが発表した生成AI（ChatGPT）によりチャット形式で文章の生成ができるようになりました。これに対抗する形でGoogleも生成AI（Gemini、旧名Bard）を提供するよう

になり、Googleが提供するさまざまなサービスでも生成AIが使えるようになってきています。

Google広告では第9章で解説したP-MAXキャンペーンにおいてアセットグループで設定するテキストや画像のクリエイティブを生成したり、Google広告のアセットライブラリにアップロードされた画像を編集して背景を変えたりできるようになります。2024年7月現在ではまだ日本語環境では利用できないですが、今後できるようになる予定です。

第4章で解説したGoogle Merchant Centerに登録されている商品画像も、プロンプトを入力することで商品画像の背景を生成AIが編集してくれる機能の提供が予定されています。

本書を執筆している2024年7月では、生成AIによって出力されたクリエイティブにはハルシネーション（事実と異なる内容）含まれていたり、著作権を侵害してしまったりする可能性があるため、生成AI活用と生成物に関する各種のチェック対応はまだまだ必要な段階にあります。AIの進化は我々の想像の何倍もの速さで性能が向上していくはずなので、今後も広告システムにAIの力を使ったツールが今後も提供されていくでしょう。

コネクテッドテレビなど
新たなデバイスへの広がり

第6章で動画キャンペーンでは動画広告がコネクテッドテレビのYouTubeアプリでも表示されることを解説しました。ビデオリサーチ社が2022年に行った調査（https://www.videor.co.jp/digestplus/tv/2023/03/75612.html）によれば、日本におけるコネクテッドテレビの普及率は2022年4〜6月で約57％まで普及しており、インターネットに接続したコネクテッドテレビ利用者の27.5％がYouTubeをはじめとする動画共有サイトの動画を視聴しているとの結果が出ています。コネクテッドテレビは毎年数％のペースで普及率が上がってきており、テレビは定期的に買い換えが行われることを考慮すると、将来的にはほぼすべての世帯でコネクテッドテレビが普及すると考えられます。テレビ自体を持たない世帯も増えていくと考えられますが、それでもコネクテッドテレビの普及台数自体は無視できない数に上ると考えられます。

さらなる新デバイスへの広告の広がりという視点では、MetaのMeta QuestやAppleのVision PROといったゴーグル型のヘッドマウントディスプレイも注目です。これらのディスプレイを使うと仮想現実（VR）、拡張現実（AR）、複合現実（MR）の世界を体験できますが、これらの技術も急速に向上してきており、エンターテイメントとしての利用だけではなく、まるでパソコンを使っているかのように仕事をすることもできるようになってきています。

新しいデバイスが普及していけばそこにビジネスチャンスは生まれるので、当然広告も表示されていくものと考えられます。表示された広告を選択すると、目の前には実店舗と同じ映像に切り替わり、まるで実店舗で買い物しているかのような体験をしながらその場でオンライン購入、といった未来がくるのもそう遠くは

ないかもしれません。

広告は魔法の杖でも万能薬でもないことを理解する

本書はGoogle広告を使ったプロモーションについて解説してきました。それなので、最後の最後にこのようなことを述べるのはとても心苦しいのですが、そのプロモーションは本当にGoogle広告で行うべきものですか？　ということは伝えておきたいです。

例えば、新商品や新サービスのプロモーションで、広告予算が少ないのでそのブランド名のキーワードだけ設定して広告を表示させようと思っても、そのブランドが知られていなければ、検索がされないので広告を見る人がいない。それならばと一般的なキーワードもあわせて設定してみれば、競合他社がひしめいて広告費用対効果が十分に得られない可能性もあります。新しすぎるものは検索されませんし、広く普及しているものは既に何らかのブランドが認知されている状況にあるので、商品力や競争力がないと費用対効果が合わなくなることもあります。

今や潜在顧客へリーチする手段として広告しかないわけではありません。SNSや動画投稿サイトの登場により情報を届けるコストは格段に低くなってきており、広告を使わずとも情報を届ける手段は増えてきました。広告起点ではなく、SNS起点で何かできないかを考えても良いでしょう。店舗集客であれば、店舗の周辺でチラシのポスティングをしてみるといったアナログな手法をとっても良いかもしれません。

Google広告はさまざまな場所にさまざまな広告フォーマットで柔軟なターゲティングによって多くのユーザーにリーチできる強力なツールですが、「ハンマーしか持っていなければ、すべてが釘に見える」がよろしく、1つのツールやチャネルに固執するのではなく、ビジネスのポジショニングや対象となるユーザー層に合わせて柔軟に対応していくということが重要です。

さいごのさいごに

「はじめに」でもお伝えしましたが、Google広告をはじめとする運用型広告プラットフォームの進化のスピードは速く、仕様変更により本書で取り上げた内容と必ず差異が出てきます。

しかしながら、広告は「誰に対して」「どのような訴求を」「どんな広告フォーマットで届けるか」という本質は変わりません。なので、その考え方さえしっかり持ち合わせていれば、あとは道具としてGoogle広告をどのように使うかだけです。検索、ショッピング、ディスプレイ、デマンドジェネレーション、アプリ、動画のどのキャンペーンタイプについても、基本を理解いただければ多少の仕様変更があったときに、Google広告ヘルプを読めば理解いただけるよう、特に基本のキにフォーカスするように本書は構成しましたので、長らく参考いただけると信じています。Google広告をこれからも活用するために、ヘルプを読む前に読むヘルプの本としてお役に立てたのであれば幸いです。

2024年7月　田中広樹

○ スタッフリスト

カバー・本文デザイン	米倉英弘（細山田デザイン事務所）
カバー・本文イラスト	東海林巨樹
写真撮影	蔭山一広（Panorama House）
DTP＆本文図版	井上敬子
編集協力	高木大地
校正	株式会社聚珍社
デザイン制作室	今津幸弘
デスク	今村享嗣
編集長	柳沼俊宏

 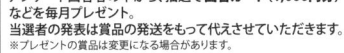

■商品に関する問い合わせ先

このたびは弊社商品をご購入いただきありがとうございます。本書の内容などに関するお問い合わせは、下記のURLまたは二次元バーコードにある問い合わせフォームからお送りください。

https://book.impress.co.jp/info/

上記フォームがご利用いただけない場合のメールでの問い合わせ先
info@impress.co.jp

※お問い合わせの際は、書名、ISBN、お名前、お電話番号、メールアドレスに加えて、「該当するページ」と「具体的なご質問内容」「お使いの動作環境」を必ずご明記ください。なお、本書の範囲を超えるご質問にはお答えできないのでご了承ください。

- 電話やFAXでのご質問には対応しておりません。また、封書でのお問い合わせは回答までに日数をいただく場合があります。あらかじめご了承ください。
- インプレスブックスの本書情報ページ https://book.impress.co.jp/books/1123101120 では、本書のサポート情報や正誤表・訂正情報などを提供しています。あわせてご確認ください。
- 本書の奥付に記載されている初版発行日から3年が経過した場合、もしくは本書で紹介している製品やサービスについて提供会社によるサポートが終了した場合はご質問にお答えできない場合があります。

■落丁・乱丁本などの問い合わせ先
FAX 03-6837-5023
service@impress.co.jp
※古書店で購入された商品はお取り替えできません。

いちばんやさしいはじめての Google 広告の教本
人気講師が教える運用型広告の基礎と実践

2024 年 9 月 1 日　　初版発行
2025 年 2 月 21 日　第 1 版第 2 刷発行

著　者	杓谷 匠、田中広樹、宮里茉莉奈
発行人	高橋隆志
編集人	藤井貴志
発行所	株式会社インプレス
	〒 101-0051　東京都千代田区神田神保町一丁目 105 番地
	ホームページ　https://book.impress.co.jp/
印刷所	株式会社暁印刷